家庭の低温調理

完璧な食事のための
モダンなテクニックと
肉、魚、野菜、デザートのレシピ99

著
Lisa Q. Fetterman、
Meesha Halm、
Scott Peabody

訳
水原 文

O'REILLY®
オライリー・ジャパン

SOUS VIDE AT HOME: The Modern Technique for Perfectly Cooked Meals

by Lisa Q. Fetterman, Meesha Halm and Scott Peabody
Copyright © 2016 by Lisa Q. Fetterman
Photograph copyright © 2016 by Monica Lo
All right reserved.
This translation published by arrangement with Ten Speed Press, an imprint of the Crown Publishing Group,
a division of Penguin Random House LLC through Japan UNI Agency, Inc., Tokyo,
Japanese edition copyright © 2018 by O'Reilly Japan, Inc.

本書は、株式会社オライリー・ジャパンが、THE CROWN PUBLISHNG GROUP (PENGUIN RANDOM HOUSE LLC.) の
許諾に基づき翻訳したものです。日本語版の権利は株式会社オライリー・ジャパンが保有します。
日本語版の内容について、株式会社オライリー・ジャパンは最大限の努力をもって正確を期していますが、
本書の内容に基づく運用結果については、責任を負いかねますので、ご了承ください。

本書で使用する製品名は、それぞれ各社の商標、または登録商標です。なお、本文中では、一部のTM、®、©マークは省略しています。

Sous Vide at Home

The Modern Technique for Perfectly Cooked Meals

Lisa Q. Fetterman
with Meesha Halm
and Scott Peabody
Photography by Monica Lo

目次

- 7 ドミニク・クレンによる序文
- 9 まえがき：Nomikuというラブストーリー
- 11 はじめに
- 17 真空調理を始める前に
- 24 単位換算表

27　1｜卵

- 30 低温殺菌「生」卵
- 33 じっくり（63℃）ポーチドエッグ
- 34 エッグ・フロレンティーンと泡立てのいらないオランデーズソース
- 36 卵黄のフライ
- 38 時短（75℃）ポーチドエッグ
- 39 ウズラの卵とジャガイモのプリヌイ
- 43 生ハムとマンチェゴチーズ、サルサ・ベルデ入りブレックファスト卵サンドイッチ
- 44 中国風ティーエッグ

47　2｜魚介類

- 51 帆立の刺身、グレープフルーツとユズのヴィネグレット
- 53 オヒョウのトスターダ
- 57 ギリシャ風タコのサラダ
- 59 ベトナム風えびの生春巻き
- 63 かんたんガーリックシュリンプ
- 65 サーモンとみそフェンネルサラダ
- 67 ビール衣のフィッシュアンドチップス
- 71 マスのオイル煮
- 73 ロブスターのバター煮、コニャックソース

77　3｜鳥肉

- 81 鶏レバーのムース、グリルしたパンとイチジク添え
- 83 鶏手羽のジャークチキン
- 86 シラチャチキン
- 89 チキンカツ
- 91 ベトナム風カラメルチキン
- 95 チキンティッカマサラ
- 97 ツォ将軍のチキン
- 101 完璧なフライドチキンとワッフル、ハチミツホットソースのシロップがけ
- 105 鴨のむね肉とアプリコットのモスタルダ
- 107 鴨のコンフィとフリゼのサラダ
- 111 鴨のモレ・ロホ
- 113 ウズラのザータル
- 117 七面鳥のミートボール、モッツァレッラチーズとバジル詰め
- 119 感謝祭の七面鳥

123　4｜豚肉、牛肉など

- 127 モロッコ風ラム肉のミートボール
- 129 豚肉のサテとピーナッツソース
- 133 台湾風豚ばら肉の蒸しパンサンドイッチ
- 135 豚角煮ラーメン
- 139 骨付き豚ばら肉のアドボ
- 141 カロライナ風プルドポークのサンドイッチ
- 145 プエルトリコのパーニル
- 147 ポークチョップと夏野菜のサコタッシュ
- 151 豚ヒレ肉のコーヒースパイス風味、ワイルドライスと赤キャベツのコールスロー添え
- 153 完璧な低温調理ステーキ
- 157 カルネアサーダのチミチュリソース
- 159 8時間スカートステーキとマッシュルームのバルサミコ酢あえ
- 163 牛ヒレ肉の赤ワインソース
- 165 友三角のステーキチリ
- 168 骨付きラム肉の香草パン粉焼き
- 171 スタウト照り焼きショートリブ
- 173 大絶賛のパストラミ

5 │ 野菜 — 177

- 181 クリーミーな冬カボチャのスープ
- 182 ヤギ乳ゴーダチーズとピスタチオのビーツサラダ
- 184 ニンジンのヨーグルトディルドレッシングと
  ヒマワリの種がけ
- 187 アスパラガスのグリルとロメスコソース
- 189 サツマイモのタコス
- 192 サヤインゲンのアマンディーヌ
- 194 冬カボチャのタイグリーンカレー
- 197 パースニップの照り煮とローストヘーゼルナッツ
- 198 ピリ辛クラッシュポテト
- 200 イギリス風チップス
- 201 完璧なマッシュポテト
- 202 カリフラワーのガラムマサラ風味
- 204 万能マッシュルーム

6 │ デザート — 207

- 210 バニラクレームブリュレ
- 213 チョコレートポ・ド・クレーム
- 215 マイヤーレモンカード
- 217 スパイス入りナシの香り煮
- 219 パースニップケーキ
- 221 かんたんバニラアイスクリーム
- 224 チョコレートアイスクリーム
- 225 塩キャラメルアイスクリーム
- 227 ナッツバターアイスクリーム
- 228 なんでもフルーツアイスクリーム
- 230 シナモンアップルアイスクリーム
- 233 アポガート
- 234 生キャラメル（ドゥルセ・デ・レチェ）
- 236 アルファフォーレス

7 │ カクテルと風味抽出液 — 239

- 242 ピンクペッパーとハイビスカスのビターズ
- 243 パンプキンスパイスのビターズ
- 243 コーヒーとカルダモンのビターズ
- 244 自宅風味抽出ジン
- 245 自家製トニックシロップ
- 247 こだわりのジントニック
- 249 自家製ジンジャーシロップ
- 251 ダーク・アンド・ストーミー
- 253 ペニシリン
- 254 パンダン風味のクリーム・オブ・ココナッツ
- 255 ピニャ・カヤーダ
- 256 グレープフルーツとアールグレイのテキーラ
- 256 グレープフルーツとアールグレイのマルガリータ
- 259 フェンネルのリキュール
- 261 ビッグ・イージー・ダズ・イット
- 263 ホットアップルシードル

8 │ 常備品、ソース、調味料 — 265

- 268 クイックピクルス
- 270 失敗知らずの自家製ヨーグルト
- 272 リスクなしのマヨネーズ
- 273 かんたんマリナラソース
- 274 ガーリックコンフィ
- 277 自家製ストック
- 279 かんたんハーブ入りクランベリーソース
- 281 七面鳥の詰め物もどき

- 283 入手先
- 284 謝辞
- 285 索引
- 287 訳者あとがき

ドミニク・クレンによる序文

料理は古くからのアートであり、私たちの最も深いルーツと結びついています。しかしまた現代のアートでもあり、新しいアイディアや新しい材料、そして新しいツールによって常に自己革新を続けています。低温調理法が最初に料理界を席巻したとき、疑いのまなざしを向ける人もいました。料理というアートと同化するにはあまりにも科学的すぎる、と評されたのです。すぐに低温調理には「分子ガストロノミー」といったレッテルが貼られ、そのいかめしさが人々を遠ざけました。私は「モダニスト料理」という言葉のほうが好きです。料理というアートに新境地を切り開くことを意味しているからです。

やがて低温料理は高級料理の中に自分の場所を見つけました。ちょうど写真が、ヴィジュアルアートの中で絵画と並ぶ位置を占めたように。しかしアートは、広く一般にも利用されなければ十分に進化したとは言えません。家庭での低温調理を可能とした最初のデバイスのひとつ、「Nomiku」を私が熱愛しているのはそのためです。写真をスタジオで撮るものから自分で撮るものへと変貌させた、あの小さなニコンのカメラのようなものです。Nomikuは低温調理を民主化し、自分なりの表現を行う手段を与えてくれます。

しかし技術だけではありません。Nomikuをこれほどクリエイティブなツールにしているのは、それに関わる人々です。私は最初にリサ・フェッターマンと会ったときのことを、今でも覚えています。エネルギーと情熱に満ちあふれて活動的な彼女は、Nomikuについて熱く語ってくれました。彼女がしきりに勧めるものですから、私もその低温調理マシンを使ってみたのです。実際に試してみると、確かにそれはすばらしいものでした。それ以来、私はアトリエ・クレンとプチ・クレンという自分のレストランでNomikuを愛用しています。今では4台も持っているほどです。

私にとって低温調理の利点は食感と、いつでも同じ結果が得られるところにあります。Nomikuは低温調理の探求に使いやすく頼りになるツールですし、キッチンであまり場所も取りません。このことはシェフだけでなく、すべての料理愛好家にとっても大事なことです。さまざまな用途に使えるので、絶えず想像力がかき立てられます。そして何よりも料理は、たき火の周りであってもNomikuの近くであっても、人々が集い交流する場となるのです。

私はNomikuがコミュニティに対話を促し、それによって実験が触発されるところが気に入っています。私にとって、最も大事なことはまさにその、自分なりの表現手段を開拓することだからです。この本は単なるレシピ集や新しい料理法のガイドブックではなく、料理のインプロヴィゼーションへの誘い、新しいことを試してみようという励ましでもあります。私たちはみな、キッチンではアーティストになれるのです。それにぴったりのツールさえあれば。

まえがき：Nomikuというラブストーリー

　私が7歳のとき、私の家族は中国からアメリカへ引っ越しました。英語を知らなかった私が学校で友だちを作るのは難しいことでしたし、毎日の着替えさえ大変なことでした。ある日、私はクラスメイトを夕食に招きました。私はどうしても彼女に好かれたかったので、どうすれば喜んでもらえるだろうかと長い時間を掛けて一生懸命考えたのです。私はピータンをごちそうすることに決めました。これは中国の伝統的なアヒルの卵の保存食で、印象的なヒスイ色をした卵黄が透明な琥珀色の卵白に取り巻かれています。中国では珍重されるごちそうですから、これはすてきだと思ったのです。彼女は一口食べて、ちょっと顔をしかめ、それから食事の間中ずっと静かに座っていました。次の日、私は学校でみんなに何と言われるか心配しながら登校しました。私が校庭に足を踏み入れると、みんなが私を取り囲んだので、きっといじめられると思って私は身構えました。でも驚いたことに、彼らは口々にこう言い始めたのです。「リサ、リサ、リサ。私たちもあなたの家に行ったら、その変なものを食べさせてくれる？」その日私が悟ったのは、食べものには私たちを結び付ける力がある、ということです。どうふるまえばよいかわからないときさえ、食べものが壁を壊してくれたのです。

　そのときから、私の世界は一変しました。私は世界中の一流シェフたちを崇拝し、ニューヨーク市のミシュラン掲載レストランをメディアでフォローするようになりました。時には電話にどんな応対をするか知りたいというだけの理由で、レストランに電話することもあったのです。わかってますよ、それじゃまるでストーカーですよね？

　私は18歳になるとマンハッタンに移り住み、私のヒーローたちのレストランで働き始めました。最初の年はマリオ・バターリの「バッボ」で、次はコロンバスサークルにあるジャン＝ジョルジュ・ヴォンゲリスティンのレストランで。スターシェフたちに会って感動する段階を過ぎると、私はどんな一流レストランのキッチンにも、巨大な水槽を加熱しかき混ぜるポンプのついた、不格好に大きい実験設備のようなものが片隅に鎮座していることに気が付いたのです。シェフたちは、完璧に切り分けた食材を袋に入れてこのゴボゴボと音を立てる機械に放り込み、あとで取り出して料理を作っていました。

　私はこの不思議な、私をノックアウトする料理を作り出す装置に興味を引かれました。いったいこの低温調理マシンとは何なのでしょうか？　私は一瞬未来に移動して、食べものの理想の姿を垣間見たような気になりました。夜ごとディナーテーブルへ、絶妙に、そして完璧に調理された食べものを送り出すこの魔法のデバイスについて、みんなに知ってもらいたいと思ったのです。すぐに私は自分でこの装置を所有したい思いに取りつかれ、どんな素晴らしいレシピが作れるだろうかと空想するようになりました。私は毎晩、ロウアー・イースト・サイドにある自分の小さなアパートにそれを設置する方法を考えて時を過ごしたものです。（もしかしたらバスタブになら入るかも？）しかし、すぐに私はそのマシンが何千ドルもするものだと知って、落胆することになりました。無敵の料理人になるという私の野望は打ち砕かれ、低温調理マシンはプロのシェフだけが使うものという現実に引き戻された私は、それを所有するという空想を心の隅に押しやったのです。

　話は数年後に飛び、私はエイブ（今の私の夫です）とデートするようになっていました。彼はキュートなやせ形のプラズマ物理学者で、ヨガのクラスで出会い、生徒が私たちだけだったのですぐに仲良くなったというわけです。彼も私と同じくらい料理に興味を持っていたのですが、化学反応はそこで止まりはしませんでした。ふとしたきっかけで魅力的な、

お皿のような形をした彼の目をのぞき込んだときに、常温核融合を本職にしている科学者なら、きっと機械工作はお手の物だろう、とひらめいたのです。

エイブと一緒に彼のアパートで料理を作っていたある晩のこと、私は何気ない風を装って「低温調理マシンがあったらいいのに！」と嘆いてみました。するとエイブは、ギークらしい優しさで私にいいところを見せようとして、作ってくれることになったのです。数日後、ありあわせのハードウェアを前にしたエイブと私は、どんな容器にも取り付ければ低温調理マシンになる投げ込み式のサーキュレーターを作り出すことに成功しました。それは不格好で粗野なものでしたが、とにかく動作しましたし、そのときにはわかりませんでしたが、これがすべての始まりだったのです。私たちはこのマクガイバー的な発明品を改良して、小型で使いやすくエレガントなプロトタイプを作り上げました。

私たちはこのプロトタイプでまず卵を、64℃で調理してみました。驚いたのは、このように低い温度を正確に保つと本当に卵白よりも卵黄のほうが先に固まり、柔らかい卵白のハローがカスタードのような卵黄を取りまいた状態に仕上がったことです。まるで液体の日光を食べているようでした。その夜ソファで一緒に食べた卵が、私たちにとっての「アハ！」経験であり、温度コントロールの重要性を明らかにしてくれたのです。才能も努力も、料理学校で勉強した年数も関係ありません。何よりも重要なキッチンの秘密は、加熱方法なのです。この最初の信じられないような卵の経験から、エイブと私はこの発見をあらゆる人と共有したいと思いました。そこで私たちは、投げ込み式サーキュレーター自作キットの開発に乗り出したのです。

私たちはアメリカ中を旅して投げ込み式サーキュレーターを自作する方法を教え、それとともにコーディングとハンダ付けも学んで行きました。2011年、私たちは数台のキットをニューヨークのMaker Faireに持って行くことにしました。Maker Faireとは、幅広い分野にわたる発明を自慢し合う巨大な集会です。その前の晩、私たちは午前5時まで、会場で配る200個以上の低温調理卵づくりに熱中していました。ごみ収集トラックが通りを走る音を聞き、クイーンズ区のニューヨーク・ホール・オブ・サイエンスにキットを持って行ってくれる私の母親がアパートに現れて、初めて私たちは徹夜していたことに気づいたのです。幸いなことに、どんな種類のハッカーも私たちと同じようにおいしい食べものには目がないということがわかりましたし、低温調理キットはその週のうちに完売しました。

この最初の成功に勢いを得て、エイブと私は友人や親戚のために手製のマシンを作り始めました。彼らの大部分は低温調理なんて聞いたこともなかったのですが、私たちがアパートで作っていた料理に想像力を刺激されたようです。友人たちはその新しいマシンを借りて行くようになり、すばらしい成功を報告してくれました。料理嫌いの私の友人のひとり（「お湯を沸かしても焦がしてしまう」と言っていました）が、プロトタイプを使って鶏のむね肉を信じられないほどジューシーにおいしく調理するのを、私は感嘆しながら見守りました。その瞬間、エイブと私は顔を見合わせて、この発明が画期的なものだということに気が付いたのです。

そして2012年、私たちはそれまでの仕事をやめて中国へ行き、ハードウェアアクセラレーターHAXLR8R（現在はHAXと呼ばれています）にこもってプロトタイプの改良版を作り上げました。結婚式の前の週、私たちは自分たちのプロジェクトをKickstarterに登録し、それから後のことは歴史となっている通りです。しばらくして私たちはサンフランシスコに移って本社を立ち上げ、Y Combinator（マウンテンビュー近郊のスタートアップアクセラレーター）の支援を受け、レシピアプリを作成し、スマートフォンから操作できるWi-Fi機能付きの投げ込み式サーキュレーターを発売しました。そして、この本が生まれたのです。この本によって、さらに多くの人々に低温調理の福音が広まることを願っています。

はじめに

すばらしい食べものに魅力を感じる人はたくさんいますが、料理を楽しむ人の数がはるかに少ないのは悲しいことです。それには経験や知識の不足や、料理のインスピレーションがわいてこない、など色々な理由があるのでしょう。私はこの状況を変えたいと思い、自分の会社Nomikuを立ち上げました（Nomikuという社名は日本語の「飲み食い」から取ったものです。）Nomikuの社員はみんな食べものが大好きで、自分たちと同じように家庭の料理人にもキッチンで楽しんでもらうことを最大の使命としています。料理は人々を結び付けます。ソーシャルネットワークの元祖です。日曜日、甘いリブの照り焼きを食べながら、私たちはお互いに近況を伝え合います。また、地元のマーケットを探検して最高の食材を手に入れ、それから家に帰ってみんなで料理を作るのも楽しいものです。絶えず新しい料理を創作し、試食し合うことはアートでもあり、私たちがNomikuで情熱的に行っていることでもあります。そして最後に、料理はエンターテインメントでもあります。家で食事を準備することは、ディナーや映画に出かけることと同じくらい楽しめるものです。友だちと一緒に料理するという行為は、それ自体がショーだからです。

しかし家庭でのおもてなしを成功させるには、すべてを掌握しておかなくてはいけません。完璧なバラ色をしたミディアムレアのステーキを焼いたつもりだったのに、切り分けてみたらピンク色の部分はほんのちょっとしかなく、周りは全部灰色だったという経験のある人なら、それがどんなに悲しいことかわかるでしょう。8人のお客さんのためにまとめて焼いたステーキが生焼けなのか焼きすぎなのかわからなければ、いっそのことテイクアウトを買ってきたほうがよかったと感じるかもしれません。その気持ちは私にもよくわかります。家庭用の投げ込み式サーキュレーターが存在しなかった頃、私は自宅に人を招いておいて、結局出前を頼んでしまったことがよくありました。大人数のために料理を作ることはあまりに難しいと感じられましたし、いつでも心のどこかで「うまく行かなかったらどうしよう」と心配していたのです。

今の私は事前に準備を済ませておき、友だちと一緒に食卓について食べ始めようという時間になったら、ほんの数分で食事を仕上げることができます。ディナーはいつでも水槽の中で準備ができていますし、正確な温度に保たれているので火が通りすぎる心配もありません。さらにすばらしいのは、低温調理ではコンロについていたり鍋の様子を見に戻ったりする必要がないので、台所を抜け出して友だちと談笑できることです。私はもうこれなしでパーティーを開くことなど想像もできません。

家庭料理のエキスパートであっても、あるいはお湯も沸かせないと自認する料理下手であっても、この本の教える秘密のパスワードを会得すれば、低温調理という21世紀で最大の料理の発明を使いこなせるようになります。私がこの本で目標としたのは、このすばらしい料理テクニックについて知ってもらい、さまざまな料理の難題に立ち向かう自信をつけてもらうこと、そして想像を超えるすばらしい料理人になってもらうことです。

低温調理は、食品をポリ袋に密閉して温度コントロールされた水槽の中で調理する手法ですが、「料理の鉄人」に出てくるような料理人やガジェットマニアや食品オタク限定の秘密のツールではありません。驚くような食感と風味を生み出す調理テクニックであって、技術レベルやトレーニングとは関係なく、だれでも完璧な料理が作れるのです。この本を読めばすぐわかると思いますが、食品を精密に正しい温度で調理した場合、失敗することはほとんどありません。感謝祭の七面鳥がぱさぱさになってしまう心

配はなくなります。どんな食通をもうならせる、しっとりとして宝石のように美しくおいしいサーモンが自分で調理できるのです。低温調理では、クレームブリュレなど細心の注意を要するデザートも、簡単に苦労なく作れます。材料をポリ袋に入れ、温度を設定し、そして（お好きな飲み物でも楽しみながら）くつろいでいれば、あとは機械がやってくれるのです。面倒も心配もなく、それでいて間違いなくすばらしい結果が得られます。あなたの友だちだけでなく、あなた自身も低温調理のできばえに感銘することになるでしょう。

低温調理の簡単な歴史

よくレストランで食事する人は、きっともう低温調理された料理を食べているはずです。低温調理は世界最高峰のレストランからファーストフード店まで、あらゆるところで使われています。イギリス海軍では海中を10,000kmも航行し続ける潜水艦乗務員の糧食に採用されていますし、航空会社では機内食の七面鳥テトラツィーニを温めています。

低温調理の秘密は、安定した加熱です。土器の中での蒸し煮、塩釜焼き、地面に掘ったかまどの中での蒸し焼きなど、人類は熱を手なずけコントロールする方法を何千年にもわたって探求してきました。串刺し肉のローストから、温度調節用ダイヤルのついた家庭用のオーブンやコンロまで、料理の発明や進化の原動力となってきたのは加熱方法の探求という燃える思いです。今ではこのような古くからの調理法が当たり前のように使われていますが、ハロルド・マギー（著名な食品科学者であり、『マギーキッチンサイエンス』という画期的な本の著者でもある）は、いつの時代も画期的な調理ツールの発明は紆余曲折を経てキッチンへ受け入れられてきたことを指摘しています。

21世紀になって、低温調理マシンがその探求に終わりを告げました。具体的に言うと、加熱と撹拌によって正確な水温を保つ投げ込み式加熱サーキュレーターが10分の1度の精度での温度コントロールを可能とし、これまでの調理法では不可能だったすばらしい風味と食感が生み出せるようになったのです。これはもともと、科学研究のために精密な加熱が必要とされる実験室での用途に開発されたものでした。1960年代、このテクニックは病院でパッケージ食品を殺菌して配送するために、そして食品業界の大企業が効率と安全性を向上させ製品の保存期間を延ばすために採用されるようになりました。食品サービス産業から高級レストランへの進出は1974年に、フランスの生化学者ジョルジュ・プラリュが、ミシュラン三ツ星レストランのシェフ、ピエール・トロワグロから、フランスのロアンヌにある彼のレストランでもっと上手にフォアグラを調理するテクニックを開発できないかと相談されたのが始まりでした。プラリュは、フォアグラをポリ袋に密閉して正確な温度を保って加熱することにより、貴重な脂肪をほとんど失わずに自慢の風味と食感が保てることを発見したのです。一般的には、この発見が現代の低温調理ムーブメントの嚆矢とみなされています。

ほぼ同時期に、もう1人のフランスの科学者ブルーノ・グソーが同様の発見をし、ファーストフード企業や病院と共同で殺菌を行って賞味期限を向上させる低温調理テクニックを開発しました。1986年、グソーはさらに一歩進んで著名なフランス料理のシェフ、ジョエル・ロブションとチームを組み、すべて低温調理された最初のディナーコースをフランス国鉄SNCFのために作り上げました。グソーはこの技術を、他の食品サービス大企業にも紹介しています。

アメリカでは、ポリ袋を製造していたCryovacというアメリカ企業にちなんでCryovackingと呼ばれる真空パック技術が、食品の効率性と安全性を高め賞味期限を延ばすために1960年代から使われていました。しかし、このような手法に当時の一般の消費者は懐疑的だったため、主に病院や航空会社、ファーストフード複合企業など食品サービス産業に採用されていました。プラリュの発見と、アメリカやヨーロッパ全土の世界最高峰のシェフとグソーとのコラボレーションが行われた後になって、低温調理がプロのキッチンでも注目を集めるようになったのです。しかし一度注目されると、その後の普及は急速でした。2000年代の初期までに、低温調理は

プロのレストランで料理を計画・実行・保存する方法を根本的に変えました。世界中のほぼすべてのミシュラン掲載レストランでは、キッチンで何らかの低温調理が行われていますし、カジュアルレストランの大多数でも同様です。プロのシェフたちは、持てる技術はそのままに、適切な温度と時間の組み合わせで加熱を精密にコントロールすることによって、理想的に調理された料理をいつでも作り出せるようになってきているのです。

　このようなブレークスルーにも関わらず、温度をコントロールする調理法はプロのシェフたちに限られたものでした。その状況が大きく変わったのは、ここ5・6年のことです。Nomikuなど、特別な技術トレーニングや高額な予算を必要としない、入手しやすくポータブルな投げ込み式サーキュレーターの登場によって参入障壁が下がり、フードブロガーやアマチュアシェフにも低温調理革命への門戸が開かれたのです。今ではこの魔法の調理法は、ミシュラン掲載レストランから場末の盛り場、技術に敏感な新世代の家庭の料理人のキッチンまで、いたるところで利用されて素晴らしい効果を上げています。

低温調理の手順

　自分で低温調理する際には、その名前や歴史の話、基礎となる複雑な科学的知識については忘れてもらって大丈夫です。料理人から見れば、これほど簡単なものはありません。スープ鍋の側面に取り付けた投げ込み式サーキュレーターが、加熱と撹拌によって鍋の中の水を目標温度に到達させ、正確にその温度を保ちます。準備としては、鍋に水を満たし、サーキュレーターを目標温度に設定し、あとは水が温まるのを待つだけです。料理人がすることといえば、密封可能な食品グレードのポリ袋に材料を入れてジッパーを閉め、水槽が目標温度に達したら密封した材料を投げ込んで、食品が完璧に調理されるまでレシピに指定された時間待つだけです。びっくりしましたか？　電源をコンセントに差し込んで、シンプルな指示に従うだけで、だれでも低温調理の恩恵を受けられるのです。

ふたの問題

　じっくりとした長時間の調理は、低温調理テクニックの大きな特徴です。食品を水槽で数時間以上調理する（または保温する）必要のあるレシピでは、調理時間全体にわたって完全に食品が水中に沈んでいることが大切です（より詳しい説明については、19ページを参照してください）。そのため、低温調理ユニットにふたがついていない場合には、蒸発を抑えるためにラップかアルミホイルで水面を覆っておくことをおすすめします。こうすることによって、水位が下がりすぎることを防げるからです。数時間おきに水槽をチェックするのがよいでしょう。もし水位がマシンの下限よりも下になっていれば、水を足してください。水を足すことによって全体の温度は短時間低下しますが、そのような短時間の変動の影響は無視できます。もしどこかで袋が完全に水中に沈んでいないのを見つけたら、袋に封をし直して空気を抜いたり、必要に応じて重りを加えたりしてください。

仕上げの風味づけ

　低温調理ではすばらしい結果（つまり、たぐいまれなジューシーさと、この世のものとも思われない食感）が得られるとはいえ、できないこともいくつかあります。どうがんばっても水の沸点には達しないため、パスタや穀物は調理できません。焼き菓子もダメです。残念ながら、低温調理パンなどというものは存在しないのです。低温での調理のため、表面をカリカリに仕上げたり焼き色をつけたりすることもできません。別の言い方をすれば、袋から出したばかりの肉はあまりおいしそうには見えないのです。なぜでしょうか？

　かいつまんで説明すると、肉の焼き色をつけている、メイラード反応と呼ばれる化学反応は、沸点よりも高い温度で起こるからです。これを砂糖が茶色くなるカラメル化とは混同しないでください。メイラード反応には、タンパク質と炭水化物が関係しています。メイラード反応は、これを初めて記述したフランスの化学者、ルイ・カミーユ・マヤールにちなんで名

づけられました。これを科学的に説明すると複雑になるのですが、料理人にとっての意味はシンプルで、グリルで焦げ目を付けた肉からトーストしたパンに至るまで、あらゆる食品に私たちの好きなおいしく複雑な風味を作り出してくれるということです。ですから、風味を増し食感のコントラストを高めてくれる、その望ましい焼き色をつけるには、調理した後に焼きつける必要があります。つまり、少なくとも1個の鍋かフライパンを使う必要があるのです。これから説明するレシピでは、グリル、揚げ調理、炒め調理など数多くのテクニックが使われていますが、こんがりとしたおいしそうな焼き色をつけるという目的は同じだということに注意してください。

他の方法で風味を付けることもできます。最も単純なのは、目的の食材（例えばステーキとしましょう）に下味をつけずに袋に入れて調理し、袋から出してから調味して焼きつけるという手法です。他にも、アロマ食材をスパイスミックスやマリネ液の形で直接袋の中に加え、調理中に食材にしみこませることによってプロアクティブに風味を付けるという方法もあります。マスのオイル煮（71ページ）のように、この手法を使って食材を袋から出してそのまま食べられる状態に調理すると同時に、袋の中の液体はその上に掛けるソースに仕上げることもできます。またツォ将軍のチキン（97ページ）のように、肉にスキレットで食べごたえのあるパリパリの食感をつけてから、調理後のマリネ液を煮詰めておいしい照りを出すこともできます。どちらもセンセーショナルなおいしさです。

数値を手がかりに調理する

グリル、ソテー、ローストといった通常のテクニックと比べた際の低温調理のユニークな特徴のひとつは、料理人が通常使う視覚や触覚、嗅覚といった感覚的な手がかりに頼って食品に火が通ったかどうかを判断することができないということです。それを判断するためには、手引きに従って時間と温度の適切な組み合わせを計算する必要があります。この理由から、食材の入った袋を水槽に沈める前に水槽が適切な温度に達していることが大事です。パンを上手に焼くためにはオーブンを予熱する必要があるように、食材を投入する際には水槽が正しい温度になっていることが重要なのです。もちろん、水槽の加熱にかかる時間は容器のサイズと目標とする温度に依存します。これをスピードアップするには、最初にお湯を入れましょう。（食材を複数の異なる温度で調理する場合には、最初に高い温度で調理してからアイスキューブを投入すれば、すぐに水温を下げることができます。）

熱心な料理人にとって、通常の手がかりが使えないことには最初は慣れが必要です。しかし法則を理解し、マシンの正確さを信頼できるようになれば、わずかな努力で同じ（多くの場合ははるかに良い）結果が得られるはずです。

摂氏と華氏

この本では、水槽の温度標準として摂氏を使っています。低温調理の起源がヨーロッパにあるということに加え、面倒な小数点を避けるという理由からです。例えばじっくりポーチドエッグを調理するための温度は、摂氏では63℃という切りのいい数字ですが、華氏では145.4°Fという中途半端な温度になってしまいます。四捨五入して切りのいい数字にしたくなるかもしれませんが、低温調理する際にはこのわずかな違いが大きく影響することもあるのです。華氏がデフォルト思考モードの人でも、心配はいりません。市販されている低温調理マシンは、簡単に摂氏と華氏を切り替えられるようになっているからです。揚げ油やオーブンの温度など、従来の調理法については華氏で温度を表示してあります*。大部分のアメリカの家電製品では、華氏表示が一般的だからです。

調理の利点：
家庭の料理人にとってのメリットは？

スロークッカーと同様、投げ込み式サーキュレーターも手間のかからない調理法です。低温調理の

15

根本的な改善点は、正確な温度のコントロールにあります。これによって、食感と火の通りの両方が保証されるのです。その結果として得られる、ジューシーな肉やシルクのようになめらかな魚、自分自身のジュースで調理されたおいしい野菜、カスタードのような卵などは、天の啓示のように感じられるでしょう。食品をポリ袋に密封することの副次的な効果として蒸発が抑えられ、風味やアロマも失われないという利点もあります。低温調理では、食品が完璧に火の通った状態に調理されます。このことを説明するために、従来の調理法と比較してみましょう。ミディアムレアのリブロース芯ステーキを例に取ります。高熱のグリルで調理した場合、肉の外側のタンパク質はほぼ一瞬で固まり、焼き色がつきます。この時点で、外側は火が通っていますが、内側は生のままです。中心部を目的のミディアムレアの状態、つまり55℃に持って行くためには、さらに調理し続ける必要があります。つまり、肉の外側の部分をウェルダンの状態にしながら熱が通過して行くため、求める内部温度に達するまでに、火の通りすぎた灰色の肉の帯が内側へ向かって厚みを増して行くことになるのです。しかし55℃に設定された水槽の中で肉を調理する場合には、ステーキのどの部分もミディアムレア以上の温度になることはありません。別の言い方をすれば、火を通しすぎることは不可能なのです。1時間後、ステーキは端から中心までおいしそうなバラ色のミディアムレアとなり、何時間もその状態を保ちます。予熱調理という概念は低温調理には当てはまりませんから、肉を切る前に休ませることはあまり重要ではなくなります。肉を休ませる必要がある場合には、レシピにいつそうすべきかを明示しました。特に注記のない場合には、すぐに切り分けてかまいません。

　投げ込み式サーキュレーターの正確さは、非常に低い温度で安全に調理することを可能とし、ほかの方法では不可能な結果を生み出すことができます。そのような低温調理の魔法のひとつは、何時間もかけて硬い肉の結合組織をゆっくりと分解し、端から端までミディアムレアの状態を保ちながら、おいしく柔らかい肉に変化させられることです。この究極の例が、低温調理ショートリブです（171ページ）。

　しかし低温調理の魅力は、完全無欠でレストラン並みの食事が家庭でも作れることだけではありません。家庭の料理人は、心の平安も得られるのです。投げ込み式サーキュレーターを使えば、精密科学が調理してくれるため、失敗はあり得ません。高熱を用いる従来の調理テクニックでは、食品を適切に調理するために必要な温度と時間を正しく判断することが必要とされます。真空調理では、勘に頼る必要がありません。水槽の温度を、調理された食品に望まれる内部温度に設定しておけば、たとえ調理していることを忘れてしまっても、その食品に火を通しすぎることはあり得ないのです。まったく悪影響なく、ほとんどの食品の調理時間を延長できるというこの特徴は、多忙で予測が難しいスケジュールに追われる人々にとって天の恵みと言えるでしょう。また、おもてなしにも重宝します。これを含めた食事の作り置き戦略に関しては、21ページを参照してください。

* 訳注：翻訳では［］の中に摂氏に換算した温度を示しました。

低温調理を始める前に

ここまでの説明で低温調理の方法と原理は理解できたと思いますが、他にも実際にとりかかる前に知っておいてほしいことがいくつかあります。ここでは、必要な機器のリスト、真空パックマシンなしで密封するための信頼できるテクニック、肝に銘じてほしい食品安全のガイドラインについて説明します。

必要なキッチン用品

低温調理ではプロ級の料理が作れますが、特殊な器具がたくさん必要なわけではありません。必要な用品の数はとても少なく、それもほとんどはすでにあなたのキッチンにあるものばかりです。この本のすべてのレシピはNomikuを使ってテストされていますが、どんな低温調理デバイスにも当てはまるはずです。投げ込み式サーキュレーター以外に、以下のものが必要になります。

水槽となる大きな容器。 標準的な8〜12クォート［8〜12リットル］のスープ鍋がぴったりです。あるいは、12クォート［12リットル］の四角いポリカーボネート製食品保存用容器をレストラン用品店かオンラインショップで買ってきてもいいでしょう。値段は25ドル［3,000円］程度です。95℃（203°F）まで安全に加熱できることをチェックしてください。

ポリ袋。 低温調理に関してよくある誤解のひとつは、袋を密封するのに高価な真空パック用のマシンが必要になる、というものです。真空パックの目的は袋の中から空気を排除することにありますが、それを行うために特殊な機器は必要ありません（具体的な方法については、18ページのコラムを参照してください）。市販のフリーザーバッグでも空気はうまく排除できますし、安全性も問題ありません（18ページの「食品安全」の項を参照してください）。ただ、（スライド式のファスナーではなく）ジッパーが二重になっていることと、「電子レンジで解凍できる」と明記されていることを確かめてください。低温調理よりもずっと高温になる、電子レンジでの使用に耐えるように作られているということだからです。植物性の素材の袋は加熱されると分解してしまうので使えませんが、母なる自然に感謝してどんな食品保存用の袋も使った後はリサイクルすることをおすすめします。私が一番よく使うのは1ガロン［4リットル］サイズで、次によく使うのが1クォート［1リットル］サイズです。

小さな重り。 フリーザーバッグに密閉した食品（特に比重の軽い野菜類）は、水槽の中で沈まずに水面に浮き上がってしまうことがあります。そのような場合には、1〜2ポンド［450〜900g］の小さな重りを袋の中に入れれば沈ませることができます。パイウェイトひとつかみ、すりこ木、場合によってはよく洗ったなめらかな小石などを使うといいでしょう。

トングとレードル。 これらのツールは、熱い水槽から袋やジャー、あるいは殻に入った卵を取り出すときに便利です。

鋳鉄製のフライパンやキッチン用のブロートーチ。 先ほども説明したように、低温調理では食品をおいしく、柔らかく調理することはできますが、ステーキなどの料理に欠かせないこんがりとした焼き色をつけるには、強力な熱源が必要になります。鋳鉄製のフライパンで、さっと焼きつければよいでしょう。筋金入りのガジェット愛好家なら、キッチン用のブロートーチを購入してもいいでしょう（40ドル［5,000円］以下で手に入ります）。これは肉に焼き色をつけるだけでなく、クレームブリュレにパリパリの皮膜を作るためにも使えます。

時間と温度の手引き。 低温調理は一種の科学ですから、時間と温度の適切な組み合わせを計算する手引きが必要です。あなたが今読んでいるこの本には幅広い種類の食材の調理に必要な情報が

掲載されていますが、すべてを取り上げることはできませんでした。この本で見つからない情報があれば、NomikuのレシピアプリTenderにログオンしてみてください。これにはクラウドソーシングとプロによる低温調理のオンラインレシピの最大級のレポジトリや、さまざまなアイディアが含まれています（このアプリが気に入ったら、あなた自身で投稿もできます！）。

真空パックは必要ありません：
水圧法またはテーブルエッジ法で密封するには

水圧法。高価な真空パックシーラーを使わずに袋から空気をほとんど吸い出して適切に密封するには、水圧法がおすすめです（別名、アルキメデスの原理）。まず食品（マリネ液やソースがあればそれも一緒に）を、ダブルジッパーのフリーザーバッグに入れます。袋の口を閉めずに、ジッパーの部分だけが水面から出るように水の中に沈めます。ジッパーから下の部分は、すべて水の中に入れてください。水の圧力によって、大部分の空気は袋から追い出されます。液体がジッパーのすぐ下まで上がってきたら、ジッパーを閉じます。閉じる時には「プチプチ」という感触があり、音も聞こえるはずです。これは低温調理の音楽のようなもので、食材に水が入り込まないことを保証しているのです。小さな食材をたくさん袋に入れた場合には、それらがなるべく重ならないように、ならしてください。こうすることによって、食材がむらなく調理されます。密封できたら、もう一度袋を押さえて中身を均等に行き渡らせてから、袋を水槽に入れましょう。

テーブルエッジ法。スープやシロップ、あるいはアルコールなど、液体の入った袋を密封するのは難しいものですが、ここで私がテーブルエッジ法と呼んでいる、手軽な方法をお教えしましょう。ダブルジッパーのフリーザーバッグに食材を注ぎ入れ、ジッパーを途中まで閉めます。袋をテーブル（または調理台）の縁に当て、液体の入った部分が下に垂れ下がり、ジッパーのある口の部分がテーブルの上に乗るようにします。テーブルのエッジを使って液体を押し下げ、残った空気があれば袋の口から追い出してから、ジッパーを閉じます。

食品安全

　最初のうち低温調理は、わからないことだらけで失敗のリスクが高い、新しいフロンティアのように思えるかもしれません。このため、食品安全に関する注意はこの本全体にわたって頻繁に取り上げます。良いニュースは、低温調理の潜在的な危険性は、基本的に他の調理法と同じだということです。どんな場合でも、食品安全の最大の関心事は病原菌（有害なバクテリア）の増殖を防止することであり、それについては低温調理も例外ではありません。

　どういうことかと言うと、バクテリアの増殖しやすい食品（肉、シーフード、野菜など、基本的にすべての生鮮食料品）は、いわゆる危険ゾーン（バクテリアが最も急速に増殖する温度）に長い時間置いてはいけない、ということです。食品科学者はこの危険ゾーンを、4.4℃（40°F、これ以下ではバクテリアの増殖が非常に遅くなる）と60℃（140°F、これ以上では大部分のバクテリアが死滅する）の間と定義しています。彼らのアドバイスは、食品がこの温度範囲に入っている時間を2時間以下にすることです。これは大まかなルールとしてはよいものですが、詳しく調べると問題が見えてきます。

　この本の中、特に「豚肉、牛肉など」と「魚介類」

の章には、60℃（140°F）以下で食品を調理するレシピがいくつかあります。でも心配しないでください。病原菌の減少率は時間と温度の両方に関係するため、55℃（131°F）に長時間保たれた食品は実質的に殺菌されている（つまり、99.9パーセントのバクテリアが死滅している）からです。このため、57℃（134.6°F）で低温調理した卵（30ページを参照してください）は、「生」の状態でも安全に食べられます。温度を上げると殺菌に必要な時間は短くなるため、60℃（140°F）で1時間調理すれば、どんなチキンのレシピでも安全に食べられるようになります。数字をたくさん記憶する必要があるように見えるかもしれませんが、大部分の投げ込み式サーキュレーターには安全な温度を下回ると警告してくれる機能が組み込まれていることに注意してください。

55℃（131°F）以下の温度で調理するいくつかのレシピ（すべて「魚介類」の章）では、調理時間は1時間よりも大幅に短く、その食品はすぐに食卓に出すか冷却するように指示されています。これは、病原菌に増殖する時間を与えないためです。この唯一の例外はヨーグルトのレシピ（270ページ）ですが、ここでは逆に善玉バクテリアの増殖が促されるため、懸念は生じません。（食品を冷却する方法については、20ページの氷水の説明をチェックして、最も効率的な手法を見つけてください。）

安全な低温調理には精密な温度管理が不可欠であるため、袋に入った食品は撹拌されたお湯の中に完全に浸った状態で調理されなくてはいけません。もし袋が水面に浮かんだり、べったり底に沈んだりしていると、袋に入った食品の一部の温度が低くなり、バクテリアが増殖してしまうおそれがあります。これを避けるために、封をする際にはできるだけ空気を抜いて（その方法については18ページを参照してください）袋が水面から出ないようにし、必要に応じて袋に重りを入れるようにしてください。同じ理由から、袋は水槽の底や、側面に密着していてはいけません。濾し器や小さなラックを調理容器の中に入れれば、このようなことは防げるでしょう。どんな場合でも、調理している間はずっとお湯が袋の周りを循環していることが重要なので、頻繁にチェックして袋が適切にお湯に浸っていることを確認してください。これらの予防措置は、長時間にわたって低温調理する際にはさらに重要になるため、そのようなレシピには特に注を入れてあります。

もうひとつの代表的な（そしてもっともな）懸念は、ポリ袋の中で食品を調理して安全なのか、ということです。その答えは、断固としてイエスです。最近の食品用ポリ袋は、加熱しても害のない素材でできています。低温調理の場合、食品と接触する袋の部分は不活性なポリエチレンだけが含まれてできています。BPAやフタル酸エステル（食品に溶け出した際のエストロゲン類似作用が懸念されている）などの小分子添加物は含まれていません。フリーザーバッグ（加熱の際の安全性がテストされている）を使っている限り、大丈夫です。

まとめると、低温調理はどんな従来の調理法と比べても危険性は高くなく、適切に利用すれば（殺菌される場合など）むしろ安全と言えます。ですから安心して、大胆に料理してください*。

---

* 訳注：食品安全に関して、訳者からもひとつ指摘しておきます。この本には、キュアリングソルトを使うレシピが2つあります（81ページの鶏レバーのムースと173ページのパストラミ）。キュアリングソルトに含まれる亜硝酸塩は日本語では「発色剤」とも呼ばれ、その名の通り肉の色をピンク色に保つ働きをしますが、実はもうひとつ、バクテリア（特に致死性の高い毒素を作り出すボツリヌス菌）の増殖を抑制するという重要な役割があります。そのためハムやソーセージなど、長期間熟成される食肉製品の製造には伝統的にキュアリングソルトが使われてきました。亜硝酸塩は大量に摂取すると毒性があることが知られていますが、添加される量はごくわずかです。しかし問題は、日本国内ではキュアリングソルトの入手が難しいことです。ボツリヌス菌は土壌中などに広く存在するため完全に排除することは困難ですし、120℃で4分間以上の加熱をしないと完全には死滅しませんから、特に173ページのパストラミを10日間塩漬けして作るような場合には、ボツリヌス菌が増殖するリスクが高まります。またボツリヌス菌が産生する毒素は80℃・30分間の加熱で失活するとされていますが、このレシピでの加熱温度は65℃なので不十分です。そのためキュアリングソルトを使わずにパストラミを作る場合には、10日間塩漬けするのではなく、レシピの冒頭にも説明があるように牛肉を塩水に漬けてからすぐ加熱調理することを、強くお勧めします。

キュアリングソルトについて詳しく知りたいという方は、拙訳『発酵の技法』の12章を参照してください。ボツリヌス症については、ガーリックコンフィ（274ページ）にも簡単な説明がありますが、詳しくは食品安全委員会のファクトシート（http://www.fsc.go.jp/sonota/factsheets/10botulism.pdf）などを参照してください。

氷水を使って適切に冷やす

先ほども述べたように、バクテリアの増殖可能な時間を最小限にすることが、安全に低温調理をするための決め手です。そのため、低温調理した食品を（すぐに食べてしまうのではなく）冷蔵するつもりなら、まず氷水で急速冷却することをおすすめします。ここでいう食品を冷やすための氷水は、ボウルの中に氷がいくつか浮いているようなものではありません。効果的に食品を冷却するためには、できる限り冷たい水を使うことが望ましく、それには十分な量の氷を加えて水の温度を32°F［0℃］まで下げることが必要です。塩を加えると水の融点が下がるので、さらに冷たい温度が得られます。これと同じ原理を利用して、マシンを使わずにアイスクリームを作ることもできます（221ページ）。以下の要領で低温調理された食品を冷やすために理想的な氷水が作れますが、やみくもにこれに従う必要はありません。この比率は、大まかな目安と考えてください。

適切な氷水を作るには、大きなボウルにアイスキューブを満たし、冷たい水道水を氷の体積の半分ほど加えます。次に、コーシャソルトを水の体積の4分の1ほど加え、ごく冷たくなるまでかき混ぜます（30秒程度で28°F［－2℃］くらいになるはずです）。比率は塩1に対して水4、氷8なので、4クォート［4リットル］のボウルいっぱいの氷には、カップ8の冷水とカップ2のコーシャソルトを加えることになります［カップ1＝240㎖、24ページ参照］。

この本の使い方

いかにもジャック・ペパン**が使いそうな言葉ですが、低温調理はフランス料理だけのものではありません。すばらしい鴨のコンフィ（107ページ）が作れるのは確かですが、この本のレシピは、豚ばら肉のラーメン（135ページ）やシラチャチキン（86ページ）からカロライナ風プルドポーク（141ページ）やニューヨークスタイルのパストラミ（173ページ）に至るまで、さまざまな異文化料理のマッシュアップに彩られています。フライドチキンやワッフルのような日常の食べものも、週末を費やして作りたくなるような野心的なレシピも、すべて低温調理でストレスなく作れるのです。そして低温調理の魅力は、完璧なミディアムレアのステーキや歯ごたえがあって柔らかい野菜の調理だけではありません。投げ込み式サーキュレーターには意外な使い道もあり、卵を低温殺菌したり、ヨーグルトを作ったり、アルコールに風味を抽出してバーテンダーも顔負けのカクテルを作ったりできるのです。

この本は、中心となる食材（卵、魚介類、鳥肉、獣肉、野菜、デザート、そしてカクテル）によって章分けしてあり、その中でレシピは大まかにシンプルなものから野心的なものへと配置されて、さまざまなテクニックや食材がマスターできるようになっています。必ず各章の冒頭の説明をよく読んでから、その章の最も簡単なレシピから作り始め、章の終わりに向かってじっくり進んで行ってください。低温調理の自信を積み重ねるには、これが最善の方法です。

味の好みは人によって違います。ある人にとって完璧に火の通ったサーモンが、他の人にはまるで生の寿司のように感じられることもあるでしょう。ですから私は可能な限り選択の幅を提供し、誰にとっても理想的な火の通りを実現できるよう努めました。しかし最初にレシピを試す際には、推奨された時間と温度をきっちり守ることが大事です。もちろん、骨からホロホロと崩れるショートリブやカスタードのような食感の半熟卵が作れる時間と温度の組み合わせは無数に存在しますが、ほかの調理法と同様に、極端に走ることにはリスクが伴います。18ページの「食品安全」を読んでください。

いくつかレシピを試してみて自信がついたら、次はちょっとした実験をしてみましょう。時間と温度に関する指示を守って調理したら、次はあなた自身でソースを作ってみたり、食べものにうるさい人にシンプルな料理を出してみたりするのです。ほとんどどんなものでも低温調理できます。

牛肉や魚や卵などのタンパク質は特に上手に調理できますが、あなたの料理のレパートリーにある他の食材も、低温調理法を使って料理できます。おばあさんから教わったレシピを捨てる必要もありま

せん。あなたのお気に入りのレシピを低温調理バージョンに変換するシンプルなハックを、この本の中でいくつか紹介しています。

　食事の計画を楽に立てられるように、レシピにかかる時間は大きく2つに分けてあります。低温調理の時間と、実際の調理時間です。低温調理の（ほったらかしにしておける）時間は、さらに最小限必要な時間と最大の時間（カッコの中に示しました）に分かれます。低温調理は時間に関する許容範囲が非常に広いのでこのようなことができるのですが、この時間を超えて調理することはおすすめしません。食品が望ましい温度を超えてしまうことはなくても、時間が長すぎると食感が失われてまずくなるからです。実際の調理時間には、食材の下ごしらえにかかる時間、追加して焼き色づけやソテーなど通常の調理を行う場合はその時間、休ませたり冷やしたりする時間（実際に調理しているわけではないので、特に注記を入れました）が含まれます。

** 訳注：ジャック・ペパンはフランス生まれでアメリカ在住の著名なシェフ。真空調理はフランス語で「sous vide」（スーヴィード）と呼ばれ、英語でもこの単語がそのまま使われるので、エキゾチックな響きがある。

塩に関する重要な注意

レシピに単に塩と書いてあれば、お好きな種類の塩をお好みの量だけ使ってかまいません。仕上げには、おいしい塩の食感を付け加えてくれるモールドンやフルール・ド・セルなどフレーク状の粗塩を指定してありますが、やはりお手持ちのどんな塩を使っても大丈夫です。しかし塩を計量する場合には、常にコーシャソルトが基準となります。そのような場合に私が使っているのはDiamond Crystalコーシャソルトで、これは他の種類のコーシャソルトよりも軽めです。他のブランドでは同じ体積で倍くらいの重さになることもあるので、私が使っているのと同じブランドを探してみてください。

作り置きの計画とおもてなしの戦略

　低温調理は今晩の食卓に並ぶ料理のインスピレーションとソリューションを提供するだけでなく、あなたの食事の作り置きやおもてなしの方法も永久に変えてしまうことになるでしょう。肉の場合、水槽の温度は肉のタンパク質が最終的に到達する温度と同じですから、ステーキや鶏むね肉に火が通りすぎることは絶対にありません。つまり、食品のおいしさを損なわずに、いつでも食卓に出せる状態で何時間も保温しておけるのです。オフィスで残業？　問題ありません。犬の散歩を忘れた？　どうぞ行ってきてください。ディナーのゲストが渋滞に巻き込まれた？　大丈夫。もう1本飲み物を追加してくつろいでください。今晩のヒレ肉は、全員がそろうまで完璧なミディアムレアの状態を保っているのですから。

　温め直しも驚くほど融通が利きます。一度低温調理して氷水で適切に冷やしておけば（20ページ）、ほとんどの食品は調理の際の袋に入れたまま、少なくとも2〜3日は冷蔵庫で保存できます。該当するレシピにはすべて再加熱の手順を示してありますが、一般的なルールとしては、その食品を調理した際とだいたい同じ（または数度低い）温度にセットした水槽に袋を入れて20〜30分加熱すればよいのです。急いでコンロやオーブンで温め直そうとはしないでください。あれほど大変な思いをして（いや、それほど大変ではなかったはずですが）実現したすばらしい食感が、台無しになってしまうおそれがあるからです。

作り置きの計画

あらかじめほんの少し計画しておけば、低温調理は最小限の努力で平日の食事をおいしく簡単に作れる、頼りになるツールになります。本質的に便利で手間がかからないばかりか、調理する食品を殺菌する（説明については18ページの「食品安全」を参照してください）効果があるため保存期間が大幅に伸びるという、作り置きには理想的な料理法です。なんといっても4枚の鶏むね肉を調理するのに1枚と同じ時間しかかからないわけですから、今晩のディナーに使った残りは取っておいて、炒め物やパスタやサラダ、シチューやサンドイッチやラップに使えます。

私はよく、ピザやパスタに使うマリナラソース（273ページ）や、スープやシチューに使う自家製ストック（277ページ）を大量に作り置きしています。同じように、63℃ポーチドエッグ（33ページ）のレシピを使って日曜日に翌週の分の卵をまとめてゆでておくのも簡単です。また野菜も風味や栄養価や食感を保ったまま、簡単に低温調理できます。ですから次に産直市で野菜を買いすぎてしまったら、使い切ってしまう前に腐って行くのを見守る代わりに、一部をフリーザーバッグに入れて（味付けはしてもしなくても、どちらでも大丈夫）水槽に放り込みましょう。冷やして保存しておけば、翌週いつでもオムレツやスープ、サンドイッチなどに栄養を加えたりかさを増したりするのに使えます。

おもてなしの戦略

内輪のディナーでもアウトドア料理でも、低温調理はあなたの味方です。作り置きがしやすいのと同じ論理が、大人数のおもてなしにも当てはまるからです。投げ込み式サーキュレーターは調理台の上や空いた場所で（コンセントが近くにあればダイニングルームのテーブルでも）使えますから貴重なコンロやオーブンのスペースが空くだけでなく、ほとんど手がかからないので料理人に自由をもたらします。この本の大部分のレシピでは、作業を効率よくこなしたり空き時間を活用したりするために、作り置きのヒントを示してあります。これを参考にすれば、特別なおもてなしの際にも役立つでしょう。

お酒の入ったブランチパーティーを開きたい？あらかじめ1ダースの卵をゆでておくだけでなく、前の週に数時間かけて風味を抽出したリキュールを作っておけば、すてきなカクテルもあっという間にできてしまいます。次のバーベキューの機会には、鶏手羽かリブロース芯ステーキを大量に低温調理しておいて、食べる直前にグリルに乗せて温め直しましょう。デザートを大人数のためにつくるのも、あらかじめ計画しておけば楽ちんです。クレームブリュレやポ・ド・クレームや生キャラメルのレシピは簡単に量を2倍や3倍にして作れますから、メイソンジャーに移して冷蔵しておけばすぐに使えます。

それ以上にすばらしいのは、低温調理では正確な調理時間がわかっているため、あらかじめ作っておいたごちそうに火が通っていなかったり火が通りすぎていたりする心配がないことです。

結局のところ、この本は最先端技術のマニュアルではありません。あなたをキッチンに呼び戻すための招待状です。きっとあなたも私と同じくらい、この本のレシピを作ったり食べたりすることを楽しんでもらえるだろうと願っています。しかしそれ以上に私が願っているのは、私が自宅で低温調理している方法をあなたの参考としてもらうこと、そしてあなたもレシピに低温調理を取り入れて、毎日の料理をより簡単に、そしてよりおいしく作ってもらえることです。あなたのキッチン用品に投げ込み式サーキュレーターを装備してこの本を手にすれば、キッチンで成功を収めるための準備は万端です。さあ、低温調理を始めましょう！

単位換算表

●容積

アメリカ	メートル法
大さじ1	15㎖
大さじ2	30㎖
カップ¼	60㎖
カップ⅓	90㎖
カップ½	120㎖
カップ⅔	150㎖
カップ¾	180㎖
カップ1	240㎖
カップ1¼	300㎖
カップ2（1パイント）	480㎖
カップ2½	600㎖
1クォート	1ℓ

●温度

華氏	摂氏／ガスマーク
250°F	120℃／ガスマーク½
275°F	135℃／ガスマーク1
300°F	150℃／ガスマーク2
325°F	160℃／ガスマーク3
350°F	175℃または180℃／ガスマーク4
375°F	190℃／ガスマーク5
400°F	200℃／ガスマーク6
425°F	220℃／ガスマーク7
450°F	230℃／ガスマーク8
475°F	245℃／ガスマーク9
500°F	260℃

●長さ

インチ	メートル法
¼インチ	6mm
½インチ	1.3cm
¾インチ	2cm
1インチ	2.5cm
6インチ	15cm
12インチ	30cm

●重さ

アメリカ・イギリス	メートル法
1/2オンス	15g
1オンス	30g
2オンス	60g
1/4ポンド	115g
1/3ポンド	150g
1/2ポンド	225g
3/4ポンド	340g
1ポンド	450g

1

卵
EGGS

低温殺菌「生」卵	30
じっくり（63℃）ポーチドエッグ	33
エッグ・フロレンティーンと 泡立てのいらないオランデーズソース	34
卵黄のフライ	36
時短（75℃）ポーチドエッグ	38
ウズラの卵とジャガイモのブリヌイ	39
生ハムとマンチェゴチーズ、 サルサ・ベルデ入りブレックファスト卵サンドイッチ	43
中国風ティーエッグ	44

私にとって卵は、低温調理の世界への扉を開いてくれた食材です。なめらかでトロリとした、最初のひと口の目を見張るような食感で、これはとてつもない調理法だと確信しました。低温調理なんて初めてという人でも、きっと最初のひと口でとりこになってしまうはずです。

　最初に卵料理を取り上げることにしたのは、私の低温調理の旅が卵から始まったからというだけでなく、卵がさまざまな意味で象徴的な食材だからという理由もあります。フランス料理では、卵が料理の腕前を試す尺度として使われてきました。昔からコック帽のひだの数は経験を積んだシェフが作れる卵料理の数を表していると言われていますし、上手にオムレツを作れることはコックが雇われる際に腕前を示す指標として使われてきたのです。今の時代でも卵は料理のイマジネーションをかき立てる食材であり、きわめて汎用性が高いため、シンプルな見かけからは想像できないほど、無限とも言える創造の可能性を秘めています。

　低温調理した卵への愛をこれ以上語る前に、用語の問題を片付けておきましょう。卵は殻の中に入っていて真空パックされているわけではないのだから、「卵を低温調理する」という言い方は正しくない*と熱心に指摘してくれる人もいます。確かにそのとおりなのですが、「はじめに」で説明したように（そしてこの本のあちこちで実例を示しているように）、実際には低温調理の革命的な特徴は正確で均一な加熱にあるのですから、そのような区別は厳密な意味では正しいとしても、少し細かいことにとらわれ過ぎているように私には思えます。だれかが「正確に温度調節された卵の調理」とか「投げ込み式加熱サーキュレーターによる卵の調理」と言うのを止めるつもりはありませんが、私が単純に「低温調理」という言葉を使うのは許してもらいたいと思います（何が言いたいかはわかるはずですから）。

　卵は脂肪とタンパク質が複雑に絡み合った組成になっているので、ほんのわずかな温度変化にも敏感に反応します。このため卵は、低温調理のパワーを説明する格好の食材となっているのです。この章のレシピを見て行けば、ほんの1度や2度の温度の違いが卵料理の仕上がりに劇的な違いをもたらすことがわかるでしょう。あまり科学に深入りするつもりはありませんが、簡単に言うと卵白を構成するタンパク質であるアルブミンは60℃で変性し始め、急激に透明から不透明に変わります。そのため（31ページで説明するように）卵を57℃に保つことによって、生の状態を保ったまま低温殺菌ができるのです。ほんの少し温度を上げて62℃にすると卵は固まり始めますが、それよりも1度高い温度が私にとってのスイートスポットで、最高の半熟卵ができます（33ページ）。64℃になると、不思議なことが起こります。卵黄が、温かい状態では半流動体であっても冷たい状態では展性を持つ（柔らかいけれども形を保つ）ように固まり始め、卵黄フライ（36ページ）のような、おいしくて新しい料理への道が開けるのです。これよりも高い温度で1時間調理すると卵黄は固まりますが、さらに高い温度（例えば38ページでは75℃）でもっと短時間調理すると、卵白は硬くなる一方で、卵黄は柔らかい状態を保ちます。44ページのティーエッグのように温度を85℃まで上げると、通常の半熟卵と同様に卵白は完全に固まります。このように微妙に温度を変えて卵を調理することは、従来の調理方法では不可能でしょう。

ここで示したさまざまな温度は、決して無駄な知識ではありません。この温度に敏感な性質を利用して、あなたにとって完璧なできばえになるよう卵を操ることができるからです。この章のレシピを手引きとして、すばらしい食感の組合せを低温調理で作り上げてください。これらのレシピは私にとって信頼と実績の卵料理の手法であり、すべて自由にカスタマイズできます。63℃で調理した卵白が、少し柔らかすぎるように感じられたら、次の機会には温度を75℃まで上げて、好みに近づいたかどうか試してみてください。時間と温度の組合せは数え切れないほどありますから、大胆に実験してみましょう。どんな品種の卵でも、たとえ庭で放し飼いにされ、草を食べて大事に育てられた鶏の生んだ色付きの卵であっても、1ダース買ったからといって破産することはないはずです。ほぼ満足の行くできになったら、温度を1度だけ上げてみて（あるいは調理時間を増やしてみて）、どうなるか試してみましょう。すぐにあなたにぴったりの、黄金のレシピを見つけることができるはずです。

　1カートンの卵には、それぞれ違いがあります。市販されている卵のサイズや古さはまちまちですし、そのどちらも調理プロセスに影響するでしょう。とはいえ、ここに挙げたレシピはLサイズの卵やSサイズの卵、とても新鮮な卵や古い卵でテストされたものです。Sサイズの卵の調理時間は少し短くなるでしょうが、あなたの出会うどんな卵でもレシピに従えば上々の結果が得られるはずです。少なくとも1つのパラメーターは、あなたにもコントロールできます。一貫した結果を得るためには、卵を常温に戻してから調理するのではなく、冷蔵庫から取り出してすぐに予熱した水槽に入れてください。お話はこれくらいにして、さっそく始めましょう。

*訳注：英語で低温調理を意味する「sous vide」という言葉は、もともとフランス語で「真空」を意味する。

低温殺菌「生」卵

"RAW" PASTEURIZED EGG

卵は料理人に与えられた万能食材のひとつですが、時としてサルモネラ菌のリスクが不吉な影を落とします。生のクッキー生地を食べてはいけないと母親に叱られたことのある人なら、だれでも知っているはずです。幸い、この問題も低温調理が解決してくれます。18ページの「食品安全について」で説明しているとおり、低温調理で加熱をコントロールすれば60℃以下の温度でも低温殺菌が可能となるからです。

卵は、57℃に2時間保持した後でもタンパク質はほとんど変性しないため、割ってみると卵黄の姿は元のまま、卵白はほんの少し不透明(曇りガラスのよう)ですが生の食感を保っています。この卵は本当の生卵と見かけは明らかに違いますが、まったく同じ使い方ができるのがすばらしいところです。このため、例えば272ページのマヨネーズのように通常は生卵を必要とするレシピも、安心して妊産婦や幼児、老人、そして免疫の低下している人に作ってあげられます。また、この「生」卵を使ってシーザーサラダのドレッシングを作ったり、卵白を完璧に泡立ててウィスキーサワーに乗せたり、あるいはただ母親を驚かすだけのために目の前でクッキー生地を作ってそのまま食べたりすることも、何の心配もなくできるのです。

でき上がり分量:卵1個以上 | **低温調理の時間**:2時間(4時間まで) | **実際の調理時間**:10分(冷ます時間)

[材料]
- Lサイズの卵…1個以上
（どんな分量でも大丈夫）

[手順]
① 低温調理の水槽を57℃(134.6°F)に予熱する。
② 水温が目標温度に達したら、穴あきスプーンを使って卵を直接(殻付きのまま)水槽に静かに沈め、2時間調理する。
③ 調理が終わったら、穴あきスプーンを使って卵を氷水(20ページ参照)に移し、完全に冷えるまで10分ほど冷やす。すぐに使うか、必要になるまで冷蔵庫に入れておく。

[作り置きのヒント]
調理して冷やした卵は、冷蔵庫で2週間まで保存できます。

低温調理した卵の割り方

卵は卵黄と卵白に分けて考えられることが多いのですが、機能的に卵白はさらに2つの部分に分けられます。外側の「水様」卵白は63℃でほとんど固まらず、殻を割ると内側の「濃厚」卵白から流れ去って行きます。75℃のようなもっと高い温度では、水様卵白は殻にくっつきます。どちらの場合でも、私はこれを参考にして卵の殻を割るようにしています。

卵の殻を割るのは簡単なことのように思われがちですが、卵白のユニークで壊れやすい性質は慎重な取り扱いを必要とします。理想的な卵型を壊すことなく、きれいに殻をむくには、まず調理台のように固く平らな表面に卵を打ち付けてください(ボウルの縁に打ち付けてはいけません——殻の破片が卵白に入り込み、卵黄を傷つけるおそれがあるからです)。一度に素早くしっかりと打ち付けるようにします。かわいい子猫をなでるのと、「ハルク・スマッシュ!」*の中間ぐらいの感じです。次に、卵をボウルの上で持ち、両手を使って殻を左右に開きます。それから穴あきスプーンを使って卵をボウルからすくい上げ、スプーンを少し揺すって固まりきらなかった卵白を落とすようにしてください。

*訳注:超人ハルクの必殺技。

じっくり（63℃）ポーチドエッグ

SLOW-POACHED (63°C) EGG

これは私にとって、低温調理の試金石となったレシピです。うまい言葉が見つからなかったので（また思い付いた中では最も近かったので）ポーチドエッグという言葉を使いましたが、実際には卵は殻に入ったまま、じっくり調理されます。この卵料理の原型は、日本の温泉卵です。かつて、天然に湧き出す温泉の近くに住んでいた日本の人たちは、バスケットに卵を入れて沸き立つ湯の中に沈め、じっくり加熱して卵を柔らかいカスタードのような状態に調理していました。そんな話ほどロマンチックではありませんが、現代では低温調理を使えば源泉まで行かなくても同じようにすばらしくなめらかな食感を得ることができます。そしてこの卵を一度でも味見すれば、もう元には戻れなくなるでしょう。

この卵の官能的な食感について話したいことはまだまだありますが、これを日常の卵料理としておすすめするのは便利だからです。一見したところ、ポーチドエッグを作るのに1時間待つのは長いように感じられるかもしれませんが、その間に手間は一切かかりません。水槽に卵を入れて放っておけば、1時間後には完成です。作り置きも簡単にできますから、私は忙しい朝の時間を有効に使うために、週の初めに1ダースほど作っておきます。そうしておけば、いつでも好きな時に完璧なポーチドエッグが食べられるのです。

でき上がり分量：ポーチドエッグ1個以上　|　**低温調理の時間**：1時間（2時間まで）

[材料]
- Lサイズの卵…1個以上
- フレーク状の海塩（モールドンやフルール・ド・セルなど）と、挽きたての黒コショウ

[手順]
① 低温調理の水槽を63℃（145.4°F）に予熱する。
② 水温が目標温度に達したら、穴あきスプーンを使って卵を直接（殻付きのまま）水槽に静かに沈め、1時間調理する。
③ 調理し終わった卵は、温かいまま食卓に出すこともできるし、冷やしてから冷蔵庫で保存してもよい。すぐに食べる場合には、卵を1つずつボウルに割り入れてから、目的とする食材（トーストや米飯、サラダなど）に移す。塩コショウを振りかけて、すぐに食卓に出す。
④ エッグ・フロレンティーンに使う場合には、水温を60℃（140°F）に下げれば卵を2時間まで（あるいは食卓に出すまで）保温しておける。（水槽の温度を下げると、卵を保温できる時間が長くなる。）

[プロから一言]
34ページの「エッグ・フロレンティーンと泡立てのいらないオランデーズソース」を作るつもりなら、このじっくりポーチドエッグが5個必要です。

エッグ・フロレンティーンと泡立てのいらないオランデーズソース

EGGS FLORENTINE WITH NO-WHISK HOLLANDAISE SAUCE

エッグ・フロレンティーン（フィレンツェ風）はエッグ・ベネディクトをさらに洗練させたもので、しんなりと炒めたほうれん草のベッドの上に柔らかく調理した卵が乗っています。もちろん、このショーの本当の主役はオランデーズソースです。すばらしいオランデーズソースを作る秘訣は卵黄へ液体を加えてからバターを混ぜ入れることで、こうすると空気を取り込んでふんわりとしたソースになります。かたまりができるのを防ぐため、湯せんにした鍋の中で卵黄を注意深く泡立て器でかき混ぜながら、少しずつバターを加えるのが伝統的なオランデーズソースの作り方ですが、低温調理で柔らかく調理した卵を使うと巧みなトリックが可能になります。卵黄だけでなく卵白も使うのでソースにボリュームが加わり、また卵はすでに調理されているため、ミキサーですべてを混ぜ合わせればあっという間にでき上がり、面倒な泡立ても必要ありません。オランデーズソースが大好きな人なら（そうでない人なんているのでしょうか？）間違いなくこのレシピが気に入るはずです。

でき上がり分量：4人分　｜　低温調理の時間：1時間（2時間まで、あらかじめ作っておく）　｜　実際の調理時間：20分

［材料］

- じっくり（63℃）ポーチドエッグ
  …5個、60℃（140°F）で保温しておく

ほうれん草のベッド

- 食塩不使用バター…大さじ1
- みじん切りのシャロット…大さじ1
- ほうれん草のベビーリーフ
  …ふんわり詰めてカップ4 *
- 塩…たっぷりひとつまみ
- 挽きたての黒コショウ…ひとつまみ

オランデーズソース

- 63℃ポーチドエッグ
  …1個（上記の分量に含まれる）
- レモンの搾り汁…小さじ1〜2
- 食塩不使用バター
  …カップ½（4オンス）、
  溶かした状態で保温しておく
- 塩
- カイエンヌペッパー…ひとつまみ

- イングリッシュマフィン
  …4個、フォークで半分に割っておく
- カイエンヌペッパー（仕上げ用）
- みじん切りにしたチャイブ…大さじ1

［手順］

① ポーチドエッグを作っておく。

② ほうれん草のベッドを作る。弱めの中火に掛けたソテーパンに、バターとシャロットを入れて加熱する。バターが泡立ち始めたらほうれん草と塩コショウを加え、葉がしんなりとするまで、かき混ぜながら2分ほど調理する。（ほうれん草がくったりしてしまうので、液体を沸騰させないこと。）調理したほうれん草をボウルの上に置いたざるに移し、水気を切る。ほうれん草をボウルに移す。オランデーズソースを作っている間、コンロの近くなど温かい場所にボウルを置いておく。

③ オランデーズソースを作る。低温調理済みの卵を1個ミキサーに割り入れ、レモン汁を小さじ1加え、泡立つまで低速で30秒ほどミキサーを動かす。ミキサーを動かしながら、温かいバターをゆっくりと注ぎ入れる。バターをすべて注ぎ終わるとつやが出て、とろみがついているはずだ。塩で味を調え、味をみながら追加のレモンジュース、カイエンヌペッパーひとつまみを加える。

④ 盛り付ける。半分に割ったイングリッシュマフィンをトーストし、下半分を皿に置く。ほうれん草のベッドを均等に分けてマフィンに乗せる。残りの卵を1つずつボウルに割り入れ、ほうれん草の乗ったマフィンに乗せる。卵の上にオランデーズソースをたっぷり乗せ、カイエンヌペッパーとチャイブを振りかけてから、上半分のマフィンを乗せる。

［作り置きのヒント］

ポーチドエッグもオランデーズソース（1リットルサイズのフリーザーバッグに入れておく）も、2時間まで60℃（140°F）で保温しておけます。調理済みの63℃ポーチドエッグが必要ですが、直前に作る場合には水槽の温度を60℃（140°F）に下げて保温する必要があります。再加熱の場合、先に水槽を60℃（140°F）で予熱しておき、ポーチドエッグを15分温めてからオランデーズソースを作ってください。

* 訳注：カップはアメリカサイズ。正確な分量は24ページを参照（以下、同）。

卵黄のフライ

DEEP-FRIED EGG YOLKS

このカリカリでねっとりしたおいしさは、冒険はしてみたいけど健康にも気を使いたい人におすすめです。驚きの食感の秘密は、卵をぴったり64℃で調理することにあります。こうすると、卵黄は冷やした状態では形を保ちますが、熱くなるとまた「流れ出す」ようになるのです。卵黄が冷たくまだ固まった状態で衣を付け、それからすぐに油で揚げて温めなおすと、信じられないほど魅惑的な食感の組合せが作り出されます。外側はカリッとしているのに、内側は温かく、トロッとしているのです。一口サイズなのにたっぷりとした満足感があるので前菜としてもすばらしいのですが、シンプルなグリーンサラダの付け合わせにするとびっくり仰天、ポーチドエッグとクルトンのおいしさが一度に味わえます。

でき上がり分量：前菜として4人分 ｜ **低温調理の時間**：1時間 ｜ **実際の調理時間**：5分、プラス35分の冷却時間

[材料]
- Lサイズの卵…4個
- パン粉…カップ½
- キャノーラ油などの植物油（揚げ油）
- フレーク状の海塩（モールドンやフルール・ド・セルなど）
- ディルの葉…小4枚（飾り用、オプション）

[手順]
① 低温調理の水槽を64℃（147.2°F）に予熱する。
② 水温が目標温度に達したら、穴あきスプーンを使って卵を直接（殻付きのまま）水槽に静かに沈め、1時間調理する。
③ 調理が終わったら、穴あきスプーンを使って卵を氷水（20ページ参照）に移し、完全に冷えるまで20分ほど冷やす。
④ 31ページの要領で卵を1個ボウルに割り入れる。指先で卵白から卵黄をやさしくつまみ出し（非常にデリケートで崩れやすいので注意）、卵黄を小さな皿に移してから卵白を捨てる。卵白が少し卵黄にくっついていても大丈夫。パン粉を付ければ見えなくなる。残りの卵についても、同じ手順を繰り返す。
⑤ 1インチ［2.5cm］の間隔を開けて卵黄を並べられる大きさの皿かバットに、カップ¼のパン粉を空ける。卵黄をパン粉の上に乗せ、指先かスプーンを使っていねいに卵黄を転がして、全体にパン粉をまぶす。必要ならば、パン粉をやさしく卵黄に押し付けてしっかりくっつける。すべての卵黄にパン粉をまぶしたら、残ったカップ¼のパン粉を上からふりかけ（卵黄を「うずめる」ように）、卵黄の埋まったパン粉の皿を冷蔵庫に移して15分冷やす。こうして冷やすことによって、卵黄からはがれない均一な衣が付く。
⑥ 大皿にペーパータオルを敷き、コンロのそばに置いておく。ソースパンに油を2インチ［5cm］ほどの深さに注ぎ、中火に掛ける。卵黄を入れたとき油があふれないように、油は鍋の深さの3分の1以下にすること。揚げ物用の温度計が350°F［175℃］を指すまで、あるいはパン粉を油に落とすとジュッと言って数秒できつね色になるまで、油を熱する。
⑦ 穴あきスプーンを使って、衣を付けた卵黄を静かに油に入れ、こんがりと色づくまで30〜60秒揚げる。その間、穴あきスプーンを使って油の中で卵黄を転がし、鍋底にくっつかずに均一に色づくようにする。揚げ終わった卵黄はペーパータオルを敷いた大皿へ移し、すぐにひとつまみの海塩を振りかける。残りの卵黄についても同じ手順をくり返し、1個ずつ揚げる。一度に2個以上揚げたくなっても我慢すること。揚げ時間が長すぎると卵黄が固まってしまい、この料理の目的が台無しになってしまう。
⑧ 卵黄に1個ずつディルの葉を飾り、食卓に出す。

───

[作り置きのヒント]
調理して冷ました卵は、卵黄を取り出して揚げる前に冷蔵庫で一週間まで保存できます。卵黄を揚げた後は冷めにくいので、室温で5分から10分は置いておきます。

───

[プロから一言]
私は、通常のパン粉よりも軽くて不ぞろいな形をしている日本のパン粉が好きです。とてもサクサクした軽い衣に揚がりますし、カリカリ感が長持ちするからです。

時短（75℃）ポーチドエッグ
FAST-POACHED (75°C) EGG

ふつうのポーチドエッグほど手早くはできませんが、それでも私はこれを33ページのじっくり（63℃）ポーチドエッグの時短バージョンだと考えています。この調理方法では、低温調理した卵の特徴であるカスタードのような食感が、ずっと短い時間で得られるからです。しかし調理温度が高いため、ゆで過ぎのリスクがあります。そのため、このレシピだけは調理時間を範囲で示しました。小さめの卵は13分ほどでゆで上がりますが、大きめの卵は理想的な固さとなるまでにもう1～2分必要かもしれません。でもその1～2分の間に卵黄はすぐ固まってしまうので気を付けてください。もちろん、この卵は63℃ポーチドエッグを使うどんなレシピにも使えます。

でき上がり分量：ポーチドエッグ1個以上　│　**低温調理の時間**：13～15分

[材料]
- Lサイズの卵…1個以上
（どんな分量でも大丈夫ですが、43ページのブレックファスト・サンドイッチを作るには4個必要です）
- フレーク状の海塩（モールドンやフルール・ド・セルなど）と、挽きたての黒コショウ

[手順]
① 低温調理の水槽を75℃（167°F）に予熱する。
② 水温が目標温度に達したら、穴あきスプーンを使って卵を直接（殻付きのまま）水槽に静かに沈め、卵のサイズに応じて13～15分調理する。
③ 穴あきスプーンを使って卵を水槽から取り出し、冷水に移して30秒ほど、触れる温度になるまで冷やす。この状態の卵は、そのままブレックファスト・サンドイッチに使える。
④ すぐに食べる場合には、31ページの要領で卵を1つずつボウルに割り入れてから目的とする食材（トーストや米飯、サラダなど）に移す。塩コショウを振りかけて、食卓に出す。

[作り置きのヒント]
このレシピでは卵がすぐにゆで上がるため（また多少の注意を必要とするため）、作り置きはおすすめしません。ポーチドエッグを作り置きしたい場合には、33ページのじっくり（63℃）ポーチドエッグをおすすめします。

ウズラの卵とジャガイモのブリヌイ
QUAIL EGGS WITH POTATO BLINI

繊細なジャガイモのブリヌイに乗った宝石のようなウズラの卵は、ひと口大の中に低温調理した卵のおいしさがすべて詰まっています。お客さんには、このカナッペを一口で食べるように指導することを忘れないでください。おなじみの鶏卵と比べてウズラの卵は扱いづらく思えるかもしれませんが、大丈夫。低温調理なら簡単です。サイズが小さい割には思ったよりも時間がかかりますが。このブリヌイはそのままでも魅力的ですが、キャビアやイクラを上に乗せて、さらにおめかししてもいいでしょう。

でき上がり分量：小さなブリヌイ約12枚分 | **低温調理の時間**：45分（1時間半まで） | **実際の調理時間**：25分

[材料]

ブリヌイ
- 完璧なマッシュポテト…カップ1（201ページのレシピの半量ほど）、冷たい状態で
- コーシャソルト…ひとつまみ
- すりおろしたナツメグまたはナツメグパウダー…ひとつまみ
- 挽きたての白コショウ…ひとつまみ
- 小麦粉…大さじ1〜2
- Lサイズの卵…1個
- 全乳…大さじ1、濃さの調節に必要であれば
- クッキングスプレーまたは食塩不使用バター（型に塗る分）

- ウズラの卵…12個
- クレームフレーシュ（発酵生クリーム）…大さじ2程度（仕上げ用）
- ディルの葉…小12枚
- フレーク状の海塩（モールドンやフルール・ド・セルなど）

[手順]

① 低温調理の水槽を64℃（147.2°F）に予熱する。

② ブリヌイの生地を作る。マッシュポテト、塩、ナツメグ、コショウ、小麦粉大さじ1、卵をボウルに入れ、なめらかな生地になるまで泡立て器で混ぜる。生地の濃さをテストするには、泡立て器を使って生地をボウルから持ち上げてみる。生地がゆっくり落ちて行き、跡が残るようなら、ちょうどよい濃さになっている。生地が泡立て器にくっついて落ちて行かないようなら、全乳を混ぜ入れる。生地が薄すぎるようなら、残りの小麦粉大さじ1を混ぜ入れる。ウズラの卵を水槽で調理し始めるまで、生地を取っておく。（室温で2時間まで、または密閉容器に入れて冷蔵庫で1〜2日保存できる。）

ウズラの卵とジャガイモのブリヌイ、続き

③水温が目標温度に達したら、穴あきスプーンを使って卵を直接（殻付きのまま）水槽に静かに沈め、45分調理する。

④卵の調理が終わる10分ほど前に、ブリヌイを焼き始める。オーブンの天板を用意しておく。フッ素樹脂加工の大きなソテーパンかスキレットを中火に掛けて1〜2分加熱する。十分熱くなったら、鍋底にクッキングスプレーを軽く吹きかける。このときジュッという音がするはずだ。大さじ1½〜2ずつ生地をすくい取り、フライパンに乗せて直径1½インチ［4cm］のブリヌイに形作る。このときブリヌイの間には、少なくとも2インチ［5cm］の間隔を開けて並べる。フライパンのサイズにもよるが、一度に6個ほどのブリヌイが焼けるはずだ。ブリヌイの縁が固まって裏面がこんがりと色づくまで、2分ほど焼く。小型のオフセットスパチュラを使ってブリヌイをひっくり返し、ブリヌイを上からへらで軽く押さえて生地を少し広げる。ブリヌイは¼インチ［6mm］ほどの厚さになり、気泡が出始めるはずだ。中心が少し膨らみ始めるまで、ひっくり返してから1分半ほど焼く。焼き上がったブリヌイは重ならないように天板に並べ、わきに置いておく。残りの生地についても、同じ手順を繰り返す。ブリヌイは12個ほどできるはずだ。ブリヌイをすぐに食卓に出さない場合には、250°F［120℃］のオーブンで15分まで保温しておける。

⑤ウズラの卵の調理が終わったら、穴あきスプーンを使って水槽から丁寧に卵を取り出す。卵をひとつずつ固くて平らな表面にやさしく打ち付けて割り、殻から取り出して大皿に移す。あるいは、鋭い包丁かキッチンばさみを使って殻の尖った部分を¼インチ［6mm］切り開き、静かに揺すって中身を取り出す。

⑥盛り付け。重ならないようにブリヌイをお盆に並べる。ブリヌイの中心にクレームフレーシュ小さじ½を塗り、その上にそっとウズラの卵とディルの葉を乗せ、塩ひとつまみを振りかける。

［作り置きのヒント］
ブリヌイの生地は常温で2時間まで、または密閉容器に入れて冷蔵庫で2日まで保存できます。焼いたブリヌイは冷まして密閉容器に入れ、冷蔵庫で3日、または冷凍して1ヶ月まで保存できます。冷蔵庫から出して温めなおす場合は、350°F［175℃］のオーブンで5分、冷凍した場合には10分温めてください。どちらの場合も、熱くなって少し膨らんだら大丈夫です。調理したウズラの卵は、殻のまま氷水で10分冷やした後、冷蔵庫で1週間まで保存できます。食卓に出す前に60℃（140°F）の水槽で10分再加熱してください。

———

［プロから一言］
シェフを気取って絵に描いたような完璧に丸いブリヌイを作りたければ、½インチ［1.3cm］の丸い口金の付いた絞り袋（または角を切り落としたジッパー付きの袋）に生地を移し、フライパンに生地を直接絞り出してみましょう。

生ハムとマンチェゴチーズ、サルサ・ベルデ入りブレックファスト卵サンドイッチ

BREAKFAST EGG SANDWICH WITH SERRANO HAM, MANCHEGO, AND SALSA VERDE

スペイン風にアレンジした、グリーン・エッグ・アンド・ハム*の大人向けバージョンを作ってみました（このサンドイッチはコーヒーのお供にぴったりですし、毎日食べたくなるかもしれません）。サルサ・ベルデのピリッとした味わいと塩気のある生ハム、そしてマンチェゴチーズがスペイン風味のハーモニーを奏でます。そこにパリパリのクロワッサンと魅惑的な低温調理卵を加えると、ハムと卵のチーズのサンドイッチにはこれ以上のものはないと思えてくるはずです。この絶妙な風味の組み合わせの朝食は、時短75℃バージョンのポーチドエッグを使えば、とても簡単に作れます。

*訳注：英語圏ではとても有名な絵本。作者ドクター・スースの誕生日3月2日に、この料理を実際に作って食べたりもするらしい。

でき上がり分量：4人分　│　低温調理の時間：13〜15分（あらかじめ作っておく）　│　実際の調理時間：15分

[材料]

サルサ・ベルデ
- みじん切りにしたイタリアンパセリ …カップ 1/4
- みじん切りにしたシャロット …大さじ1
- すりおろしたレモンの皮 …1/2個分（小さじ1程度）
- エクストラバージンオリーブオイル …カップ 1/4
- コーシャソルトと挽きたての黒コショウ

- 時短（75℃）ポーチドエッグ（38ページ）…4個
- クロワッサン…4個
- 薄切りにした生ハム …4オンス［110g］
- マンチェゴチーズ …3〜4オンス［80〜110g］、チーズスライサーか野菜用ピーラーで薄く削る

[手順]

① サンドイッチを食卓に出す2時間前になってから、サルサ・ベルデを作る。パセリ、シャロット、レモンの皮、オリーブオイルを小さなボウルに入れて泡立て器でかき混ぜる。塩コショウで味を調え、置いておく。

② オーブンかオーブントースターを350°F［175℃］に予熱する。

③ サンドイッチを作る準備ができたら、卵をレシピどおり低温調理する。卵が調理できたら、31ページの要領で1個ずつボウルに割り入れ、置いておく。

④ クロワッサンを水平に2つに切り、元どおりに合わせた状態で、温まるまで5分ほどトーストする。

⑤ サンドイッチを仕上げる。下半分のクロワッサンを、切った面を上にして1つずつ皿に置き、ハムを均等に乗せる。穴あきスプーンを使って卵を1個ずつボウルからすくい上げ、スプーンを少し揺すって固まりきらなかった卵白を落としてから、ハムの上に乗せる。スプーン山盛り1杯分のサルサ・ベルデを卵の上に掛け、その上にチーズを均等に分けて乗せる。上半分のクロワッサンを、切った面を下にして上に乗せ、サンドイッチを完成させる。すぐに食卓に出す。

[作り置きのヒント]

このレシピを朝食に簡単に作れるように準備しておきたければ、サルサ・ベルデとチーズの薄切りは事前に作って冷蔵庫で3日まで保存できます。

[プロから一言]

サルサ・ベルデは、材料を手でみじん切りにしたほうが味も食感も良くなります。でも急いでいるときには、ミキサーや小型のフードプロセッサーを使ってもいいでしょう。

中国風ティーエッグ
CHINESE TEA EGGS

これは、中国のティーエッグを私流にアレンジしたものです。ティーエッグは、殻に入った割れ目を通ってしみこんだお茶が作る美しい複雑な模様から、マーブルエッグとも呼ばれます。普通のティーエッグは固ゆでにしますが、低温調理すると柔らかい白身とトロトロの黄身の卵になります。賢者への一言：このレシピは、新鮮な卵のほうがよいとは限らないという一例です。卵は長く保存するほど殻を通って空気が入り込み、むきやすくなるので、ここでは産みたての卵がベストではありません。調味料では、必ず大豆が主成分と明記された本醸造のしょうゆを使ってください。大豆タンパクとコーンシロップを加水分解して作られる加工しょうゆは、荒く人工的な味がするからです。また、私はラプサンスーチョン（燻製風味の紅茶）を使うのが好きです。燻製風味と甘辛い味の組み合わせがたまりません。

でき上がり分量：前菜として6人分　｜　低温調理の時間：12分
実際の調理時間：5分、プラス10分の冷却時間と24〜48時間のマリネ時間

[材料]
- しょうゆ…カップ¾
- 水…カップ¾
- みりん（日本の甘味料理酒）…大さじ1
- スターアニス（八角）…ホール3個
- ダークブラウンシュガー…きっちり詰めてカップ¼
- ラプサンスーチョンまたはお好みの紅茶の茶葉…大さじ3
- Lサイズの卵…6個

[手順]
① 低温調理の水槽を85℃（185°F）に予熱する。
② 水温を上げている間に、マリネ液を作る。小さなソースパンに、しょうゆ、水、みりん、スターアニス、ブラウンシュガー、茶葉を合わせて中火に掛け、かき混ぜて砂糖を溶かしながら煮立たせる。煮立ったら鍋を火から下ろし、茶葉を4分浸漬する。目の細かいざるをボウルまたは計量カップの上に置いてマリネ液を濾し、ざるに残った茶葉は捨てる。
③ 水温が目標温度に達したら、穴あきスプーンを使って卵を水槽に静かに沈め、12分調理する。
④ 調理が終わったら、穴あきスプーンを使って卵を氷水（20ページ参照）に移し、完全に冷えるまで10分ほど冷やす。
⑤ 卵を氷水から出し、1個ずつ調理台に打ち付けるかスプーンの背中を使って殻全体にひびを入れる。殻にひびを入れるときには、正しい力加減が大事。卵膜が破れ、割れ目ができるほどには強い力が必要だが、殻がバラバラになってしまうほど強くてはいけない。殻にひびを入れ終わった状態で、卵はうろこ状となった殻に覆われているが、中身がむき出しにはなっていないようにする。
⑥ 1クォート［1リットル］サイズのジッパー付きの袋か細長い容器に卵を静かに入れ、マリネ液を上から注ぐ。卵が完全に浸っていることを確認してほしい。袋のジッパーまたは容器のふたを閉め、マリネ液に浸った卵を少なくとも24時間、最長で48時間まで冷蔵庫に入れておく。
⑦ 盛り付ける。卵を冷蔵庫から出し、袋から取り出して（液体は捨てる）、ていねいに殻をむく。途中で白身が多少はがれてしまうかもしれないが、それでも十分おいしいので気にしないこと。卵はこのまま食べてもよいが、30分かけて常温に戻してから食卓に出すと、さらにおいしくなる。

[作り置きのヒント]
調理して冷ました卵は、冷蔵庫で1週間まで保存できます。味が濃くなりすぎるのを防ぐため、2日後に卵を取り出してマリネ液を捨ててください。

[プロから一言]
このレシピは、半熟卵を作るためにも使えます。冷やした後マリネする手順を飛ばして、すぐに殻をむけばよいのです。同じように固ゆで卵を作るには、半熟卵を作る手順に従って、調理時間を25分に増やしてください。

2

魚介類

FISH AND SHELLFISH

帆立の刺身、グレープフルーツとユズのヴィネグレット	51
オヒョウのトスターダ	53
ギリシャ風タコのサラダ	57
ベトナム風えびの生春巻き	59
かんたんガーリックシュリンプ	63
サーモンとみそフェンネルサラダ	65
ビール衣のフィッシュアンドチップス	67
マスのオイル煮	71
ロブスターのバター煮、コニャックソース	73

豪華な海の幸の盛り合わせ料理を堪能したことのある人なら、シーフードがまさしく（海中の）美味の宝庫であることをご存知でしょう。しかし、シーフードを自分で料理するのは気が重く感じられるかもしれません。生の食材は非常に傷みやすく、また高価なことも多いからです。さらに絶滅危惧種や海洋生態系への影響に関する問題を正しく理解することはとても困難です。しかし、シーフード料理が多くの美食の殿堂で名刺代わりにされているのは、珍しさと値段のためだけではありません。そのおいしさを引き出すには、かなりのスキルが要求されるのは普通なのです。エビを完璧に料理しようと思うだけで頭の中に「ミッション：インポッシブル」のテーマが鳴り響くような人でも、安心してください。低温調理は、まさにそんな人のためにあるのですから。

　魚介類がデリケートな食材であるということは、それを料理するのに低温調理がぴったりだということでもあります。低温調理では絶対に食材を調理し過ぎることはない、というのが私の信念ですが、それを何よりも雄弁に物語っているのがこの章です。サーモンのような魚であれ、エビのような甲殻類であれ、あるいは帆立のような貝であれ、シーフードは他の食材よりもはるかに速く、数秒のうちに柔らかくジューシーな状態からパサついたゴムのような食感に変化してしまいます。これを防ぐための秘訣は、節度—適切な加熱を、適度な時間で打ち切ること—です。かつては、そのためにかなりの知識と技術が必要とされましたが、低温調理は勘の要素を取り除いてくれます。

　非常に低い調理温度を正確にコントロールすることによって、古典的な料理（67ページの完璧にサクサクのフィッシュアンドチップスや63ページの絶対に固くならないガーリックシュリンプなど）がもっと上手に作れるだけでなく、食材本来のほとんど生の食感も得られます（51ページの帆立の刺身を参照してください）。これは他の調理法では不可能なことでしょう。ウェルダンに調理された魚を食べ慣れている人は、この章のレシピのとろけるように柔らかい舌ざわり（特に65ページのサーモン）に驚かされるかもしれません。いつものとおり、低温調理はあなたの味覚に合わせることも大得意ですから、固めの仕上がりがお好みであれば遠慮なく温度を高めてください。水槽の調理温度を5℃刻みで上げながら、実験してみるとよいでしょう。

　この繊細な調理法には、スピードというおまけもついてきます。57ページのタコを例外として、この章の魚介類の調理時間はすべて1時間以下です（肉類よりもかなり短い時間です）。このため、カジュアルな平日の料理でも（例えば65ページのサーモンとサラダ）、豪華なメインディッシュでも（例えば73ページのロブスター）、手早く完璧に調理できることになります。もうひとつこの章の特色として、肉類のレシピとは異なり、調理済みの食材を冷蔵して再加熱することは普通おすすめしません。低温調理によってすばらしい仕上がりが得られるとはいえ、シーフードはやはり気難しい食材なのです。

もともと私は素材にこだわるたちですが、特にこの章では食材に出費を惜しまないでください。低温調理はすばらしい調理法ですが、粗悪なシーフードの欠点を覆い隠すことはできません。品質と新鮮さが特に重要ですから、実際に店主と話のできる魚屋に足を運ぶことをおすすめします。「魚屋の主人と良い関係を築く」と言ったらわざとらしく聞こえるかもしれませんが、きっと役に立つはずです。また、Monterey Bay Aquarium Seafood Watch（www.seafoodwatch.org）をチェックすることもおすすめします。この情報満載のウェブサイトは、サステナブルな（しかもたいていは品質も高い）食材を選ぶために役立つからです。それでは、ひるむことなくシーフードを選び調理する自信をもって、おいしさの旅へ出かけましょう！

50　魚介類 | FISH AND SHELLFISH

帆立の刺身、グレープフルーツとユズのヴィネグレット

SCALLOP SASHIMI WITH GRAPEFRUIT-YUZU VINAIGRETTE

　他のシーフードと比べても、帆立は非常にデリケートな食材です。この上なく柔らかい身が口の中でとろけるような食感は、生に近いほど際立ちます。高温に長くさらされるとすぐにパサついたゴムのような食感になってしまいますが、そんな帆立はお断りです！　私の編み出した解決策は、非常に低い温度での低温調理です。この「ほとんど生」手法を使うと帆立は少し引き締まるだけで、おいしい食感は失われません。

　この料理は、ほとんど生の状態で食卓に出されるため、帆立の鮮度に大きく左右されます。そのため絶対にお勧めしたいのが、ウェットパックではなくドライパックされた帆立を使うことです。ウェットパックの帆立は、身をふっくらとさせ日持ちを良くするため液体に浸されていて、風味と食感が犠牲になっています。ミルク色の液体に浸して店頭に並んでいる帆立は、おそらくウェットパックです。疑問があれば、シーフードのバイヤーに質問してみましょう。手摘みで収穫されたダイバー・スカロップは最高の品質なので、できればそれを使ってください！

　このレシピに使われている、なじみのない食材に怖気づかないでください。多くは、品ぞろえの充実した日本食品店かネットショップで簡単に見つかります（283ページの「入手先」を参照してください）。たとえ見つからなくても、もっと入手しやすい食材と置き換えておいしく作れます。帆立の甘さとグレープフルーツのすっぱさが、このレシピの主役なのですから。

でき上がり分量：前菜として4人分　｜　**低温調理の時間**：30分（40分まで）
実際の調理時間：25分、プラス20分の冷却時間

[材料]

- ドライパックされた大粒の帆立
…8オンス［240g］（4～8個）
- レッドまたはピンクのグレープフルーツジュース…大さじ2
- 白しょうゆ（色の薄い日本のしょうゆ）またはその他のしょうゆ
…大さじ1
- びん詰めのユズジュース、またはマイヤーレモンかライムの搾り汁
…小さじ1
- 柚子胡椒またはフレズノなど穏やかな辛さのレッドチリのみじん切り
…小さじ1
- みりん（日本の甘味料理酒）
…小さじ1
- エクストラバージンオリーブオイル
…大さじ1
- シソの葉または大きなミントの葉
…8枚
- チコリ…1株、根元を切り落として縦半分に切り、幅¼インチ［6mm］のくし形に切る
- アボカド…1個、半分に切って種を取り、皮をむいて厚さ½インチ［1.3cm］に縦に切る
- レッドまたはピンクのグレープフルーツ…1個、シュプリームに切る（52ページ参照）
- フレーク状の海塩（モールドンやフルール・ド・セルなど）

[手順]

① 低温調理の水槽を50℃（122°F）に予熱する。
② 1クォート［1リットル］サイズのフリーザーバッグに、重ならないように帆立を入れ、水圧法（18ページ参照）で空気を追い出しながらジッパーを閉じる。
③ 水温が目標温度に達したら、帆立の入った袋を水槽に沈め、30分調理する。

帆立の刺身、グレープフルーツとユズのヴィネグレット、続き

④帆立の調理が終わったら、袋を水槽から取り出して氷水（20ページ参照）に20分ほど入れ、よく冷やしておく。

⑤帆立を冷やしている間に、ヴィネグレットを作る。グレープフルーツジュース、しょうゆ、ユズのジュース、柚子胡椒、みりん、オリーブオイルを小さなボウルに合わせてよく混ぜる。小さなふた付きのジャーに入れてよく振ってもよい。ヴィネグレットを味見してみる。酸味と塩味、多少の甘味と辛味が感じられるはずだ。必要に応じて調味料を調節する。

⑥冷えた帆立を、まな板に移す。袋に残った液体は捨てる。よく切れる包丁を使って、厚さ¼インチ[6mm]のコイン型になるように、ていねいに帆立を水平に切り分ける。サイズにもよるが、1個の帆立から3〜4枚のスライスができるはずだ。

⑦盛り付ける。冷やしておいた銘々皿にシソの葉を2枚敷き、その上にコイン形に切った帆立とくし形に切ったチコリを並べる。帆立の周りにアボカドのスライスとグレープフルーツのシュプリームを散らし、あらゆるものにたっぷりとヴィネグレットを掛ける。塩を振る。

[プロから一言]

この帆立を温かい状態で食卓に出す場合には、氷水で冷やす工程を省略してください。水槽から袋を取り出した後、袋から帆立を出して水分をよくふき取ります。大きなソテーパンを強火で熱し、食塩不使用バターまたはオリーブオイルを軽く引きます。重ならないように帆立を入れ、下の面にこんがりと焼き色が付くまで1〜2分焼きます。帆立をひっくり返して、少し固まるまで30〜60秒焼きます。まな板に移し、その後の手順は冷たい帆立の場合と同じです。

[作り置きのヒント]

調理して冷やした帆立は、袋に入れたまま冷蔵庫で1〜2日保存できます。

シュプリームに切る方法
（ダイアナ・ロスは必要ありません）

グレープフルーツのような柑橘類をシュプリームに切るとは、果肉の周りのわたと薄皮を取り除き、食べたときにジューシーなフルーツだけを味わえるようにすることです。まず、よく切れる包丁を使ってフルーツの上下を切り落としてから、まな板の上に立てて置きます。果肉に沿って上から下へ包丁を入れ、切るたびにフルーツを回しながら皮とわたをそぎ落とします。切り終わると、わたがすべて取り除かれて果肉が露出しているはずです。この皮をむいたフルーツをボウルの上で持ち、果肉の両側に包丁を差し込んで果肉を薄皮から外し、ボウルに落とします。果肉をすべて切り落としたら、ボウルの上で薄皮を搾って果汁を搾り出します。この果汁は、ヴィネグレットや他のレシピに使うことができます。

オヒョウのトスターダ

HALIBUT TOSTADAS

バハスタイルのフィッシュタコスを私流にアレンジしてみました。ふつう、魚はフライにして柔らかいコーントルティーヤで巻きますが、ここではそれを逆にして、パリパリにフライしたトルティーヤを使い、魚を低温調理しています。このようにすると、しっとりと柔らかい魚の身が口の中でたやすく砕ける上に、魚をフライする手間が省けます。ここでは既製品のトスターダ（コーントルティーヤを揚げたもの）を使っていますが、トルティーヤチップスと同じく便利なので私はこれを使っています。自分で作るのはなかなか面倒ですし、店で買ってきても十分においしいからです。

このトスターダは手早く簡単に作れるので、軽食や友達とのカジュアルな食事に向いています（マルガリータをお供に）。おもてなしに2倍や3倍の分量を作るのも簡単です。

でき上がり分量：前菜として4人分、主菜として2人分 | **低温調理の時間**：20分（30分まで）
実際の調理時間：25分

[材料]

- オヒョウ、または
  その他の身の締まった白身魚
  （フエダイ、ハタなど）のサク
  …8オンス[240g]
  （皮なし、厚さ約1インチ[2.5cm]）
- 塩と挽きたての黒コショウ
- エクストラバージンオリーブオイル
  …小さじ4
- ライムの皮
  …1枚（½インチ[1.3cm]幅）
- オレガノまたはマジョラム
  …1枝、または乾燥オレガノ
  ひとつまみ

アボカド・クレーマ

- アボカド
  …½個、皮をむいて種を取る
- サワークリーム…大さじ3
- ライムの搾り汁
  …ライム½個分（大さじ1程度）
- 塩

- トスターダ（6インチ[15cm]）…4枚
- キャベツ（できれば白菜）または
  ロメインレタスのせん切り…カップ1*
- 生の香菜の葉
  …ふんわり詰めてカップ¼
- フレズノなど穏やかな辛さの
  レッドチリ…1個、好みに応じて
  輪切りにし、種を除く
- フレーク状の海塩（モールドンや
  フルール・ド・セルなど）
- くし形に切ったライム
  …4つ（仕上げ用）
- ホットソース
  （仕上げ用、オプション）

*訳注：カップはアメリカサイズ。正確な分量は24ページを参照（以下、同）。

オヒョウのトスターダ、続き

[手順]
① 低温調理の水槽を54℃（129°F）に予熱する。
② オヒョウに塩コショウを振り、小さじ1のオリーブオイルをまぶす。1クォート［1リットル］サイズのフリーザーバッグに魚、ライムの皮、オレガノを入れ、水圧法（18ページ参照）で空気を追い出しながらジッパーを閉じる。
③ 水温が目標温度に達したら、オヒョウの入った袋を水槽に沈め（袋が水面から出ないようにすること）、20分調理する。
④ オヒョウを調理している間に、アボカド・クレーマを作る。アボカド、サワークリーム、ライムジュース、塩ひとつまみをミキサーに入れ、完全になめらかになるまでピュレする。味見して必要ならば塩を足し、置いておく。このクレーマはかなりたくさんできるが、もっと少量をミキサーで作るのは難しい。しかし心配しなくても、余ったクレーマはチップス（または砕けたトスターダ）のディップとして、あっという間に使い切ってしまうことだろう。
⑤ 皿にペーパータオルを敷いておく。オヒョウが調理できたら、水槽から袋を取り出し、準備しておいた皿にオヒョウを移す。袋に残った液体は捨てる。
⑥ フッ素樹脂加工のソテーパンを強めの中火で予熱しておく。オヒョウを入れ、下の面にこんがりと焼き色が付くまで1分ほど焼く。オヒョウを裏返し、反対側も焼き色が付くまでさらに1分ほど焼く。オヒョウをボウルに移し、指先かフォークを使って食べやすい大きさに身をほぐす。骨があれば取り除く。
⑦ トスターダのシェルを、前菜の場合には4枚の皿に1枚ずつ、主菜の場合には2枚の皿に分けて置く。トスターダのシェルに、たっぷりとアボカド・クレーマを塗り広げる。キャベツのせん切りを散らし、その上に魚、香菜、チリを均等に分けて乗せる。塩を振り、残った小さじ3のオリーブオイルを均等に振りかける。トスターダ1枚につき、くし形に切ったライムを1つ飾り、ホットソースを添えて食卓に出す。

[作り置きのヒント]
アボカド・クレーマは、食卓に出す2時間前になってから作って冷蔵庫で保存しておけます。

ギリシャ風タコのサラダ

GREEK OCTOPUS SALAD

　　タコは、ゴムのような食感になってしまいやすいので、ワインのコルクを鍋に入れると柔らかく煮えるといった迷信があるほどです。しかし、タコを柔らかくするコツはシンプルで、じっくりと、穏やかに加熱することです。タコの調理には、この章で取り上げた他のシーフードよりもはるかに長い時間が必要ですが、何の手品もなしに間違いなく柔らかい食感が得られます。深い、塩気のあるタコの味を引き立ててくれるのは、鮮やかで力強い地中海の風味ですから、私はギリシャ料理をヒントにサラダ仕立てにしてみました。

　　アメリカでは、一般的にタコは冷凍した状態で（または解凍されてから）売られていますが、実はこれは好都合なことなのです。タコの漁師と友達でない限り、生よりも冷凍もののほうがおいしいはずですから。冷凍は鮮度を保つために非常に役立つ（生のタコはすぐに悪くなってしまいます）だけでなく、タコを柔らかくする働きもあるからです。

でき上がり分量：前菜として6人分、軽めの主菜として4人分　｜　**低温調理の時間**：4時間（6時間まで）
実際の調理時間：30分、プラス30分の冷却時間

[材料]

タコ
- 生または冷凍（解凍済み）のタコ
  …1杯、約3ポンド［1.3kg］
- レモンの皮
  …½インチ［1.3cm］幅のもの3枚
  （レモン約½個分）
- ベイリーフ…2枚
- オレガノまたはマジョラム…2枝、
  または乾燥オレガノ小さじ¼
- レモンの搾り汁…小さじ1
- コーシャソルト…小さじ1

オリーブ・ヴィネグレット
- ニンニクのコンフィ（274ページ）
  …3かけ（つぶす）、または
  生のニンニク1かけ（みじん切り）
- 赤タマネギ…½個、薄切りにする
  （約カップ¼）
- 刻んだ生のオレガノまたはマジョラム…小さじ1、または乾燥オレガノ小さじ¼
- すりおろしたレモンの皮
  …小さじ1（レモン約½個分）
- レモンの搾り汁…大さじ1
- 赤ワインヴィネガー…大さじ1
- 粗く刻んだカラマタオリーブ
  …カップ½
- エクストラバージンオリーブオイル
  …カップ¼
- 刻んだ生のイタリアンパセリ
  …大さじ3

サラダ
- エクストラバージンオリーブオイル
  …大さじ1
- チェリートマト
  …カップ½、半分に切る
- ロケットのベビーリーフ…カップ2
- コーシャソルトと挽きたての
  黒コショウ

ギリシャ風タコのサラダ、続き

[手順]

① 低温調理の水槽を84℃（183°F）に予熱する。

② 1ガロン [4リットル] サイズのフリーザーバッグにタコ、レモンの皮、ベイリーフ、マジョラム、レモン汁、塩を入れ、水圧法（18ページ参照）で空気を追い出しながらジッパーを閉じる。

③ 水温が目標温度に達したら、タコの入った袋を水槽に沈め（袋が水面から出ないようにすること）、4時間調理する。

④ 調理が終わったら、袋を水槽から取り出して氷水（20ページ参照）に入れ、完全に冷たくなるまで30分ほど冷やす。タコは元のサイズの半分以下に縮み、大量の水分を放出しているはずだ。

⑤ タコを冷やしている間に、ヴィネグレットを作る。ニンニク、赤タマネギ、マジョラム、レモンの皮とレモン汁、酢、オリーブ、オリーブオイル、パセリを大きなボウルに合わせ、木のスプーンでよく混ぜる。

⑥ タコが十分冷たくなったら、袋から出して水気を良く切る。（液体は捨ててもよいし、濾して別に使うために取っておいてもよい。）

⑦ タコを下ごしらえする。脚を頭から切り離してから、2インチ [5cm] ほどのぶつ切りにする。頭は脚ほどおいしくないので、私は捨ててしまうことが多い。

⑧ サラダを作る。切り分けたタコにオリーブオイルをまぶし、軽く塩コショウする。鋳鉄製のスキレットかグリルパンを強めの中火に掛けて予熱する。ぶつ切りにしたタコを加え、下の面に少し焦げ目がつくまで、1〜2分焼く。トングを使ってタコをひっくり返し、反対側も少し焦げ目がつくまでさらに1〜2分焼く。

⑨ ヴィネグレットの入ったボウルにタコを移し、まんべんなくコーティングされるようにあえる。トマトとロケットを加えてよく混ぜてから、塩コショウで味を調える。ヴィネグレットに入っているオリーブとタコにはたっぷり塩味がついているので、塩を加える必要はないかもしれない。

⑩ サラダを大皿かボウルに盛り付けて、召し上がれ！

[プロから一言]

調理中にタコからは大量の水分が出てきます。この紫色をした液体にはちょうどよい塩味が付いているので、シーフードスープやリゾットに使うことができます。

———

[作り置きのヒント]

調理して冷やしたタコは、袋に入れたまま冷蔵庫で3日まで保存できます。食卓に出す直前に、よく水気を切ってレシピどおりに焼いてください。ヴィネグレットは作ってから3日まで冷蔵庫で保存できます。食卓に出す30分前に冷蔵庫から出してください。

ベトナム風えびの生春巻き
VIETNAMESE SHRIMP SUMMER ROLLS

生春巻きを作るのは初めてという人でも、実際にやってみれば簡単です。チリソースに浸したときに崩れないように、固く巻いてください。しかし最悪でも中身がバラバラになってしまうだけなので、ちょっと見た目は悪くても世界が終わってしまうわけではありません。巻いている間にライスペーパーが裂けてしまったら、もう1枚のライスペーパーで巻いてしまえば大丈夫。私は大理石の台の上で巻くことが多いのですが、平らで清潔な調理台や大皿、プラスチック製のまな板などでもよいでしょう。

でき上がり分量：前菜として4〜6人分 | **真空調理の時間**：15分（25分まで）
実際の調理時間：25分、プラス10分の冷却時間

[材料]
- 殻をむいて背ワタを取ったエビ…大18尾（約1ポンド[450g]）
- 魚醤…大さじ1
- シラチャソース…小さじ1
- すりおろしたライムの皮…½個分

ディップソース
- 海鮮醬…カップ¼
- ライムの搾り汁…1個分（大さじ2程度）
- チリガーリックペーストまたはシラチャソース…大さじ1
- 無塩ローストピーナッツ…大さじ2（刻む）

- ライスペーパー…12インチ[30cm]のもの6枚、プラス裂けてしまったときの予備
- プリーツレタスまたはサニーレタスの葉…大3枚、中心に沿って半分に切り分ける
- 乾燥ビーフン…2オンス[60g]、パッケージの指示どおりゆで、水気を切って流水で洗う
- キュウリ…2本、種を取り長さ3インチ[7.5cm]のスティック状に切る
- 香菜（葉と柔らかい茎の部分）…ふんわり詰めてカップ1
- 生のミントまたはタイバジルの葉、あるいはその組み合わせ…ふんわり詰めてカップ1

[手順]
① 低温調理の水槽を60℃（140°F）に予熱する。
② 1ガロン[4リットル]サイズのフリーザーバッグにエビ、魚醤、シラチャソース、ライムの皮を入れ、もんでエビにマリネ液をまんべんなくコーティングする。水圧法（18ページ参照）で空気を追い出しながらジッパーを閉じる。エビが重ならないように広げてならしておく。
③ 水温が目標温度に達したら、エビの入った袋を水槽に沈め（袋が水面から出ないようにすること）、15分調理する。
④ 調理が終わったら、袋を水槽から取り出して氷水（20ページ参照）に入れ、完全に冷たくなるまで10分ほど冷やす。
⑤ 冷えたエビを袋から出してボウルに移す。袋に残った液体は捨てる。
⑥ ディップソースを作る。海鮮醬、ライム汁、ペースト、ピーナッツを小さなボウルに入れ、よく混ぜて置いておく。
⑦ 生春巻きを巻く準備ができたら、すべての材料（ライスペーパー、レタス、ビーフン、キュウリ、香菜、ミント、エビ）を別々の皿かボウルに入れておく。ライスペーパーが乗る広さの清潔で平らな作業場所を確保する。大きなボウルにぬるま湯（ライスペーパーを浸すため）を入れて、作業場所の近くに置いておく。大皿に軽く油を塗っておく。水に浸したライスペーパーはくっつきやすくなり、すぐに巻かないと作業しづらいので、一度に1枚ずつライスペーパーを水に浸して巻くようにする。

ベトナム風えびの生春巻き、続き

⑧ 両手を使ってライスペーパーを水の入ったボウルに沈める。ボウルの大きさが足りずにライスペーパー全体を浸せない場合には、ライスペーパーを水に浸しながら回転させ、十分柔らかくなってから水に沈める（スパゲッティをたわめて湯の中に沈める要領）。ライスペーパーがグニャッとしてボウルの底に沈むまで水に浸す*。これには30〜60秒かかるはずだ。

⑨ 柔らかくなったライスペーパーを静かに水から引き上げ、端を持って余分な水をボウルに戻す。ライスペーパーを作業場所に置き、折れ目やしわがあればのばして完全に平らにする。もしまだ水がたまっているようなら、ふきんで軽くたたいて余分な水気をふき取る。（多少濡れていてもかまわないが、水浸しになっていると生春巻きがうまくくっつかない。）

⑩ ここからは手早く作業する。ライスペーパーの手前側に、縁を少し開けてレタスの葉を置く。レタスの葉がライスペーパーの手前側3分の1程度を覆うようにする。

⑪ 次に、ゆでたビーフンをカップ¼ほど、左右をレタスの葉の幅に合わせて中心に置く。その上にキュウリを軽くひとつかみ、ビーフンの長さに合わせて乗せる。香菜を2、3本とミントの葉を3、4枚、ビーフンとキュウリの上に乗せる（一口ごとにハーブが行き渡るように）。最後にエビを3尾、ハーブの上に均等に並べる。

⑫ 生春巻きを巻く。指先でライスペーパーの手前側を持ち、向こう側に折り返すようにして食材を巻く（このとき、レタスで他の食材を包み込むようにするとやりやすい）。大まかに円筒形になるように注意しながら巻き、食材が1層のライスペーパーで包まれるようにする。この時点で、ライスペーパーは半分巻いた状態になっているはずだ。左右を折りたたんで両端をふさぎ、もう一度巻いて円筒形を完成させる。このとき、ライスペーパーを破いてしまわない程度に、圧力をかけながらなるべく固く巻くこと。生春巻きが完成したら、油を塗った皿に移す。ここまでの手順はかなり煩雑に聞こえるかもしれないが、全体でもほんの数分しかかからない。本当に！ すべての食材を使って6本の生春巻きができるまで、この手順を繰り返す。

⑬ 生春巻きを斜め半分に切り、ディップソースを添える。ソースを二度漬けする不埒な輩が心配なら、1人分ずつ小さなボウルに取り分けておけばよい。

[プロから一言]

このレシピでは、かんたんガーリックシュリンプ（63ページ）よりも少し高い温度でエビを調理しています。その理由は、ここでは低温調理した後にソテーしないため、そして高い温度で調理すると食感が硬めになりますが、冷たいエビの場合にはそのほうが私の好みからです。同じ理由から、エビのカクテルや海の幸の盛り合わせに使うエビを調理する際にも、このレシピが使えます。

[作り置きのヒント]

調理して冷やしたエビは、袋に入れたまま冷蔵庫で3日まで保存できます。でき上がった生春巻きは、湿らせたふきん（紙または布製）を掛けて、冷蔵庫で4時間まで保存できます。くっついてしまうので、離して並べるようにしてください。ディップソースは作ってから密閉容器に入れ、冷蔵庫で2週間まで保存できます。

*訳注：原文にはこのように書いてあるが、これではライスペーパーが柔らかくなりすぎ、破けやすくなってしまう。さっと水にくぐらせてから1分ほどざるに上げておけば、十分に巻けるほど柔らかくなっているはずだ。

魚介類 | FISH AND SHELLFISH

かんたんガーリックシュリンプ

FOOLPROOF GARLIC SHRIMP

エビのガーリック炒めがお好きなら、もっとスパイシーでピリッとしたこの料理もきっと気に入るでしょう。エビのアヒージョのようなラテンアメリカ料理にヒントを得た、かんきつ風味のガーリックバターソースが自慢です。低温調理はじっくりと低温で加熱するため、失敗なくエビにしっかりと火を通すことができ、硬くならずにとてもジューシーでしっかりとした歯ごたえに仕上がります。ヒカマはちょっと珍しい食材ですが、すばらしいサクサク感と甘さを付け加えてくれます。手早く調理できるので、すぐに食卓に出せる常備菜としてもにぴったりです。このエビはそれだけでもおいしい前菜になりますが、米飯やパスタ、あるいは温かいトルティーヤに乗せて本格的な主菜としてもおいしくいただけます。

でき上がり分量：前菜として6人分、主菜として4人分 | 低温調理の時間：15〜20分 | 実際の調理時間：25分

[材料]
- エビ…大1ポンド[450g]、尾を付けたまま殻をむいて背ワタを取る
- エクストラバージンオリーブオイル…大さじ3
- ニンニク…5かけ、薄切りにする
- チリ（セラーノまたはハラペーニョ）…1本、薄切りにする
- パプリカパウダー…ひとつまみ
- ヒカマ（クズイモ）…½個、皮をむき½インチ[1.3cm]角の角切りにする（約カップ1）
- 食塩不使用バター…大さじ1
- ライムの搾り汁…1個分（大さじ2程度）
- 塩と挽きたての黒コショウ
- 粗みじんに切った香菜…大さじ3

[手順]
① 低温調理の水槽を55℃（131°F）に予熱する。
② 1ガロン[4リットル]サイズのフリーザーバッグに、エビを入れる。均一に加熱されるように、なるべく重ならないようにエビを並べること。水圧法（18ページ参照）で空気を追い出しながらジッパーを閉じる。
③ 水温が目標温度に達したら、エビの入った袋を水槽に沈め（袋が水面から出ないようにすること）、15分調理する。調理し終わったエビは少し丸まって、全体がピンク色になっているはずだ。ところどころ灰色が残っていれば、袋を水槽に戻してさらに5分調理する。
④ 袋を水槽から取り出し、トングか穴あきスプーンを使ってエビを皿に移す。袋の中の液体は最後に使うので、小さなボウルに注ぎ出して取っておく。
⑤ オリーブオイルとニンニクを大きなソテーパンに入れて弱めの中火に掛け、時々かき混ぜながらニンニクが少し色づくまで3〜5分加熱する。チリ、パプリカパウダー、ヒカマ、エビを加える（エビは重なってもよい）。ときどき木のスプーンでひっくり返したりかき混ぜたりしながら、エビの両面が少し濃いピンク色になるまで、2分ほどソテーする。ここで、加熱しすぎないように気を付けること！ バター、取っておいた袋の中の液体、ライム汁をソテーパンに加えて火を止め、かき混ぜてバターを溶かす。塩コショウで味を調える。
⑥ エビとソースを深鉢に盛り付け、香菜を散らす。

[作り置きのヒント]
調理したエビは、袋のまま氷水（20ページ参照）に入れて10分冷やしてから、冷蔵庫に入れて3日まで保存できます。食卓に出す際は、エビを冷たいままレシピどおりガーリックソースでソテーしますが、1分ほど余分に時間を掛けて中心まで完全に温めるようにしてください。

サーモンとみそフェンネルサラダ

SALMON WITH MISO-FENNEL SALAD

　まだ低温調理したサーモンを食べたことのない人は、きっと感嘆の声を上げることでしょう。これは結婚式の料理に出てくるような、パサついた筋張ったサーモンではありません。まるでバターのような食感は、どんなうるさ方にも文句は言わせません。私はこれがサーモンのいちばんおいしい食べ方だと思っていますが、もう少し固めのよくある食感やくすんだ色合いがお好みなら、サーモンを同じ時間だけ60℃で調理してください。このレシピでは、調理したサーモンに七味唐辛子を振りかけています。これは日本のスパイスブレンドで、粗びきの乾燥赤唐辛子の他にごま、陳皮、青のりなどが入っているのが普通です。もし見つからなければ、いりごまにカイエンヌペッパーを加えたもので代用してもよいでしょう。カスタードのようなサーモンに、風味と色彩と食感の点で彩りを添えるのが目的だからです。

でき上がり分量：主菜として4人分　｜　**低温調理の時間**：20分（30分まで）
実際の調理時間：20分、プラス20分の漬け時間

[材料]
- 水…カップ2
- コーシャソルト…カップ1/4
- 砂糖…大さじ1
- サーモンのサク（小骨を抜いたもの）皮ありまたは皮なし…2ポンド［900g］、4等分に切る
- キャノーラ油などのマイルドな植物油…小さじ1

みそヴィネグレット
- 白みそ…大さじ1 1/2
- レモンの搾り汁…大さじ1
- ディジョンマスタード…小さじ1 1/2
- ハチミツ…小さじ1 1/2
- 皮をむいてすりおろしたショウガ…小さじ1/2
- キャノーラ油などのマイルドな植物油…大さじ2
- ごま油…小さじ1/2

- フェンネルの茎…2株、スライサーで繊維に沿って薄切りにする（約カップ3）
- 豆苗またはマイルドな葉物野菜（マーシュやホウレンソウなど）…ふんわりカップ2
- 七味唐辛子、またはいりごまにひとつまみのカイエンヌペッパーを加えたもの…小さじ1

[手順]
① 低温調理の水槽を52℃（125.5°F）に予熱する。
② 水温を上げている間に、水、塩、砂糖をボウルに入れ、塩と砂糖が完全に溶けるまでかき混ぜる。この漬け汁にサーモンを浸し、冷蔵庫に20分入れておく。
③ サーモンを漬け汁から取り出して流水で洗い、余分な塩分を洗い落とす。ペーパータオルで水分をふき取る。サーモンにキャノーラ油をまんべんなくまぶす。1ガロン［4リットル］サイズのフリーザーバッグに、重ならないようにサーモンを入れ、水圧法（18ページ参照）で空気を追い出しながらジッパーを閉じる。

サーモンとみそフェンネルサラダ、続き

④ 水温が目標温度に達したら、サーモンの入った袋を水槽に沈め（袋が水面から出ないようにすること）、20分調理する。調理し終わったサーモンは不透明なピンク色に変わっているはずだ。非常にデリケートなので、身が崩れないように慎重に扱うこと。

⑤ 魚を調理している間に、みそヴィネグレットを作る。みそ、レモン汁、マスタード、ハチミツ、ショウガを小さなボウルに入れ、泡立て器でかき混ぜる。泡立て器でかき混ぜながら、キャノーラ油とごま油をゆっくりと細い筋になるように注ぎ入れて乳化させる。作り終えたヴィネグレットは脇に置いておく。

⑥ サーモンが調理できたら、静かに袋から取り出して皿かトレイに移す。皮付きのままサーモンを調理して、食卓には皮のない状態で出したい場合には、ここで皮を取るのが簡単だ。単純に一端をつまんで皮全体をめくるように引っ張ればよい。

⑦ 食卓に出す直前に、フェンネルと豆苗をヴィネグレットであえる。最初は半量のヴィネグレットを使い、味をみながら足して行くとよい。軽めの味付けのサラダがお好きなら、ヴィネグレットを全部使わないほうがいいだろう。

⑧ 銘々皿4枚にサラダを盛り付け、その上に温かいサーモンを乗せ、七味唐辛子を振りかけて食卓に出す。

[プロから一言]
サーモンを塩水に漬けてから調理するのは塩味を付けるだけでなく、身からアルブミンがしみ出すのを防ぐ意味があります。これは見栄えの良くない白いかたまりで、調理したサーモンをあまりおいしくなさそうに見せてしまいます。塩水に漬ける作業はオプションですが、簡単でそれほど手間もかかりませんし、一度サーモンで試してみれば他の魚を調理するときにもやってみたくなるでしょう。

[作り置きのヒント]
この料理は、冷たくして食卓に出すのでなければ、作り置きはおすすめしません。作り置きする場合には、魚を水槽から取り出して氷水（20ページ参照）に入れて15分、または完全に冷えるまで冷やしてから、袋に入れたまま冷蔵庫で2日まで保存できます。

ビール衣のフィッシュアンドチップス

BEER-BATTERED FISH AND CHIPS

　このイギリスを象徴する料理に低温調理を使うのは、理想的な組み合わせです。私にとってはイギリス趣味を吹聴する絶好の言い訳になる上に、何度作っても大成功間違いなしときているからです。この手法では魚を調理し過ぎることはありませんし、揚げたときに蒸気があまり出ないので衣が身からはがれにくく、とてもしっとりとしたホクホクの魚がサクサクの軽い揚げ衣をまとって仕上がります。ここではタラを使いましたが、コダラやシロイトダラなど、身離れのよい白身魚を使ってもよいでしょう。

　もちろん、この素晴らしいフライドフィッシュの付け合わせにはチップスが欠かせません。私はイギリス風のチップスを添えました。このレシピではチップスを低温調理してから、魚と一緒に揚げていることに注意してください。極上のタルタルソースに浸して食べれば、間違いなく最高のフィッシュアンドチップスとなるはずです。

でき上がり分量：主菜として4人分　｜　**低温調理の時間**：15分（20分まで）
実際の調理時間：35分、プラス15分の冷却時間

[材料]
- タラ（皮なしのサク）…1½ポンド［675g］、1½インチ［4cm］幅に切り分ける
- 塩
- キャノーラ油などのマイルドな植物油…小さじ1

ビール衣
- 小麦粉…カップ1½
- 片栗粉またはコーンスターチ…カップ¼
- コーシャソルト…小さじ1
- ベーキングパウダー…小さじ1
- ピルスナーなどの淡色ラガー…1びん（12オンス［360㎖］）
- モルトヴィネガーまたはリンゴ酢…大さじ1

タルタルソース
- マヨネーズ：カップ¼、自家製（272ページ）または市販品
- サワークリームまたはクレームフレーシュ（発酵生クリーム）…カップ¼
- 刻んだ生のイタリアンパセリ、ディル、タラゴン、あるいはその組み合わせ…大さじ3
- コルニションなどのサワーピクルスのみじん切り…大さじ2
- シャロットのみじん切り…大さじ1
- レモンの搾り汁…大さじ1
- 塩と挽きたての黒コショウ

- イギリス風チップス（200ページ）、低温調理済みで揚げる前のもの
- キャノーラ油などのマイルドな植物油（揚げ油）
- フレーク状の海塩（モールドンやフルール・ド・セルなど）

[手順]
① 低温調理の水槽を51℃（124°F）に予熱する。
② タラの切り身に塩を振り、油をまぶして切り身どうしや袋にくっつかないようにしておく。1ガロン［4リットル］サイズのフリーザーバッグに、重ならないように魚を入れ、水圧法（18ページ参照）で空気を追い出しながらジッパーを閉じる。

ビール衣のフィッシュアンドチップス、続き

③水温が目標温度に達したら、魚の入った袋を水槽に沈め（袋が水面から出ないようにすること）、15分調理する。

④調理が終わったら、袋を水槽から取り出して氷水（20ページ参照）に移し、完全に冷たくなるまで15分ほど冷やす。

⑤魚を調理し冷やしている間に、揚げ衣とタルタルソースを作る。衣を作るには、小麦粉、片栗粉、塩、ベーキングパウダーを大きなボウルに入れて泡立て器で混ぜ合わせてから、ビールと酢を入れて泡立て器でよく混ぜる。タルタルソースを作るには、マヨネーズ、サワークリーム、パセリ、コルニション、シャロット、レモン汁を小さなボウルに入れてよく混ぜ、塩コショウで味を調える。衣とソースは、揚げ物をするときまで脇に置いておく。

⑥天板にペーパータオルを敷いて、コンロのそばに置いておく。オーブンを250°F［120℃］に予熱する。鋳鉄製の深さのあるスキレットに、少なくとも1½インチ［4cm］の深さまで油を注ぎ、中火に掛ける。魚やジャガイモを入れたとき油があふれないように、油は鍋の深さの3分の1以下にすること。竹串や菜箸を油の中心に入れたときにすぐ泡が出てくるようになるまで、または揚げ物用の温度計が350°F［175℃］を指すまで、中火で油を熱する。

⑦まず、ジャガイモをレシピどおりに揚げてペーパータオルを敷いた天板の片側に置き、オーブンに入れて保温しておく。

⑧冷やした魚を袋からそっと取り出し、衣のボウルに入れる。指先を使って切り身をひっくり返し、衣をまんべんなく付ける。乱暴に扱うと切り身が崩れてしまうので、これはちょっとデリケートな作業だ。

⑨衣を付けた魚を、少なくとも2インチ［5cm］の間隔を開けて油に入れる。（鍋の大きさにもよるが、2、3回に分けて揚げる必要があるだろう。）魚を入れたらいじらずに、衣の縁がこんがりと色づくまで、3〜4分揚げる。トングを使ってひっくり返し、全体がこんがりと色づくまで、さらに1〜2分揚げる。ペーパータオルを敷いた天板の空いている側にタラを移し、フレーク状の塩を振り、天板をオーブンに戻して保温する。残りの魚についても、同じ手順を繰り返す。

⑩盛り付け。魚とチップスを大皿か、新聞紙を敷いたテーブルの上に並べる。タルタルソースを添える。

──────

［作り置きのヒント］

このレシピには材料がたくさん記載されていますが、多くは事前に作り置きできます。ジャガイモとタルタルソースはあらかじめ作っておき、冷蔵庫で1週間まで保存できます。タラは調理して冷やした後、袋のまま冷蔵庫で2日まで保存しておいて揚げることができます。ビール衣は作った後、冷蔵庫で3時間まで保存できます。

マスのオイル煮

OIL-POACHED TROUT

　オイルとハーブの入った袋に入れて魚を調理すると、すばらしい食感とたまらないアロマが得られるので、マスのようなマイルドな風味の魚にはぴったりです。この手法では、通常の魚のオイル煮よりも油の量がずっと少なくて済み、水槽でじっくり加熱するためとてもしっとり仕上がります。

　これは、どんな魚にも使える万能のレシピです。私はニジマスを使いましたが、カワカマス、シートラウト、サーモンなど、他の魚でもおいしくできるでしょう。ハーブの風味が溶け込んだオイルを使って、仕上げればそのおいしさを十分に味わえます。ハーブも自由に選んでください。私はタラゴンとタイムの組合せが好きですが、例えばバジルとマジョラムなど、他の組合せを試してみるのもよいでしょう。

　ハーブの香りの付いたオイルが料理を仕上げるソースになるので、別に作る必要はありません。ジャガイモ、野菜、シンプルなグリーンサラダなどを添えて食卓に出してください。

でき上がり分量：主菜として4人分　|　**低温調理の時間**：20分（30分まで）　|　**実際の調理時間**：5分

[材料]
- エクストラバージンオリーブオイル…カップ1/4
- レモンの皮のすりおろしと搾り汁…レモン1/2個分
- 刻んだ生のイタリアンパセリ、ディル、フェンネルの葉、あるいはその組み合わせ…カップ1/4
- 刻んだ生のタラゴン、タイム、あるいはその組み合わせ…大さじ1
- 皮つきまたは皮なしのマスの半身…8枚（マス4匹分、全体の重さ約2ポンド[900g]）
- 塩と挽きたての白または黒コショウ

[手順]
①低温調理の水槽を55℃（131°F）に予熱する。

②オリーブオイル、レモンの皮とレモン汁、ハーブを小さなボウルに入れ、よく混ぜる。マスの半身に塩コショウを振る。1ガロン[4リットル]サイズのフリーザーバッグに、重ならないように魚を入れてハーブオイルを注ぎ、水圧法（18ページ参照）で空気を追い出しながらジッパーを閉じる。

③水温が目標温度に達したら、マスの入った袋を水槽に沈め（袋が水面から出ないようにすること）、20分調理する。

④袋を水槽から取り出し、マスを静かに皿または鉢に移し、袋の中のハーブオイルを上に掛ける。すぐに食卓に出す。

[プロから一言]
このマスはシンプルなグリーンサラダに乗せてもおいしいですし、これを使って田舎風のマスのスプレッドを作ることもできます。どちらの場合も、魚を氷水（20ページ参照）で10分冷やして、半身から皮をはぎ取ってください（皮付きのまま調理した場合）。スプレッドにする場合には、フォークを使って魚の身をほぐし、骨があれば取り除きます。オイルを混ぜ入れ、さらに塩コショウ（少量のマスタードを加えても）で味を調えます。

ロブスターのバター煮、コニャックソース
BUTTER-POACHED LOBSTER WITH COGNAC SAUCE

　このレシピは、トーマス・ケラーが創作したフレンチ・ランドリー*の看板料理、バターポーチド・ロブスターをアレンジしたものです。この料理の鍵はブール・モンテ、つまり高温でも安定したエマルションの状態を保つバターソースにあります。この状態のバターは分離せずにロブスターを調理する媒体として使うことができ、ロブスターが調理された後でもクリーミーで乳化された状態を保っているのでソースとしても利用できます。またシンプルにロブスターの入った袋の中でバターを溶かし、ロブスターにそのバターとくし切りにしたレモンを添えて食卓に出してもよいでしょう。いずれにせよ、ロブスターはすばらしくジューシーに、おいしく仕上がります。

　低温調理では低い温度を正確に保つので、毎回確実に甲殻類を完璧に調理できます。しかし、ロブスターを適切に低温調理するためには、その前に下ゆでして殻をむかなくてはいけません。ちょっと面倒に思えるかもしれませんが、このひと手間をかけることによって、本当にうっとりするような、洗練された食事経験が楽しめるのです。完璧にしっとりと柔らかいロブスターの身は、食べるために胸当てやロブスタークラッカーを必要としません。このレシピは特別なおもてなしにはぴったりですし、お客さんもきっと喜んでくれることでしょう。ロブスターの付け合わせには、米飯やバゲットなどシンプルなデンプン質を添えて、この気が遠くなるほどおいしいソースを浸して食べきってください。

＊訳注：カリフォルニア州にある有名レストラン。

でき上がり分量：主菜として4人分　|　**低温調理の時間**：20分（30分まで）　|　**実際の調理時間**：1時間

[材料]
- 生きたままのロブスター…4尾（1〜1.5ポンド[450〜675g]のもの、2〜3ポンドのロブスターを使う場合には調理時間を10分増やす）
- コーシャソルト

ストック
- キャノーラ油などのマイルドな植物油…大さじ1
- 黄タマネギ…1個、1/8インチ[3mm]幅の薄切りにする
- ニンジン…1本、1/8インチ[3mm]幅の薄切りにする
- フェンネルまたはセロリの茎…1本、1/8インチ[3mm]幅の薄切りにする
- ニンニク…3かけ、薄切りにする
- トマトペースト…大さじ2
- 黒粒コショウ…小さじ1

ブール・モンテ
- 水…カップ1/4
- コーシャソルト…ひとつまみ
- 冷たい食塩不使用バター…カップ1/2（4オンス[120g]）、1/2インチ[1.3cm]角に切る

コニャックソース
- シャロット…1個、みじん切りにする
- コニャック、ブランデー、またはバーボン…カップ1/2
- 辛口の白ワイン…カップ1/4
- クレームフレーシュ（発酵生クリーム）…カップ1
- レモンの搾り汁…大さじ1
- 刻んだ生のタラゴン…大さじ1
- 刻んだ生のチャイブ…大さじ1
- 塩と挽きたての白コショウ

ロブスターのバター煮、コニャックソース、続き

[手順]

① ロブスターをすべて同時に入れられる大きさのスープ鍋を選ぶ。鍋に3分の2まで水を入れ、たっぷりと塩を加えて（水カップ4に対して大さじ2ほどの塩を使う）、強火にかけて沸騰させる。ロブスターをすべて同時に調理できるほど大きな鍋を持っていなければ、何回かに分けてロブスターを調理し、レシピどおりハサミと尾を取り外し、ハサミをとっておいて、すべてのハサミを一緒にレシピどおり調理すればよい。下ゆでしたロブスターやハサミを急冷するための氷水（20ページ参照）を用意しておく。

② 一度に1尾ずつ、ロブスターを締める。重い牛刀の先端を、頭と胴体の境目（目の後ろ）に入れ、牛刀を一気に引いて頭を割る。ロブスターはその後も少し動いているかもしれないが、これでもうロブスターは絶命しているので安心してほしい。

③ トングを使って、ロブスターの全身を沸騰している湯の中に沈め、1分ゆでる。殻の色が赤く変わってくるはずだ。下ゆでしたロブスターを氷水に取り、触れるようになるまで少なくとも2分冷やす。氷水から出したロブスターの胴体から、尾とハサミをひねるようにして取り外す。尾は取っておく（脚を使う場合には脚も）。お好みに応じてトマリー（肝臓）も体腔から取り除き、取っておいて後でソースに加えてもよい。

④ ロブスターのハサミと尾をすべて取り外したら、ハサミを熱湯に戻し、火を弱めて静かに煮立っている状態で4分ゆでる。（殻から身をはずすために、余分にゆでる必要がある。）ハサミを氷水に入れ（必要に応じて氷を足す）、触れるようになるまで少なくとも2分冷やしてから、氷水から取り出す。ロブスターのゆで汁は捨てる。

⑤ 殻から身をはずす。殻はストックを作るために取っておく。（殻をはずすのは、ゴム手袋をした手でやるとやりやすい。）尾から身をはずすには、キッチンばさみかよく切れる包丁を使って、身を切らないように気を付けながら、殻の下側の中心を縦方向に切る。切った側を上にして、殻の両側をつかんで引っ張ると殻が開くので、ていねいに身をはずす。

⑥ 次に、ハサミから「関節」を取り外す。殻の外側から「ひじ」まで切り込みを入れ（キッチンばさみを使うとやりやすい）殻を割って関節の肉を取り出すか、箸でほじくり出す。ハサミの大きな爪の部分から肉を取り出すには、キッチンばさみか重い包丁の峰の部分を使って殻の裏側（上側の大きい爪の後ろ）を割ると、身の先端部が出てくる。下側の爪から殻をはずすには、爪を引っ張って接合部が肉から外れ始めるまで開き、それからねじってはずす。（固い軟骨が殻と一緒に身から外れるので、身を引き裂いてしまわないよう注意すること。）下側の爪が外れたら、必要に応じて割った殻をねじり取り、爪の肉をすべて取り出す。

⑦ この手順が終わると、尾4本、爪8本、そして関節の部分の身が得られるはずだ。この時点で、身は低温調理するときまで冷蔵庫で保存しておくことができる。

⑧ 低温調理の水槽を55℃（131.2°F）に予熱する。ちょっと固めのロブスターがお好みなら、60℃（140°F）に設定してほしい。

⑨水温を上げている間に、ストックを作り始める。大きなスープ鍋かソースパンに油を入れ、強めの中火に掛ける。タマネギ、ニンジン、フェンネル、ニンニクを加え、タマネギが透き通って色づき始めるまで、かき混ぜながら2〜3分炒める。かき混ぜながらトマトペーストを加え、取っておいた殻を入れてさらに1分炒める。粒コショウと、食材がちょうど浸る程度の水を加えて沸騰させる。火を弱めて20分煮る。

⑩目の細かいざるで液体を濾し、固形物は捨てる。液体を鍋に戻し、強火にかけて沸騰させ、カップ½ほどの風味たっぷりの液体になるまで煮詰める。火からおろし、コニャックソースに加える時まで置いておく。

⑪ストックを煮ている間に、ブール・モンテを作る。小さなソースパンに水と塩を入れ、中火に掛けて沸騰させる。バターを少しずつ加え、そのたびに泡立て器かハンドブレンダーでかき混ぜ、再びフツフツと煮立ってから次のバターを加える。熱を加えてもバターが安定しているためには、常にフツフツとした状態を保つことが大切だ。ハンドブレンダーを使えば手間はほとんどかからないが、手でバターを混ぜる場合には泡立て器で一生懸命かき混ぜること。でき上がったソースは生クリームのようにとろりとしていて、冷たいバターと同じオフホワイトの色合いを保ち、黄色い油の小滴は見当たらないはずだ。ソースがうまく乳化しない場合には、フツフツと煮立たせながらさらにバターを加えてみてほしい。ブール・モンテができたら、火からおろす。

⑫ブール・モンテを5分冷ましてから、取り出したロブスターの身を1ガロン［4リットル］サイズのフリーザーバッグに入れ、ブール・モンテを注ぎ入れる。水圧法（18ページ参照）で空気を追い出しながらジッパーを閉じる。

⑬水温が目標温度に達したら、ロブスターの入った袋を水槽に沈め（袋が水面から出ないようにすること）、20分調理する。

⑭ロブスターを調理している間に、コニャックソースを作る。シャロット、コニャック、ワイン、そして煮詰めたストックを小さなソースパンに入れ、強めの中火に掛けて沸騰させる。約5分かけて、半量になるまで煮詰める。火を弱めて中火にし、クレームフレーシュを混ぜ入れる。お好みで、ここで取っておいたロブスターのトマリーを細かく刻むかピュレしてソースに加える。スプーンの背中がコーティングされる程度のとろみがつくまで、さらに約5分煮詰めてから、弱火にしてふたをし、使うときまでソースを保温しておく。

⑮ロブスターが調理できたら、袋を水槽から取り出す。穴あきスプーンを使って、ロブスターの身をボウルか大皿に移す。袋に残ったブール・モンテは、コニャックソースに注ぎ入れる。レモン汁、タラゴン、チャイブを混ぜ入れ、塩コショウで味を調える。このソースは直接ロブスターに掛けてもよいし、添えてもよい。すぐに食卓に出す。

―――

［作り置きのヒント］
ロブスターは下ゆでして殻をとった状態で、バターで煮るときまで袋に入れたまま冷蔵庫で3日まで保存できます（鮮度を保つコツは、袋を氷の入ったボウルに入れて冷蔵庫で保存することです）。ソースも事前に準備して、冷蔵庫で3日まで保存できます。

3

鳥肉

POULTRY

鶏レバーのムース、グリルしたパンとイチジク添え	81
鶏手羽のジャークチキン	83
シラチャチキン	86
チキンカツ	89
ベトナム風カラメルチキン	91
チキンティッカマサラ	95
ツォ将軍のチキン	97
完璧なフライドチキンとワッフル、 ハチミツホットソースのシロップがけ	101
鴨のむね肉とアプリコットのモスタルダ	105
鴨のコンフィとフリゼのサラダ	107
鴨のモレ・ロホ	111
ウズラのザータル	113
七面鳥のミートボール、モッツァレッラチーズとバジル詰め	117
感謝祭の七面鳥	119

家禽の中で、トップに君臨しているのは間違いなく鶏です。最もよく食べられている鳥というだけでなく、アメリカでは牛や豚以上に多く食べられている肉でもあります。鳥肉の人気の高まりには、鶏（そして七面鳥）のマイルドな風味と手ごろな価格が、さまざまな国や地域の料理と相性が良いという理由もあるようです。そんなわけで私は、この章のレシピを世界中から集めてきました。アジアや中東、フランス、イタリア、カリブ海、メキシコ、そしてもちろんアメリカが自由に取り込まれたこの章は、まさにメルティング・ポットです。目からうろこの感謝祭の七面鳥（119ページ）は純アメリカ風、甘くてピリ辛のツォ将軍のチキン（97ページ）は東西文化の融合、魅惑的に複雑な鴨肉のモレ・ロホ（111ページ）は伝統的なメキシコの風味ですが、どれをとっても淡白な鳥肉は風味という絵を描くために理想的な白いキャンバスになっています。

　鳥肉はさまざまな調理法に適していますが、当然ながらこの章のレシピはすべて低温調理を利用して、むらのない極上のおいしさを約束しています。目標とする内部温度に正確にセットされた水槽で調理するので、火を通しすぎてしまうことはありませんし、あの嫌なピンク色の部分が中心に残ることもありません。別の言い方をすれば、シュレーディンガーの鶏（生焼けの状態と火を通しすぎの状態の重ね合わせであり、包丁で切った時点でどちらかの状態に確定する）は過去のものとなるのです。しかしこの章では鶏だけでなく、鴨やウズラといったなじみの少ない、少し違った調理手法を必要する鳥も取り上げました。例えば、長い時間じっくり加熱調理することによって、硬い鴨のレッグもおいしく柔らかい鴨のコンフィ（107ページ）に変化します。

　最後になりましたが、この章は風味や食感を高めてくれる調理テクニックの宝庫でもあります。すばらしくサクサクな衣の中で信じられないほどジューシーに揚がった肉（101ページの完璧なフライドチキンや89ページのチキンカツ）や、テイクアウトよりずっとおいしくギトギト感や硬さとは無縁の中華料理（ツォ将軍のチキン）、あるいはパサつきとは無縁の鶏胸肉のソテー（86ページのシラチャチキン）が自分でも作れるのです。この章のメインは、感謝祭の七面鳥を至高のレベルに高める簡単で失敗知らずのテクニックです。マーサ・スチュアートでさえ目に涙を浮かべるほどの、記憶に残るメニューのかなめの一品が作れます。そしてどのテクニックにも、舌鼓を打つごちそうを作り出すためには低温調理が利用されているのです。

鳥肉 | POULTRY

鶏レバーのムース、グリルしたパンとイチジク添え

CHICKEN LIVER MOUSSE WITH GRILLED BREAD AND FIGS

コストパフォーマンス抜群の前菜として、鶏レバーのムースは私のお気に入りの一品です。平凡な鶏レバーにバターを少々（いや、たっぷり）加えてミキサーに掛けるだけで極上の美味に変身させることにかけては、だれもフランス人にかないません。伝統的な料理法では、レバーは生のままピュレしてから型に入れて焼き、火を通して固めます。このレシピでは、レバーを低温調理してからミキサーに掛けるのですが、こうすると間違いなく安全にむらなく調理できるのです。また神経を使う焼きの手順（少しでも焼きすぎるとざらついた食感になってしまいます）を省略できるというメリットもあります。この料理を引き立てるもうひとつのトリックが、ピンク色のキュアリングソルト（加工肉に通常含まれる成分で、Prague power［プラハパウダー］#1とも呼ばれます）です。これは肉の専門店やネットショップで買えますが*、普通の塩で置き換えることもできます。あまり鮮やかな色には仕上がりませんが、風味に変わりはありません。私はこのシルクのように滑らかなムースにグリルしたパンとイチジクを合わせて食感の違いを楽しむのが好きですが、そのままクラッカーやパリッとしたパンを添えても最高です。

*訳注：日本での入手は難しい。

でき上がり分量：約カップ3、前菜として8〜10人分 ｜ **低温調理の時間**：30分（1時間まで）
実際の調理時間：30分、プラス固まるのを待つのに1時間

[材料]
ムース

- 鶏レバー…1ポンド［450g］、筋や目につく脂肪、緑がかった部分を取り除く
- コーシャソルト…小さじ1
- ピンク色のキュアリングソルト、またはコーシャソルト…小さじ½
- タイム…2枝
- 食塩不使用バター…大さじ1、プラス冷たい状態のものを¾カップ（6オンス［180g］）*、½インチ［1.3cm］角に切る
- エクストラバージンオリーブオイル…大さじ1
- シャロット…2個、薄切りにする
- ニンニク…3かけ、薄切りにする
- コーシャソルト…小さじ½
- 甘味酒精強化ワイン（マデイラ、マルサラ、ポートなど）…カップ¼
- ブランデーまたはバーボン…カップ¼
- 挽きたての白コショウ…小さじ½
- レモンの搾り汁…小さじ1
- カントリースタイルまたはサワー種のパン…小1かたまり、厚さ1インチ［2.5cm］にスライスする（約8〜10切れ）
- イチジク…8オンス［240g］、縦半分または4分の1に切る
- エクストラバージンオリーブオイル…大さじ2
- 生のタイムの葉…小さじ1
- フレーク状の海塩（モールドンやフルール・ド・セルなど）と、挽きたての黒コショウ
- 高品質の仕上げ用の酢…小さじ1（年代物のバルサミコやバニュルスなど、オプション）

*訳注：カップはアメリカサイズ。正確な分量は24ページを参照（以下、同）。

鶏レバーのムース、グリルしたパンとイチジク添え、続き

[手順]

① ムースを作る。低温調理の水槽を68℃［154.4°F］に予熱する。

② 鶏レバーにコーシャソルトとキュアリングソルトを振り、タイムの枝とともに1ガロン［4リットル］サイズのフリーザーバッグに入れる。水圧法（18ページ参照）で空気を追い出しながらジッパーを閉じる。

③ 水温が目標温度に達したら、レバーの入った袋を水槽に沈め（袋が水面から出ないようにすること）、30分調理する。この時点でレバーは固まり、ピンク色になっているはずだ。

④ レバーを調理している間に、バター大さじ1とオリーブオイルをソースパンに入れて中火に掛け、バターが泡立つまで加熱する。シャロット、ニンニク、コーシャソルトを加え、時々かき混ぜながら、しんなりとして色づき始めるまで5分ほどソテーする。

⑤ ワインとブランデーを加え、木のスプーンかへらで鍋底から茶色い焦げをこそげ取り、液体がシロップ状になり3分の1ほどの量になるまで、1〜2分煮詰める。鍋の中身をミキサーに注ぎ入れるが、まだミキサーは動かさない。

⑥ 鶏レバーが調理できたら、袋を水槽から取り出してレバーをミキサーに移し、タイムの枝は捨てる。白コショウとレモン汁を加えて、混ざる程度に軽くミキサーを動かす。カップ¾の冷たいバターを一度に加え、完全になめらかになるまでミキサーを高速で動かす。途中でミキサーを止めて、側面をゴムべらでこそげる。衣生地くらいの濃さの、ゆるいなめらかなピュレができるはずだ。（ミキサーによっては、ムースが完璧になめらかにはならないかもしれない。お好みで、目の細かいざるで濾してから冷蔵庫に入れてもよい。）ムースを味見し、必要に応じて塩で味を調える。

⑦ ラムカン型やスフレ皿など、陶器またはガラス製の容器にムースを注ぎ、ラップできっちりと覆ってから冷蔵庫に入れ、少なくとも1時間かけて固める。

⑧ ムースを食卓に出す時間になったら、グリルパンを強めの中火で予熱する。スライスしたパンの両面とイチジクの切断面に、オリーブオイルを塗る。スライスしたパンをグリルパンに並べ、途中で1回ひっくり返しながら、両面に焼き色が付いてカリッとするまで、片面につき1〜2分焼いて取り出す。イチジクを、切った面を下にして入れ、カラメル化するまで1〜2分焼いて鍋を火からおろす。

⑨ 盛り付け。グリルしたパンにムースを塗り、タイム、海塩、黒コショウを振りかける。パンを大皿かトレイに乗せ、イチジクをパンの周りに並べ、イチジクに酢を垂らす。

――――

[作り置きのヒント]

ムースを1日以上取っておく場合には、溶かした脂で封をすると酸化（色がおいしくなさそうな茶色に変化してしまいます）や移り香を防ぐことができます。ムースが固まったら、大さじ4の鴨の脂か鶏の油あるいは澄ましバターを溶かして、ムースの上に均等に注いでください。それから容器にふたをしてムースを冷蔵庫に入れれば、2週間まで保存できます。使うときには、冷蔵庫から出して室温に30分置いてから、脂の層を削り取ってください。

鶏手羽のジャークチキン

JERK CHICKEN WINGS

　ジャークチキンは最も有名なジャマイカ料理のひとつですが、確かにそれだけのことはあります。このレシピでは、その甘さと酸っぱさ、じんわりとしたスパイスとチリの辛さの組合せを鶏手羽に応用してみました。鶏手羽を直接マリネ液に浸して調理するとスパイスペーストの風味がすぐ肉に浸透するので、一晩マリネする必要がありません。さらに、鶏手羽を低温でじっくり加熱するとコラーゲンが分解して、めちゃくちゃ柔らかくジューシーになるので、パサつかずにカリッと焼き上がります。私はよくこの鶏手羽を持ち寄りパーティーに持って行きます。あらかじめ作っておいて、オーブンやグリルで温め直せばよいからです。

でき上がり分量：前菜として6〜8人分　｜　**低温調理の時間**：2時間（6時間まで）
実際の調理時間：20分、プラス休ませる時間5分

[材料]

マリネ液

- ネギ
  …1束、白い部分と青い部分を粗みじんに切る（約カップ¾）
- チリ（スコッチボネットまたはハバネロ）…1〜2個、粗みじんに切る
- ショウガ…2インチ[5cm]大のもの1かけ、皮をむいて薄切りにする（約カップ¼）
- ニンニク
  …5かけ、粗みじんに切る
- 生のタイムの葉…大さじ1
- オールスパイスパウダー
  …小さじ4
- 挽きたての黒コショウ…大さじ1
- シナモンパウダー…小さじ½
- 挽きたてのナツメグまたはナツメグパウダー…小さじ½
- コーシャソルト…小さじ2
- ダークブラウンシュガー
  …大さじ2
- しょうゆ…大さじ2
- ライムの搾り汁
  …2個分（約カップ¼）

- 鶏手羽…3ポンド[1.35kg]、関節で切り分け、先端の部分は捨てるかストックを作るために取っておく
- ライム…1個、くし形に切る（飾り用）

[手順]

① 低温調理の水槽を77℃（170.6°F）に予熱する。

② 水温を上げている間に、マリネ液を作る。すべての材料を合わせてミキサーまたはフードプロセッサーに入れ、粗いペースト状になるまで断続的に1分ほど動かす。

③ 大きなボウルに鶏手羽とマリネ液を入れて混ぜ、まんべんなくコーティングする。鶏手羽と、ボウルに残ったマリネ液を1ガロン[4リットル]サイズのフリーザーバッグに入れる。袋をならして広げ、鶏手羽を重ならないように並べてから、水圧法（18ページ参照）で空気を追い出しながらジッパーを閉じる。

④ 水温が目標温度に達したら、鶏手羽の入った袋を水槽に沈め（袋が水面から出ないようにすること）、2時間調理する。

⑤ 袋を水槽から出し、鶏手羽を5分置いて休ませる。オーブンラックを中段にして、グリルモードで予熱しておく。

鶏手羽のジャークチキン、続き

⑥ トングを使って、鶏手羽を重ならないようにフッ素樹脂加工のオーブンプレートまたは使い捨てのアルミ製プレートに並べ、その上にマリネ液をカップ½ほどスプーンで掛ける。残りはつや出し用に取っておく。(よく油を塗ったグリルラックを直火に掛け、その上で鶏手羽を焼いて仕上げてもよい。)

⑦ グリルモードにセットしたオーブンに鶏手羽を入れ、焼き色がついてカラメル化するまで、12分ほど焼く。数分おきに、残ったマリネ液を手羽にスプーンで掛けるかブラシで塗る(おいしいクラストを作り出すため)。必要に応じてトングで手羽をひっくり返し、焦げすぎないようにする。鶏手羽に濃い、ところどころほとんど黒い焼き色が付き、掛けたマリネ液が一部はねっとり、一部はカリッとした不揃いなコーティングになれば焼き上がり。

⑧ 盛り付け。鶏手羽を大皿に並べ、くし形に切ったライムを飾る。ナプキンを大量に準備しておこう。

[プロから一言]
自家製のマリネ液の代わりに、市販のジャークシーズニングペーストを使ってもまったく問題ありません。Walkerswoodという定評あるブランドの製品が、カリブ海食材店やネットショップで手に入ります(283ページの「入手先」を参照してください)。ここで説明した自家製シーズニングは、10オンス[300g]びん入りの市販品に相当します。

[作り置きのヒント]
ジャークマリネ液はあらかじめ作っておき、冷蔵庫で1週間または冷凍庫で2か月まで保存できます。調理済みの鶏手羽は袋のまま氷水(20ページ参照)で20分冷やしてから、冷蔵庫に入れて1週間まで保存できます。グリルで焼く時間を15分ほどに増やし、鶏手羽にしっかりと焼き色を付けて中まで熱を通してください。

シラチャチキン
SRIRACHA CHICKEN

これは、バッファローチキン*をアジア風にアレンジした、甘くてスパイシーなガーリックバター味の料理です。すばらしいのは、一緒にソースもできてしまうこと。チキンを調理している間に、刺激的なシラチャソースのマリネ液がゼラチンたっぷりの肉汁と袋の中で溶け合い、これを煮詰めれば簡単にソースができ上がります。あと必要なのは、食卓に出す直前に熱いスキレットでチキンを焼くことだけ。このソースは米飯やクスクスに掛けて、くし切りにしたライムを添えてもすばらしいおいしさです。

*訳注：揚げたチキンにスパイシーなソースをからめた、アメリカでポピュラーな料理。

でき上がり分量：主菜として4人分 | **低温調理の時間**：1時間（5時間まで） | **実際の調理時間**：10分

[材料]
- 鶏むね肉（皮付き、骨なし）…4枚
- ハチミツ…大さじ1
- シラチャソース…大さじ2
- ライムの搾り汁
  …½個分（約大さじ1）
- 冷たい食塩不使用バター
  …大さじ4（さいの目に切る）
- コーシャソルトと
  挽きたての黒コショウ
- 粗みじん切りにした生の香菜
  …カップ¼
- くし切りにしたライム…4個（飾り用）

[手順]
① 低温調理の水槽を60℃（140°F）に予熱する。
② 鶏むね肉を1ガロン［4リットル］サイズのフリーザーバッグに入れる。ハチミツ、シラチャソース、ライム汁を小さなボウルに入れ、泡立て器でよく混ぜ合わせる。これをフリーザーバッグに注ぎ、よくもんで鶏むね肉にまんべんなくコーティングしてから、重ならないように鶏むね肉を並べる。さいの目に切ったバター大さじ3を加えてから、水圧法（18ページ参照）で空気を追い出しながらジッパーを閉じる。
③ 水温が目標温度に達したら、鶏むね肉の入った袋を水槽に沈め（袋が水面から出ないようにすること）、1時間調理する。
④ 袋を水槽から出し、鶏むね肉を皿に移し、袋の中の液体は取っておく（小さなボウルに注ぎ出しておくとよい）。鶏むね肉の水気をペーパータオルでふき取り、塩コショウで下味を付ける。
⑤ 大きなソテーパンを中火に掛け、残った大さじ1のバターを入れる。バターが溶けたら、ソテーパンを回しながら泡立ちが収まるのを待つ。皮を下にして鶏むね肉を入れ、皮にこんがりと焼き色が付いてカリッとするまで、3分ほど焼く。マリネ液に含まれる糖分のため、すぐに焼き色が付くので、注意して見ていること。皮が焼けたら、トングを使って鶏むね肉をひっくり返し、さらに30秒焼いてからまな板の上に取り出す。
⑥ ソースを作る。火を強めて強火にし、取っておいた袋の中の液体を加える。木のスプーンかへらを使って鍋底から茶色い焦げをこそげ取り、火からおろす。
⑦ 盛り付け。繊維を断つように鶏むね肉を切り分け、皿に並べる。上からソースを掛け、くし切りにしたライムを飾る。

[プロから一言]
皮付きで骨なしの鶏むね肉が手に入らなければ、肉屋さんに頼んで骨を抜いてもらいましょう。どうしても手に入らなければ、骨なしで皮なしの鶏むね肉を使ってもいいのですが、パリッと焼けた皮のおいしさがこの料理の決め手です。

[作り置きのヒント]
調理済みの鶏むね肉は袋のまま氷水（20ページ参照）で30分冷やしてから、冷蔵庫に入れて1週間まで保存できます。60℃（140°F）の水槽で20分再加熱してください。

鳥肉 | POULTRY

チキンカツ

CHICKEN KATSU

　カツはシュニッツェルに似た、しかし（私の意見では）それよりも優れた日本の料理ですが、あらゆる肉のフライの例にもれず、サクサク感を求めるとパサついてしまいがちです。ここでは、鶏むね肉を低温調理し、冷やしてから衣を付けることによって、揚げる段階で肉がパサつくリスクを減らしています。完璧においしくジューシーな白い肉がサックサクの衣に包まれて揚がったら、あとはそれをかつソースに浸して食べるだけ。このかつソースは厳密には伝統的なものではありませんが、簡単に作れて本物と同じように甘辛く、うま味たっぷりです。

でき上がり分量：主菜として4人分　|　**低温調理の時間**：1時間（5時間まで）
実際の調理時間：25分、プラス20分の冷却時間、10分の休ませる時間

［材料］
- 鶏むね肉（皮なし、骨なし）…4枚、厚さを半分にして8枚の薄いカツにする
- 塩

かつソース
- ケチャップ…カップ 1/4
- ライトブラウンシュガー…大さじ2
- リンゴ酢…大さじ1
- しょうゆ…大さじ1
- ウスターソース…大さじ1
- 海鮮醬…大さじ1
- シラチャソースなどのホットソース…小さじ1

- 小麦粉…カップ 1/2
- Lサイズの卵…2個、軽く溶きほぐす
- パン粉…カップ 1 1/2
- キャノーラ油などのマイルドな植物油（揚げ油）
- キャベツのせん切り…カップ4
- くし形に切ったレモン…4個（飾り用）

［手順］
① 低温調理の水槽を60℃（140°F）に予熱する。
② 鶏むね肉に塩を振ってから、重ならないように1ガロン［4リットル］サイズのフリーザーバッグに入れ（むね肉の大きさによっては2枚の袋に分ける必要があるかもしれない）、水圧法（18ページ参照）で空気を追い出しながらジッパーを閉じる。
③ 水温が目標温度に達したら、鶏むね肉の入った袋を水槽に沈め（袋が水面から出ないようにすること）、1時間調理する。この時点で鶏むね肉は白っぽくなっていて、触ると弾力を感じるはずだ。
④ 鶏むね肉を調理している間に、かつソースを作る。ケチャップ、砂糖、リンゴ酢、しょうゆ、ウスターソース、海鮮醬、シラチャソースを小さなボウルに合わせ、泡立て器でよく混ぜ合わせておく。

チキンカツ、続き

⑤鶏むね肉が調理できたら、袋を水槽から取り出して氷水（20ページ参照）に移し、完全に冷たくなるまで20分ほど冷やす。

⑥鶏むね肉を袋から出し、水気を切って皿に乗せる。袋に残った液体は捨てる。

⑦小麦粉、卵液、パン粉を別々に3つのバットに入れて、衣を付ける準備をする。天板の上に大きなラックを置いておく。1度に1枚ずつ、鶏むね肉に衣を付ける。まず小麦粉を均一にまぶし、はたいて余分な粉を落とす。次に卵液にくぐらせてから、両面にパン粉をまぶし、しっかりと押し付けて均一にコーティングする。衣の付いていない場所がないようにすること。こうして揚げる準備のできたカツは、重ならないようにラックの上に置いておく。パン粉がしっかりくっつくように、衣の付いた鶏むね肉を少なくとも10分（30分まで）休ませる。

⑧天板にペーパータオルを敷いて、コンロのそばに置いておく。鋳鉄製の大きなスキレットに¾インチ［2cm］の深さまで油を注ぎ、強めの中火に掛ける。竹串や菜箸を油の中心に入れるとすぐ泡が出るようになるまで、または揚げ物用の温度計が360°F［180°C］を指すまで、中火で油を熱する。温度計で油の温度を測る際には、油が十分な深さになるように鍋を傾ける必要があるかもしれない。

⑨少なくとも1インチ［2.5cm］の間隔を開けて、衣を付けた鶏むね肉を静かに油に入れる。（鍋の大きさにもよるが、2回に分けて揚げる必要があるかもしれない。）カツの下の面がこんがりと色づくまで、2～3分揚げる。トングを使ってカツをひっくり返し、反対側もこんがりと色づくまで、さらに2～3分揚げる。ペーパータオルを敷いた天板の上に揚がったカツを移し、油を切ってから塩少々を振りかける。

⑩盛り付け。チキンカツを斜め1インチ［2.5cm］幅に切り分ける。4枚の銘々皿にキャベツのせん切りを盛り、その上にチキンカツを乗せ、かつソース少々を掛ける。くし形に切ったレモンを飾り、残りのソースを添えて食卓に出す。

［作り置きのヒント］

調理して冷やした鶏むね肉は、袋のまま冷蔵庫に入れて1週間まで保存できます。そのままパン粉を付けて揚げてください。揚げる際に再加熱されるので、温め直す必要はありません。かつソースはあらかじめ作っておき、密封容器に入れて冷蔵庫で1か月まで保存できます。

ベトナム風カラメルチキン

VIETNAMESE CARAMEL CHICKEN

「カラメル」という言葉に惑わされないでください。アイスクリームにかけて食べる料理ではありません。東南アジア、特にベトナムでは、おかず料理にも砂糖がよく使われます。この料理の甘さは、レモングラスとショウガのパンチの効いたアロマやタイチリ（バードチリとも呼ばれます）の辛さと引き立て合って、ノックアウトされるようなおいしさを作り出しています。

この料理がお手本を示しているように、風味たっぷりのマリネ液を肉と一緒に袋の中で調理すれば、簡単にソースのもとができます。伝統的なこの料理の作り方では、ソースが煮詰まってカラメル化する時点でチキンに火が通っているよう、注意深くタイミングを計る必要がありました。このレシピでは、間違いなくチキンには柔らかく均一に火が通り、オリジナルと同じくらい風味たっぷりの刺激的な料理ができ上がります。さらに風味と香ばしさを高めるため、私は玄米と一緒にこの料理を食卓に出すのが好きです。

でき上がり分量：主菜として4人分　|　**低温調理の時間**：1時間半（5時間まで）　|　**実際の調理時間**：30分

[材料]
- 鶏もも肉（皮なし、骨なし）…2ポンド［900g］（約8枚）
- ライトブラウンシュガー…きっちり詰めてカップ½
- 魚醤…カップ¼
- キャノーラ油などのマイルドな植物油…大さじ1
- ニンニク…4かけ、刻む（焦げるので、あまり細かくしないこと）
- シャロット…3個、薄切りにする
- 皮をむいてみじん切りにしたショウガ…大さじ1（1インチ［2.5cm］大のもの1かけ）
- レモングラスの内側の柔らかい部分だけを刻んだもの…大さじ2
- タイチリなどの生のレッドチリ（フレズノやフィンガーなど）…1〜2本、薄切りにする
- 米酢…大さじ2
- ライムの搾り汁…1個分（約大さじ2）
- 生のタイバジルまたは普通のバジルの葉…ふんわり詰めて1カップ

[手順]
① 低温調理の水槽を65℃（149°F）に予熱する。
② 鶏もも肉、ブラウンシュガー、魚醤を1ガロン［4リットル］サイズのフリーザーバッグに入れ、調理台の上でならして広げ、鶏もも肉をできるだけ重ならないように並べてから、水圧法（18ページ参照）で空気を追い出しながらジッパーを閉じる。もし底のほうに肉が固まっていたら、均一になるように袋をもう一度ならす。
③ 水温が目標温度に達したら、鶏もも肉の入った袋を水槽に沈め（袋が水面から出ないようにすること）、1時間半調理する。
④ 鶏もも肉が調理できたら、袋を水槽から取り出す。口を少し開いて中の液体をボウルに注ぎ出し、ソースを作るために取っておく。鶏もも肉は大皿かトレイに移す。水気をふき取ってはいけない。表面のマリネ液が、カラメル化を促進するからだ。

ベトナム風カラメルチキン、続き

⑤ 大きなフッ素樹脂加工のソテーパンかスキレットに油を入れ、強めの中火に掛ける。油がゆらゆらとしてきたら、重ならないように鶏もも肉を入れ、軽い焼き色が付くまで1〜2分焼く。トングを使って鶏もも肉をひっくり返して、さらに1〜2分焼く。こんがりと、そしてところどころカラメル化した色の濃い部分があるように焼くのが目標だ。(重ならないように鶏もも肉を並べられる大きさの鍋がなければ、2回に分けて調理する。)鍋を洗う必要はない。鍋底に付着したカラメルがおいしさを増してくれるからだ。鶏もも肉を大皿またはトレイに移す。

⑥ 鍋を強めの中火に掛けたまま、すぐにニンニク、シャロット、ショウガ、レモングラス、チリを加え、木のスプーンでかき混ぜながら、野菜がしんなりとして色づき、香りが立つまで1〜2分炒める。取っておいた袋の中の液体を鍋に加えて煮立たせ、とろみが出てくるまで3〜5分煮詰める。液体が静かに泡立ち、スプーンをコーティングするほどのとろみがつき、深いマホガニー色になればできあがり。

⑦ 鶏もも肉を鍋に戻し、火にかけたまま1分間、ソースの中でひっくり返したりかき混ぜたりしながらソースをよくからませる。(肉が多少煮崩れてしまっても大丈夫。)酢とライム汁を混ぜ入れ(ソースはジュッという音を立てて泡立つはずだ)、火からおろす。バジルを加え、かき混ぜてしんなりさせる。

⑧ 盛り付け。鶏もも肉とソースを大皿に移し、かぶりつく。

———

[作り置きのヒント]

調理済みの鶏もも肉は袋のまま氷水(20ページ参照)で30分冷やしてから、冷蔵庫に入れて1週間まで保存できます。55℃(131°F)の水槽で30分再加熱してから、仕上げの手順に進んでください。

チキンティッカマサラ

CHICKEN TIKKA MASALA

　チキンティッカマサラの源流をたどるとインドに行き着きます。インドではマサラはスパイスのブレンド、ティッカは骨なし肉という意味です。とはいえ、これは伝統的なインド料理ではありません。イギリス人の感性に大きく影響されているため、これをイギリスの国民食と呼ぶ人もいるほどです。複数の国の料理が融合した、格好の実例と言えるでしょう。

　このレシピにはどんなカレー粉でも使えますが、マドラススタイルのものが風味と辛さのバランスがとれていて私は好きです。いずれにせよ、パウダー状のスパイスミックスは新鮮なものほどおいしいので、スパイス専門店やエスニックマーケットなど（283ページの「入手先」を参照してください）在庫の回転の速い店で買うことをおすすめします。このレシピでは、通常使われる生クリームやココナッツミルクではなく、ヨーグルトを使っています。こうすると軽くて鮮やかな風味の、それでいて十分にクリーミーなソースができるからです（これにはバターも一役買っています）。この料理を完璧なものにするには、バスマティライスか温かいナンを添えて食卓に出してください。

でき上がり分量：主菜として4人分　|　**低温調理の時間**：2時間（5時間まで）　|　**実際の調理時間**：25分

[材料]

- 砂糖…大さじ1
- カレー粉…大さじ2
- コーシャソルト…小さじ1½
- パプリカパウダー…小さじ1
- 鶏むね肉（皮なし、骨なし）…2ポンド［900g］、1½インチ［4cm］角に切る
- キャノーラ油などのマイルドな植物油…大さじ2
- 食塩不使用バター…大さじ3
- シャロット…1個、みじん切りにする
- 皮をむいてみじん切りにしたショウガ…大さじ1（1インチ［2.5cm］大のもの1かけ）
- ニンニク…3かけ、みじん切りにする
- トマトピュレ…カップ1½（14オンス［400g］缶なら約1缶）
- ハチミツ…小さじ1
- ターメリックパウダー…大さじ1
- クミンパウダー…小さじ½
- コリアンダーパウダー…小さじ½
- カイエンヌペッパー…小さじ½（オプション）
- ヨーグルト…カップ1、自家製（270ページ参照）または全乳のプレーンなギリシャヨーグルト
- 塩と挽きたての黒コショウ
- 生の香菜の葉…ふんわり詰めてカップ¼（飾り用）

[手順]

① 低温調理の水槽を60℃（140°F）に予熱する。

② 砂糖、カレー粉大さじ1、コーシャソルト、パプリカパウダーを大きなボウルに入れて混ぜ合わせる。鶏むね肉を加え、両手またはゴムべらを使って混ぜ合わせ、鶏むね肉にスパイスをまんべんなくコーティングする。

チキンティッカマサラ、続き

③ 大きなフッ素樹脂加工のスキレットに油大さじ1を入れて強めの中火に掛け、油がゆらゆらとしてくるまで熱する。鶏むね肉の半量を重ならないように鍋に入れる（たがいに触れていてもよいが重ならないように）。下の面にこんがりと焼き色が付くまで、1分ほど（砂糖とスパイスのため焼き色はすぐに付くはずだ）焼いてから、トングを使ってひっくり返し、さらに1分ほど焼く。油を鍋に残して、鶏むね肉を大きなボウルか皿に移す。鶏むね肉にピンク色の部分が残っていても大丈夫。ここでは完全に火を通すのではなく、焼き色を付けて風味を高めるのが目的だ。

④ 火を弱めて中火にし、バター、シャロット、ショウガ、ニンニクを加え、すぐに焦げ付きを防ぐため木のスプーンでかき混ぜる。頻繁にかき混ぜながら、しんなりとして香りが立ち、色づき始めるまで3〜5分炒める。焦げ付きそうであれば（コンロの火力にもよる）、水を少量加えればよい。

⑤ シャロットがしんなりとしたら、トマトピュレ、ハチミツ、ターメリック、クミン、コリアンダー、カイエンヌペッパー（使う場合）、残ったカレー粉大さじ1を加えて混ぜ合わせる。煮立ったら火からおろし、ヨーグルトを混ぜ入れて塩コショウで味を調える。

⑥ 焼き色の付いた鶏むね肉を、肉汁が出ていればそれも一緒に1ガロン［4リットル］サイズのフリーザーバッグに移す。レードルを使ってソースを袋の中に入れてから、水圧法またはテーブルエッジ法（18ページ参照）で空気を追い出しながらジッパーを閉じる。液体の量が比較的多い場合には、テーブルエッジ法がおすすめ。

⑦ 水温が目標温度に達したら、袋に入った鶏むね肉を水槽に沈め（袋が水面から出ないようにすること）、2時間調理する。

⑧ 袋を水槽から出し、鶏むね肉とソースを温めておいた盛り鉢に移す。もう一度ソースを味見して、必要ならば塩コショウで味を調える。

⑨ 鶏むね肉に香菜の葉を飾り、米飯またはナンと一緒に食卓に出す。

[作り置きのヒント]
調理済みの鶏むね肉は袋のまま氷水（20ページ参照）で30分冷やしてから、冷蔵庫に入れて1週間まで保存できます。60℃（140°F）の水槽で30分再加熱してください。

ツォ将軍のチキン

GENERAL TSO'S CHICKEN

「ツォ将軍」とは19世紀に実在した清朝の武将、左宗棠のことですが、この料理に左将軍が関係していたかどうかは疑わしいですし、伝統的な中華料理の中にもこの料理の明確な原型は見当たりません。どうやら、この料理は中国からの移民たちがアメリカ人の味覚に合うよう努力して作りだしたもののようです。今では大人気の料理となっていますから、彼らの努力は成功したと言えるでしょう。このレシピではチキンを生の状態から火が通るまで揚げるのではなく、低温調理してからさっと炒めて仕上げることによって、しっとりとした風味たっぷりの完璧なチキンに料理しています。その甘酸っぱくスパイシーなおいしさは、テイクアウトにありがちなギトギト感とは無縁です。この料理の辛味は豆板醤によるもので、花椒（しびれるような感覚を与えます）や乾燥四川唐辛子（色とアロマを加えます）ではないので、どちらを省略してもおいしさは失われません。（これらの材料はすべて、品ぞろえの豊富な中華食材店で購入できます。あるいは283ページの「入手先」を参照してください。）ボリュームたっぷりの食事にするには、これを玄米の上に乗せて食卓に出すことをおすすめします。おいしいですよ！

でき上がり分量：主菜として4人分 | 低温調理の時間：1時間（5時間まで） | 実際の調理時間：30分

[材料]

- 豆板醤または
  ガーリックチリペースト…カップ¼
- しょうゆ…カップ¼
- ライトブラウンシュガー
  …ふんわり詰めてカップ¼
- 米酢…大さじ2
- 挽きたての黒コショウ…小さじ½
- 花椒パウダー
  …小さじ½（オプション）
- 鶏むね肉（皮なし、骨なし）
  …2ポンド[900g]（約4枚）、
  繊維を断つように¼インチ[6mm]
  の厚さに切る
- キャノーラ油などのマイルドな
  植物油…大さじ3
- 皮をむいてみじん切りにしたショウガ…大さじ1（1インチ[2.5cm]大のもの1かけ）
- ニンニク
  …3かけ、みじん切りにする
- ネギ…3本、白い部分と青い部分を薄切りにする（青い部分は飾り用に取っておく）
- 乾燥四川唐辛子
  …6個またはそれ以上（オプション）
- 赤ピーマン…1個、種を取り⅛インチ[3mm]幅の細切りにする
- コーンスターチ…大さじ1、大さじ1の水に溶いておく

[手順]

① 低温調理の水槽を60℃（140°F）に予熱する。

② 豆板醤、しょうゆ、ブラウンシュガー、酢、黒コショウ、四川唐辛子（使う場合）を大きなボウルに入れて混ぜる。鶏むね肉を加えてよく混ぜ、調味料をまんべんなくコーティングする。鶏むね肉とマリネ液を1ガロン[4リットル]サイズのフリーザーバッグに入れ、水圧法（18ページ参照）で空気を追い出しながらジッパーを閉じる。

③ 水温が目標温度に達したら、鶏むね肉の入った袋を水槽に沈め（袋が水面から出ないようにすること）、1時間調理する。

ツォ将軍のチキン、続き

③ 調理が終わったら、袋を水槽から出し、中身をボウルにあける。穴あきスプーンを使って、鶏むね肉を皿に移す。ボウルに残った液体はソースを作るために取っておく。

④ 料理を仕上げる。中華鍋かフッ素樹脂加工のスキレットに油を入れて強火に掛け、油がゆらゆらとしてくるまで熱する。ショウガ、ニンニク、ネギ、四川唐辛子（使う場合）を一度に加え、木のスプーンでかき混ぜながら、香りが立ってこんがりと色づき始めるまで30秒ほど炒める（すぐに色づくので、目を離さないこと！）。ピーマンを加え、かき混ぜながらしんなりとしてくるまで1分ほど炒める。木のスプーンでピーマンを中華鍋の側面に押し上げておき、鶏むね肉を加える。鶏むね肉はいじらずに、端のほうに焼き色が付くまで1分ほど、そのままにしておくこと（マリネ液に含まれる砂糖が、焼き色が付くのを助けてくれる）。木のスプーンでひっくり返したりかき混ぜたりしてから、もう少し焼き色が付くまでさらに1分ほど待つ。（鶏むね肉にはすでに火が通っていて、風味を増すために炒めていることを忘れないように。）

⑤ 取っておいたマリネ液を鍋に加える。すぐに沸騰するはずだ。水溶きコーンスターチをもう一度かき混ぜてから沸騰しているところへ混ぜ入れる（ソースにはほとんどすぐにとろみがつくはずだ）、ほんの数秒間よくからめて鶏むね肉を完全にコーティングする。

⑥ 鍋を火からおろし、鶏むね肉とソースを盛り鉢に移す。取っておいたネギを振りかけ、米飯を添えてすぐに食卓に出す。

［プロから一言］
このレシピで採用したテクニック（ひと口大に切った肉を風味豊かなソースやマリネ液に浸して低温調理し、水気を切ってからスキレットで炒める）は、手早く簡単に料理を作るために私がよく使う方法のひとつです。豚肉、牛肉、エビなど、さまざまな種類のタンパク質に応用できます。

［作り置きのヒント］
調理済みの鶏むね肉は袋のまま氷水（20ページ参照）で20分冷やしてから、冷蔵庫に入れて1週間まで保存できます。60℃（140°F）の水槽で20分再加熱してから炒めてください。

完璧なフライドチキンとワッフル、ハチミツホットソースのシロップがけ

PERFECT FRIED CHICKEN AND WAFFLES WITH HONEY HOT SAUCE SYRUP

このレシピは、究極のフライドチキンを探求している人への福音となることでしょう。火の通し加減が難しいレシピも、低温調理によって失敗なく、よりおいしく作れます。チキンを風味たっぷりのバターミルク液に浸して調理するので、塩水やマリネ液に一晩漬けておく手間もありません。また、チキンは揚げる前に十分調理されているので、水分の蒸発(衣がはがれてしまう最大の原因)が少なくなります。そしてでき上がるのは、あなたの夢見ていたフライドチキンです。サクサクしていてジューシーで、これまでのフライドチキンにがっかりした思い出はすべて追い払われることでしょう。

このチキンはそのままでもおいしいのですが、バターミルクのワッフルと一緒に特製のハチミツホットソースのシロップを掛けて食卓に出せば、本当にうっとりするようなおいしさになります。自分でワッフル生地を作る手間をかけたくなければ、市販のワッフルミックスを使ってください。

でき上がり分量: 主菜として4人分 | **低温調理の時間:** 2時間(6時間まで)
実際の調理時間: チキンに30分、プラス休ませる時間20分、ワッフルとシロップに25分

[材料]

マリネ液とチキン
- バターミルク(できれば全乳)…カップ1
- ホットソース(できればFrank's RedHot)…大さじ1
- ウスターソース…小さじ1
- コーシャソルト…小さじ1
- タイム…2枝
- 鶏もも肉(皮付き、骨付き)…4枚
- 鶏ドラムスティック(皮付き)…4本

衣の材料(粉)
- 小麦粉…カップ1½
- 片栗粉またはコーンスターチ…カップ½
- 挽きたての黒コショウ…大さじ1
- コーシャソルト…大さじ1
- パプリカパウダー…小さじ2
- カイエンヌペッパー…小さじ1

衣の材料(液体)
- バターミルク(できれば全乳)…カップ1
- ホットソース(できればFrank's RedHot)…大さじ1
- ウスターソース…小さじ1
- コーシャソルト…小さじ1
- 生のタイムの葉…小さじ1

ワッフル
- 小麦粉…カップ2(すり切り)
- ライトブラウンシュガー…ふんわり詰めてカップ¼
- ベーキングパウダー…小さじ2
- 重曹…小さじ1
- コーシャソルト…小さじ1½
- バターミルク(できれば全乳)…カップ2
- 食塩不使用バター…カップ½(4オンス[120㎖])、溶かしておく
- Lサイズの卵…大2個
- クッキングスプレー(ワッフル型に油を塗るため)

シロップ
- ハチミツ…カップ¼
- ホットソース(できればFrank's RedHot)…大さじ1
- 食塩不使用バター…大さじ1

- ピーナッツオイルなどの植物油(揚げ油)
- 生のタイムの葉…小さじ2(飾り用)

完璧なフライドチキンとワッフル、ハチミツホットソースのシロップがけ、続き

[手順]

① 低温調理の水槽を65℃（149°F）に予熱する。

② マリネ液を作る。バターミルク、ホットソース、ウスターソース、塩、タイムを小さなボウルに入れ、よく混ぜる。このマリネ液を1ガロン［4リットル］サイズのフリーザーバッグに注ぎ入れ、チキンを加えてよくもんでマリネ液をまんべんなくコーティングする。水圧法（18ページ参照）で空気を追い出しながらジッパーを閉じる。

③ 水温が目標温度に達したら、チキンの入った袋を水槽に沈め（袋が水面から出ないようにすること）、2時間調理する。

④ チキンを調理している間に、衣の粉の材料をすべてボウルに入れて混ぜ合わせる。バット（パイ皿でもよい）を3枚用意しておく。粉の材料の3分の1をひとつのバットに入れ、残りの3分の2を別のバットに入れる。3番目のバットには、衣の液体の材料を泡立て器で混ぜ合わせたものを入れる。オーブンの天板の上に大きなワイヤラックを置いておく。

⑤ チキンが調理できたら、袋を水槽から取り出して5分冷ます。袋を開け、トングを使って、余分なマリネ液を落としながらチキンを大皿に移す。マリネ液は捨てる。

⑥ チキンに衣を付ける。両手のどちらかを液体用に、もう片方を粉用に決めておく。液体用の手でチキンを1枚つまんで、粉の材料が3分の1入ったバットに入れる。粉用の手で、チキンをひっくり返して完全にコーティングしてから、余分な粉を振るい落とす。引き続き粉用の手を使ってチキンを液体の材料が入ったバットに移し、液体用の手でひっくり返して完全にコーティングする。余分な液体を振り落としてから、引き続き液体用の手を使ってチキンを粉の材料が3分の2入ったバットに入れる。粉用の手で、チキンに粉をよくまぶす。衣の付いたチキンを粉用の手でつまみ、ラックに乗せる。残りのチキンについても同じ手順をくり返し、衣がチキンにしっかりつくように10〜15分休ませて衣に水分を吸収させる。

⑦ 新しい天板に二重にペーパータオルを敷き、コンロのそばに置いておく。オーブンを250°F［120℃］に予熱する。鋳鉄製の大きなスキレットに1インチ［2.5cm］の深さまで（チキンを入れたとき半分くらい浸るように）油を注ぐ。竹串や菜箸を油の中心に入れるとすぐ泡が出るようになるまで、または揚げ物用の温度計が360°F［180℃］を指すまで、中火で油を熱する。

⑧ 少なくとも1インチ［2.5cm］の間隔を開けて、衣を付けたチキンを油に静かに入れる（すぐ泡が盛んに出るはずだ）。（鍋の大きさにもよるが、2回に分けて揚げる必要があるかもしれない。）チキンの下の面がこんがりと色づいてカリッとするまで、いじらずに3〜4分揚げる。トングを使って注意しながらひっくり返し、反対側もこんがりと色づいてカリッとするまで、さらに2〜3分揚げる。衣をカリッとさせるためには、揚げる時間を長めにするほうがよい。この方法では火が通りすぎる心配がほとんどないからだ。揚げ終わったチキンは天板へ移し、ワッフルを作っている間オーブンに入れて保温しておく。

⑨ワッフルを作る。小麦粉、ブラウンシュガー、ベーキングパウダー、重曹、塩を小さなボウルに入れて泡立て器で混ぜる。バターミルク、バター、卵を大きなボウルに入れて泡立て器でよく混ぜ合わせる。粉の材料を液体の材料に加え、さっくりと混ぜ合わせる。ワッフルが硬くなってしまうので、混ぜすぎないよう注意すること（生地に少々ダマが残っていてもかまわない）。

⑩取扱説明書に従ってワッフル型を予熱し、上下の型に軽くクッキングスプレーを吹きかける。下側の型に、レードルで均等に生地を流し込む。このときワッフルの膨らむ余地を見越して、どの部分も型の高さより½インチ［1.3cm］下になるようにすること。ワッフル型を閉じて3〜5分、こんがりとカリッと焼く。時間はワッフル型によって違ってくるだろう。焼き上がったワッフルは別の天板に移し、オーブンに入れて保温する。生地を使い切るまでワッフルを焼く。型のサイズにもよるが、4〜8枚のワッフルが焼けるはずだ。

⑪シロップを作る。ハチミツ、ホットソース、バターを小さなソースパンに入れ、中火に掛けて泡立て器で混ぜ合わせる。沸騰したら、すぐに火からおろす。

⑫盛り付け。保温していたワッフルを、4枚の銘々皿に分ける。その上に鶏もも肉とドラムスティックを乗せ、タイムを散らしてシロップを掛ける。

[作り置きのヒント]

調理済みのチキンは袋のまま氷水（20ページ参照）で20分冷やしてから、冷蔵庫に入れて1週間まで保存できます。65℃（149°F）の水槽で30分再加熱してください。揚げた後のチキンは、250°F［120℃］のオーブンで1時間まで保温しても、パサついたり衣のカリカリ感を失ったりすることはありません。左に書いたとおり、ワッフルはチキンをオーブンで保温している間に作れます。シロップは温かい状態が一番おいしいので、食卓に出す直前に作ってください。

鴨のむね肉とアプリコットのモスタルダ

DUCK BREAST WITH APRICOT MOSTARDA

モスタルダ（Mostarda）は、鴨肉などとの相性が抜群の、イタリアのマスタード入り万能フルーツ調味料です。イタリア語で「アグロドルチェ」と呼ばれる甘酸っぱさが、肉のうまみを引き立ててくれます。モスタルダと鴨の組み合わせは最高ですが、グリルドポークともよく合いますし、コクのあるチーズやシャルキュトリーにもぴったりです。お好みで、プラムやネクタリンのような大きな種のあるフルーツを、アプリコットの代わりに使ってもよいでしょう。

鴨のむね肉の皮を、完璧にカリッと焼き上げるのは容易なことではありません。大切なのは、脂の少ないむね肉を調理し過ぎることなく、皮の下にある脂肪の層を十分に溶かしだすことです。鴨を低温調理すれば完璧なミディアムレアにはなりますが、皮をカリッとさせるにはもうひと手間が必要です。このために私は皮に刻み目を入れることにしました。これには脂肪を出やすくするだけでなく、焼いたときに皮が反るのを防ぐ意味もあります。包丁の切れ味がよくなければ、清潔なカッターナイフか剃刀の刃を使ってもいいでしょう。モーラード（Moulard）種の鴨は他の種類よりも大型で、厚い脂肪の層を誇り、肉質はバターのよう、皮はカリカリに焼くのに理想的です。そのため、このレシピにはモーラード種のむね肉が最適ですが、マスコビー（Muscovy）やペキン（Pekin）種のむね肉を使ってもいいでしょう（この章の他の鴨肉のレシピについても同様です）。ペキン種は、かなり小型であることに注意してください。

でき上がり分量：主菜として4人分　｜　**低温調理の時間**：1時間（5時間まで）
実際の調理時間：40分、プラス休ませる時間15分

［材料］

- 鴨のむね肉（皮付き、骨なし）
  …2～4枚（約2ポンド［900g］）
- コーシャソルト…小さじ1

モスタルダ

- エクストラバージンオリーブオイル
  …大さじ2
- 皮をむいてみじん切りまたは
  すりおろしたショウガ
  …大さじ2（2インチ［5cm］大の
  もの1かけ）
- シャロット
  …2個、みじん切りにする
- イエローマスタードシード
  …大さじ1、すり鉢とすりこ木で砕く
- コリアンダーシード…小さじ1、
  すり鉢とすりこ木で砕く
- 黒粒コショウ…小さじ1、
  すり鉢とすりこ木で砕く
- 赤唐辛子フレーク…小さじ½
  （辛いのがお好きな方はもっと）
- 生のアプリコット…1ポンド
  ［450g］、半割にして種を抜き、
  さらに4つ割にしたもの（約カップ3）、またはカップ1½の乾燥アプリコットを半割にして1時間ぬるま湯で戻したもの
- コーシャソルト…小さじ½
- ハチミツ…大さじ3
- リンゴ酢…大さじ3
- レモンの搾り汁
  …小さじ1½、酸味の少ない
  マイヤーレモンの場合は大さじ1
- 生のタイムの葉…小さじ1
- キャノーラ油などのマイルドな
  植物油…小さじ1
- 粗く刻んだ生のミントの葉
  …大さじ1（オプション、飾り用）

鴨のむね肉とアプリコットのモスタルダ、続き

[手順]
① 低温調理の水槽を55℃（131°F）に予熱する。
② とてもよく切れる包丁を使って、鴨のむね肉の皮に網目状に切れ目を入れる。一方向に¼インチ[6mm]間隔で平行に切り込みを入れたら、むね肉を90度回転させて再び平行に切り込みを入れる。脂肪を通り越して肉まで切ってしまわないように注意すること。
③ 鴨のむね肉の両面に塩を振り、下味をつける。むね肉を重ならないように1ガロン[4リットル]サイズのフリーザーバッグに入れ、水圧法（18ページ参照）で空気を追い出しながらジッパーを閉じる。
④ 水温が目標温度に達したら、鴨肉の入った袋を水槽に沈め（袋が水面から出ないようにすること）、1時間調理する。
⑤ 鴨のむね肉を調理している間に、モスタルダを作る。大きなフッ素樹脂加工のソテーパンにオリーブオイルを入れて中火に掛け、油がゆらゆらとしてくるまで熱する。ショウガとシャロットを加え、香りが立って色付き始めるまで、かき混ぜながら1～2分ソテーする。マスタードシード、コリアンダー、黒コショウ、赤唐辛子フレークを入れ、香りが立つまで約20秒ソテーする。アプリコットと塩を加え、木のスプーンでひっくり返したりかき混ぜたりしながら、アプリコットがしんなりとして汁気が出てくるまで1～2分調理する。ハチミツ、酢を加えて煮立たせ、アプリコットが煮崩れて汁気がほとんどなくなるまで、さらに2～3分調理する。鍋を火からおろしてから、レモン汁とタイムを混ぜ入れる。鍋の中身をボウルに移しておく。
⑥ 鴨のむね肉が調理できたら、袋を水槽から取り出して10分休ませる。袋からむね肉を取り出してペーパータオルで水気をしっかりふき取る。袋に残った液体は捨てる。
⑦ 大きなフッ素樹脂加工のソテーパンにキャノーラ油を入れ、中火に掛けて油がゆらゆらとしてくるまで熱する。皮を下にして鴨のむね肉を入れ、皮全体が鍋底に接するように、手かトングまたは金属製のヘラで肉をソテーパンに押し付ける。むね肉を動かさずに1～2分焼きつけると、皮に軽い焼き色が付き、脂が出てくるはずだ。皮の焼き色が濃すぎるようであれば火を弱め、皮がベージュ色のままなら強めの中火にする。さらに3～4分焼き付けると、皮がカリッとして濃い焼き色が付き、かなりの量の油が鍋底にたまってくるはずだ。
⑧ 焼いたむね肉を、皮を上にして皿に移し、皮に脂が残っていればペーパータオルで拭きとって、5分間休ませてから切り分ける。溶け出てきた鴨の脂は、鴨のコンフィ（107ページ）や鶏レバーのムース（81ページ）など別の料理に使うために取っておいてもよいし、捨ててしまってもよい。
⑨ 盛り付け。鴨のむね肉を、繊維を断つように少し斜めに厚さ¼インチ[6mm]にスライスし、4枚の銘々皿に分ける。モスタルダを鴨のスライスに添え、飾りにミント（使う場合）を散らす。

———

[作り置きのヒント]
鴨肉を冷蔵して再加熱するつもりなら、袋から出した後に肉に塩をすることをおすすめします（124ページの説明を見てください）。調理済みの鴨肉は、袋のまま氷水（20ページ参照）で20分冷やしてから、冷蔵庫に入れて1週間まで保存できます。55℃（131°F）の水槽で20分再加熱してから、次の手順に進んでください。モスタルダは鴨肉を調理している間に作れますが、調理後に作る場合にはオリーブオイルの代わりに溶けだした鴨の脂を使ってください。おいしい鴨の風味が加わります。

鴨のコンフィとフリゼのサラダ

DUCK CONFIT WITH FRISÉE SALAD

　このビストロの象徴のような料理を自宅で作るのは、決して難しくはありません。このレシピは準備に2日かかるのは確かですが、ほとんどすべての時間はほったらかしにしておけます。最も時間のかかる作業はキュアリングですが、どれだけ時間を掛けるかはあなた次第です（たっぷり24時間かけると、塩味の効いた伝統的なコンフィになります）。

　伝統的にコンフィは鴨のレッグを脂に浸して作りますが、このレシピでは袋の中に入れる脂は少しでよく、少ない量でも上手に作れます。さらに、通常のコンロや低温のオーブンを使う方法に比べて水槽は熱が効率的に伝わるので、鴨にむらなく火が通ります。鴨のレッグをキュアリングして低温調理したら、あとは炒めてサラダに乗せるだけです。グラスにコートデュローヌのワインをなみなみと注いで、週末のごちそうプロジェクトに思いを巡らせてください。お友達もきっと喜んでくれることでしょう。

でき上がり分量：主菜として4人分　|　**低温調理の時間**：8時間（12時間まで）
実際の調理時間：45分、プラス12〜24時間のキュアリング

[材料]

- コーシャソルト…カップ½
- ライトブラウンシュガー…大さじ2
- 砕きたての白コショウ…小さじ½
- 砕きたての黒コショウ…小さじ½
- 五香粉…小さじ¼
- 鴨のレッグ（皮付き、骨付き）…4本、できればモーラード種（説明は105ページを参照）
- タイム…4枝
- ベイリーフ（生または乾燥）…2枚、縦半分に割る
- 鴨の脂（自家製または市販品）あるいはキャノーラ油…カップ½

マスタードのヴィネグレット

- シャロットのみじん切り…大さじ1
- ニンニク…1かけ、みじん切りにする
- 種入りマスタード…大さじ1
- リンゴ酢…大さじ1
- ハチミツ…小さじ1
- コーシャソルト…ひとつまみ
- カイエンヌペッパー…ひとつまみ
- キャノーラ油…大さじ2
- 鴨の脂（鴨を調理する際に溶けだしたもの）…大さじ1
- 刻んだ生のタラゴン…小さじ2
- 挽きたての黒コショウ

- フリゼ（エンダイブ）…2玉、色の濃い部分と根元を切り落とす（キッチンばさみを使うと便利）

[手順]

① 鴨は調理する前に12〜24時間かけてキュアリング（塩漬け）する必要があるので、それに応じて計画を立てること。塩、ブラウンシュガー、白コショウと黒コショウ、五香粉を小さなボウルに混ぜておく。ペアリングナイフを使って、鴨のレッグの先端、最も細い部分に、骨まで届くようにぐるりと切り込みを入れる。こうしておくと、火が通ったかどうか判断しやすくなる。ボウルの中身を鴨のレッグにたっぷりとまぶし、1ガロン［4リットル］サイズのフリーザーバッグに入れ、ジッパーを閉じる。冷蔵庫に少なくとも12時間、最長で24時間まで入れておく。

② 翌日、低温調理の水槽を82℃（179.7°F）に予熱する。

鴨のコンフィとフリゼのサラダ、続き

③鴨のレッグを袋から取り出す。袋に残った液体は捨て、袋を水洗いして水気をふき取っておく。鴨のレッグは冷たい流水ですすぎ、塩分をすべて洗い流す。ペーパータオルで鴨のレッグから水気をふき取る。レッグの肉の側に、タイムの枝と半割にしたベイリーフを添える。洗ったフリーザーバッグにすべての鴨のレッグと鴨の脂を入れ、水圧法（18ページ参照）で空気を追い出しながらジッパーを閉じる。

④水温が目標温度に達したら、鴨肉の入った袋を水槽に沈め（袋が水面から出ないようにすること）、8時間調理する。数時間おきに水槽をチェックして、袋が水面から出ていないことを確かめてほしい。また蒸発を抑えるため、ラップかアルミホイルで水面を覆うことをおすすめする（説明は14ページを参照）。

⑤調理が終わると、切れ目を入れた部分で肉が縮んで骨がむき出しになるはずだ。袋を水槽から出し、15分冷ます。袋を開け、中にたまった液体を計量カップかボウルに注ぎ出しておく。鴨のレッグを大皿かトレイに移し、タイムとベイリーフは捨てる。ペーパータオルで鴨のレッグから水気をしっかりふき取ってから、先端の部分の軟骨と皮を引っ張って骨をむき出しにする。

⑥袋の中の液体には脂と肉汁が含まれていて、1〜2分置くと脂が表面に浮いてくる。この脂を大きな鋳鉄製のスキレットに注ぎ出す。肉汁が入らないように注意すること。あるいは、小さなレードルを使って脂をすくい取り、スキレットに移してもよい。いずれにせよ、スキレットには少なくとも½インチ［1.3cm］の深さまで脂が入っているようにしてほしい。大さじ1の脂を、ヴィネグレットを作るために取り分けておく。

⑦脂の入ったスキレットを中火に掛け、脂がゆらゆらとして、水滴を脂に落とすとジュッと言ってすぐに蒸発するようになるまで、または揚げ物用の温度計が350°F［175℃］を指すまで、中火で油を熱する（温度計で油の温度を測る際には、油が十分な深さになるように鍋を傾ける必要があるかもしれない）。トングを使って、皮を下にして静かに鴨のレッグを脂に入れる。脂が泡立ってはねるので、油はねガードを使うのがいいだろう。そのまま触らずに、皮がカリッとしてこんがりと焼き色が付くまで、8分ほど揚げる。トングを使って鴨を皿に移し、余分な脂があればペーパータオルでふき取る。

⑧ヴィネグレットを作る。シャロット、ニンニク、マスタード、酢、ハチミツ、塩、カイエンヌペッパーを小さなボウルに入れ、泡立て器で混ぜる。泡立て器で混ぜながら数滴ずつ油を注ぎ入れ、その後に鴨の脂を加える。味をみながらタラゴンと黒コショウを泡立て器で混ぜ入れる。

⑨盛り付け。フリゼをマスタードのヴィネグレット大さじ1であえ、4枚の銘々皿に分ける。サラダの上に、温かい鴨のレッグを乗せる。上から残りのヴィネグレットを振りかける。

———

[プロから一言]

このレシピでは、鴨のレッグの低温調理にも、揚げる際にも鴨の脂を使っています。鴨の脂は専門店かネットショップ（283ページの「入手先」を参照してください）で購入できますが、見つからなければキャノーラ油で代用してかまいません。低温調理されている間に鴨から脂が溶けだして、キャノーラ油に風味が加わるからです。鴨の脂を使っても使わなくても、このレシピを作り終わると脂が残ります。この脂は捨てないでください。冷蔵庫に保存して、次にコンフィを作るときや鶏レバーのムース（81ページ）に封をするため、あるいは他のレシピに使いましょう。でもかなり塩辛いので、他のレシピに使う際には塩加減を控えめにしてください。

［**作り置きのヒント**］
調理済みの鴨肉は、袋のまま氷水（20ページ参照）で30分冷やしてから、冷蔵庫に入れて2週間まで保存できます。コンフィを水槽で完全に再加熱する必要はありません。最後に炒める際に、鴨に十分火が通るからです。コンフィを60℃（140°F）の水槽で10分温めてから、大皿またはトレイに移し、肉汁から脂を分離させてから、その油を使って揚げてください。鴨の中心部はまだ冷たい状態なので、休ませる必要はありません。

鴨のモレ・ロホ

DUCK MOLE ROJO

　伝統的なモレのレシピはどれも複雑です。このレシピも少し手が込んでいるとはいえ、大幅に簡素化されたものですが、それでいてすばらしくおいしくできます。低温調理の手法を使うと、鴨が絶対に固くなったりパサついたりしませんし、ソースが焦げないように見張っている必要もありません。

　ソースを自分で作る手間をかけたくなければ、風味の鮮やかさは失われますが、市販のモレの素を使うこともできます。既製品のモレソース4オンス［120㎖］を、チキンブイヨン2カップと混ぜてください。幸い、これは作り置き向きの料理です。一晩置くと、風味が大幅に向上するからです。このモレに焼きたてのコーントルティーヤと黄色いスペイン米を添えれば、天下一品の食事になります。ですからぜひ作って食べてみてください。

でき上がり分量：主菜として4人分 | **低温調理の時間：8時間（12時間まで）** | **実際の調理時間：40分**

［材料］

- 鴨のレッグ（皮付き、骨付き）…4本、できればモーラード種、余分な脂を取り除く
- コーシャソルト…小さじ1
- キャノーラ油などのマイルドな植物油…大さじ1

モレソース
- アンチョチリ…2本、へたと種を取り½インチ［1.3cm］幅の細切りにする
- パシーヤチリ…2本、へたと種を取り½インチ［1.3cm］幅の細切りにする
- ワヒーヨチリ…2本、へたと種を取り½インチ［1.3cm］幅の細切りにする
- レーズン…カップ¼
- チキンブイヨン…2カップ、自家製（277ページ）または市販品
- 黄タマネギ…1個、薄切りにする
- コーシャソルト…ひとつまみ、プラス小さじ1
- ニンニク…3かけ、薄切りにする
- トマトペースト…カップ¼
- ローストしたアーモンド…カップ¼、すり鉢とすりこ木またはスパイスグラインダーですりつぶす、あるいはアーモンドバター大さじ2
- ナチュラルまたはダッチプロセスのココアパウダー…大さじ2
- ダークブラウンシュガー…大さじ1
- 挽きたての黒コショウ…小さじ½
- シナモンパウダー…小さじ½（できればメキシカン）
- オールスパイスパウダー…小さじ½
- クローブパウダー…小さじ¼
- いりごま…大さじ1（飾り用）

［手順］

①低温調理の水槽を80℃（176°F）に予熱する。

②鴨のレッグに塩を振り、下味をつける。大きな鋳鉄製のスキレットかソテーパンに油を入れて中火に掛け、油がゆらゆらとしてくるまで熱する。皮を下にして鴨肉を入れ、皮にこんがりと焼き色が付いて脂が大部分溶けだすまで、5～6分調理する。トングを使って鴨のレッグをひっくり返し、肉の側も色づき始めるまでさらに2分ほど調理する。溶けだした脂は鍋に残して、鴨肉を1ガロン［4リットル］サイズのフリーザーバッグに入れる。

鴨のコンフィとフリゼのサラダ、続き

③ソースを作る。スキレットに残った脂に全部のチリとレーズンを加えて中火に掛け、かき混ぜながら、レーズンが膨らみチリが少し焦げて香ばしい匂いがしてくるまで、1〜2分炒める。穴あきスプーンを使って、炒めたチリとレーズンをミキサーに移し、かぶる程度にブイヨンをミキサーに注ぐ（こうしておくと、後でミキサーが回しやすくなる）。

④溶けだした脂を大さじ3だけスキレットに残し、残りは捨てる。再び中火に掛け、タマネギと塩ひとつまみを加え、木のスプーンでかき混ぜてからニンニクを加える。時々かき混ぜながら、色づいてしんなりとしてくるまで6〜7分調理する。トマトペーストを混ぜ入れ、かき混ぜながら、ペーストの色が濃くなってくるまで2分ほど調理して火からおろす。

⑤スキレットの中身をミキサーに移し、アーモンド、ココアパウダー、ブラウンシュガー、黒コショウ、シナモン、オールスパイス、クローブ、残りの塩小さじ1を加えて、完全になめらかになるまで高速でミキサーを動かす。味見して、必要ならば塩を足す。

⑥このモレソースを鴨のレッグが入った袋に注ぎ、水圧法（18ページ参照）で空気を追い出しながらジッパーを閉じる。

⑦水温が目標温度に達したら、鴨肉とモレソースの入った袋を水槽に沈め（袋が水面から出ないようにすること）、8時間調理する。数時間おきに水槽をチェックして、袋が水面から出ていないことを確かめてほしい。また蒸発を抑えるため、ラップかアルミホイルで水面を覆うことをおすすめする（説明は14ページを参照）。

⑧調理が終わったら、袋を水槽から出して中身（鴨肉とモレソース）を盛り鉢に移す。いりごまを振り、この素晴らしいソースを浸して食べるための米飯とトルティーヤを添えて食卓に出す。

［プロから一言］

ここでは3種類の乾燥チリを使っています。どれもモレに伝統的に使われるもので、辛味はマイルドですが、組み合わされるとすばらしく深い風味を作り出してくれます。すべてラテンアメリカ食材店（またはオンラインショップ、283ページの「入手先」を参照してください）で普通に購入できると思いますが、もし1種類しか見つからなければ3種類の代わりにそれを使ってください。最終的に、へたと種を取って刻んだチリがカップ1ほどできればよいのです。

———

［作り置きのヒント］

このソースは、あらかじめ作っておいて冷蔵庫で1週間、または冷凍して1か月まで保存できます。調理済みの鴨肉とソースは、袋のまま氷水（20ページ参照）で30分冷やしてから、冷蔵庫に入れて2週間まで保存できます。65℃（149°F）の水槽で30分再加熱してください。

ウズラのザータル

QUAIL WITH ZA'ATAR

　　ウズラの肉は繊細な風味と食感が珍重されますが、小型で脂が少ないためコンロやオーブンで調理するとパサついてしまいがちです。しかし低温調理すると、肉のジューシーさは失われません。このレシピでは、この淡白な味の鳥をザータル（大胆な風味の中東のスパイスミックス）に浸し、さらにグリルでさっと焼いて、おいしい焦げ目を付けて天下一品のウズラ料理を作り出しています。スマックや既製品のザータルは、中東食材のマーケットやネットショップ（283ページの「入手先」を参照してください）で手に入ります。買ってきたザータルの場合には、大さじ3使ってください。その場合も、ブラウンシュガーと塩は加える必要があるでしょう。

　　このレシピが示すように、低温調理は経験を積んだコックでも太刀打ちできないようなおいしさを作り出すことができます。自慢ではありませんが、私がこれまでに有名レストランで食べたどのウズラ料理も、これには遠く及ばないものでした。この小さな鳥たちは、特にオレンジとフェンネルを添えたクスクスサラダに乗せて食卓に出すと、たまらなくおいしいものです。

でき上がり分量：主菜として4人分　｜　低温調理の時間：1時間半（5時間まで）　｜　実際の調理時間：15分

[材料]
- ウズラ…4羽

ザータル

- 刻んだ生のオレガノまたはタイム…大さじ1、あるいは乾燥オレガノまたはタイム小さじ1
- スマックパウダー…大さじ1
- ごま…大さじ1
- クミンパウダー…小さじ2
- コリアンダーパウダー…小さじ1
- 挽きたての黒コショウ…小さじ1
- ライトブラウンシュガー…大さじ1
- コーシャソルト…小さじ1½

クスクスサラダ

- クスクス…カップ1、パッケージの指示に従って調理する
- フェンネルの茎…1株、スライサーで繊維に沿って薄切りにする（カップ1½〜2）
- オレンジ…1個、シュプリームに切る（52ページ参照）、汁も使う
- ローストしたアーモンド…カップ¼、粗く刻む（オプション）
- 乾燥カラント…大さじ2（オプション）
- 刻んだイタリアンパセリまたはフェンネルの葉、あるいはその組み合わせ…大さじ2
- レモンの搾り汁…小さじ1
- エクストラバージンオリーブオイル…大さじ3
- エクストラバージンオリーブオイル…大さじ1
- フレーク状の海塩（モールドンやフルール・ド・セルなど）

ウズラのザータル、続き

[手順]

① 低温調理の水槽を56℃（132.8°F）に予熱する。
② ウズラをスパッチコックする（開く）。作業台にウズラを、胸の側を下にして置く。キッチンばさみを使って、背骨の両側に沿ってあばら骨と肉を切り離し、背骨を取り外す。ウズラをひっくり返して切った側を下にし、手のひらの付け根に力を込めて平らに押しつぶす。残りのウズラについても、同じ作業を繰り返す。
③ ザータルを作る。オレガノ、スマック、ごま、クミン、コリアンダー、コショウを小さなボウルに入れ、よく混ぜ合わせる。ブラウンシュガーと塩を加え、よく混ぜる。このスパイスミックスを、まんべんなくウズラにすり込む。表側と裏側の両方にすり込むが、皮のほうに多めに使い、押さえてしっかりとくっつける。
④ ウズラを1ガロン［4リットル］サイズのフリーザーバッグに重ならないように入れ、水圧法（18ページ参照）で空気を追い出しながらジッパーを閉じる。
⑤ 水温が目標温度に達したら、ウズラの入った袋を水槽に沈め（袋が水面から出ないようにすること）、1時間半調理する。
⑥ ウズラが調理できる20分ほど前に、サラダを作る。クスクス、フェンネル、オレンジのシュプリームと汁、アーモンドとカラント（使う場合）、パセリをボウルに入れてあえる。レモン汁と大さじ3の油を振りかけてもう一度あえ、まんべんなくコーティングする。
⑦ ウズラが調理できたら、袋を水槽から出してウズラを皿に取り出す。袋に残った液体は捨てる。ウズラの皮の水気をペーパータオルで拭きとってから、大さじ1の油を全体にすり込む。
⑧ グリルパンを強めの中火に掛けて予熱しておく。皮を下にしてウズラをグリルパンに入れ、皮がカリッとして濃い（ほとんど黒に近い）焼き色が付くまで、2〜3分調理する。トングを使ってウズラをひっくり返し、さらに1分焼く。（グリルパンの大きさにもよるが、2回に分けてウズラに焼き色を付ける必要があるかもしれない。）
⑨ 盛り付け。サラダを4枚の銘々皿に取り分け、お好みの量の海塩を振りかける。銘々皿に1羽ずつウズラを乗せ、飾りにフェンネルの葉を散らす。

[プロから一言]

スパッチコックとは、鳥類（このレシピではウズラ）の背骨を取り除いてから胸骨を押しつぶし、鳥を平らにすることを言います。鳥を平らに押しつぶすと調理時間が短くなるだけでなく、ほぼすべての皮が熱いフライパンに接触するため均一に焼き色が付きカリカリになるという効果があります。お望みなら、肉屋さんに頼んでウズラをスパッチコックしてもらってもいいでしょう。

[作り置きのヒント]

自家製のザータルは、しっかりとふたのできる容器に入れて冷暗所で6か月まで保存できます。ウズラの肉を冷蔵して再加熱するつもりなら、袋から出した後に肉に塩をすることをおすすめします（124ページの説明を見てください）。調理済みのウズラの肉は、袋のまま氷水（20ページ参照）で20分冷やしてから、冷蔵庫に入れて1週間まで保存できます。56℃（132.8°F）の水槽で30分再加熱してから、皮をパリパリに焼いてください。

七面鳥のミートボール、モッツァレッラチーズとバジル詰め
TURKEY MEATBALLS STUFFED WITH MOZZARELLA AND BASIL

モッツァレッラチーズを詰めた七面鳥のミートボールは伝統からはかけ離れたものですが、おいしさは文句なしです。とてもジューシーで柔らかく、中からトロトロに溶けたチーズが流れ出してくるこのミートボールは、ただものではありません。じっくりと調理することで肉のしっとり感が保たれ、中のチーズがゆっくりと溶けて行きます。高級な食材は必要ありません。最高のおいしさのためには、水分の少ないモッツァレッラチーズを使ってください。そのほうが、新鮮なイタリアンスタイルのものよりもよく溶けるからです。

私はこのミートボールを前菜として食卓に出すのが好きですが、もっとたっぷりとしたイタリア風アメリカ料理にしたければ、トニー・ソプラノ*にならってスパゲッティにトッピングしてください。ボリュームたっぷりのおいしさです！

* 訳注：テレビドラマ「ザ・ソプラノズ」の主人公で、イタリア系アメリカ人。

でき上がり分量：前菜として6〜8人分、主菜として4人分　|　**低温調理の時間**：1時間（3時間まで）
実際の調理時間：25分

[材料]
- 七面鳥のひき肉…2ポンド[900g]、できればもも肉（赤身90〜95%）
- 全乳リコッタチーズ…カップ1（約8オンス[240g]）
- ドライパン粉…カップ¾
- パルメザンチーズのすりおろし…カップ½＋大さじ2
- Lサイズの卵…1個
- 刻んだイタリアンパセリ…大さじ1
- ニンニク…3かけ、みじん切りにする
- コーシャソルト…小さじ1½
- 挽きたての黒コショウ…小さじ¾
- 水分の少ないモッツァレッラチーズ…8オンス[240g]、12個（¾インチ[2cm]角）に切り分ける
- 生のバジルの葉…小12枚または大6枚を半分に割く、プラスふんわり詰めてカップ¼
- エクストラバージンオリーブオイル…大さじ1
- 食塩不使用バター…大さじ1
- かんたんマリナラソース…カップ2（273ページのレシピの約半量）、冷たいもの
- 赤唐辛子フレーク（飾り用、オプション）

[手順]
① 低温調理の水槽を63℃（145.4°F）に予熱する。
② 七面鳥のひき肉、リコッタチーズ、パン粉、カップ½のパルメザンチーズ、卵、パセリ、ニンニク、塩、コショウを大きなボウルに入れて手でこね、よくなじませる。

七面鳥のミートボール、モッツァレラチーズとバジル詰め、続き

③ この肉だねを12等分し、それぞれ大まかな円盤状にする。モッツァレラチーズ1切れとバジルの葉1枚（または半分に割ったもの）を円の中心に置き、テニスボールより少し小さめ（直径2½インチ［6.5cm］）のなめらかな球形に丸める。肉だねでチーズとバジルを包み、中心をつまんで閉じ、清潔な作業台の上で転がして均等に形づくる。この作業は、あらかじめ手に油を付けておくとやりやすい。ミートボールを1ガロン［4リットル］サイズのフリーザーバッグに重ならないように入れ、水圧法（18ページ参照）で空気を追い出しながらジッパーを閉じる。ぴったりと袋に収まるはずだ。

④ 水温が目標温度に達したら、ミートボールの入った袋を水槽に沈め（袋が水面から出ないようにすること）、1時間調理する。

⑤ 袋を水槽から出し、ミートボールを皿に移す。袋に残った液体は捨てる。ペーパータオルでミートボールから水気をふき取る。

⑥ 大きな鋳鉄製のスキレットかソテーパンにオリーブオイルとバターを入れて強めの中火に掛け、バターの泡立ちが収まって茶色くなり始めるまで加熱する。ミートボールを重ならないようにスキレットに入れ（必要に応じて何回かに分けて作業する）、下の面にこんがりと焼き色が付くまで1〜2分焼き、トングまたはへらでひっくり返して反対側にも焼き色が付くまで、さらに1分ほど焼く。焼き色が付いたミートボールを温めておいた大皿に移し、火を弱めて中火にする。すぐにマリナラソースを鍋に加え（すぐにジュッと言って沸騰するはずだ）、少し煮詰まってとろみがつくまで2〜3分調理する。鍋を火からおろし、残りのカップ¼のバジルを混ぜ入れる。

⑦ ソースをミートボールに掛け、残りのパルメザンチーズ大さじ2と赤唐辛子フレーク（使う場合）を振りかけて、すぐに食卓に出す。

［作り置きのヒント］
調理済みのミートボールは袋のまま氷水（20ページ参照）で30分冷やしてから、冷蔵庫に入れて1週間まで保存できます。63℃（145.4°F）の水槽で30分再加熱してから焼きつけてください。

感謝祭の七面鳥
THANKSGIVING TURKEY

お悩み中の感謝祭の料理人にとって、七面鳥の低温調理には素晴らしいメリットがあります。オーブンが空きますし、低温での時間を掛けた調理はとてもフレキシブルです。七面鳥は調理が終わっても焼き色を付けて食卓に出す時間になるまで水槽に入れておけますし、それでもおいしさは損なわれません。さらに重要なのは、七面鳥を低温でじっくり調理すると、このパサつきがちな鳥の肉が非常にしっとりと柔らかに仕上がることです。

鳥をジューシーに調理するコツは、肉を白身の部分と赤身の部分に分けて、別々に調理することです。ローストする場合、もも肉が焼き上がるころには、もうむね肉には火が通りすぎていることが多いものです。時間差をつけて低温調理すると、どちらの肉も同時に完璧に仕上がります。確かにノーマン・ロックウェルの絵にあるような、七面鳥の丸焼きをオーブンから取り出す瞬間はあきらめなければなりませんが、私が言いたいのはどんな時でも(特にその日が感謝祭の場合には)ロマンティシズムよりもおいしさのほうが大事だということです。この料理を何年も語り継がれるようなお祝いの日のごちそうにするには、この七面鳥にソーセージの詰め物もどき(281ページ)、かんたんハーブ入りクランベリーソース(279ページ)、そして完璧なマッシュポテト(201ページ)を添えて食卓に出してください。

でき上がり分量:主菜として8〜10人分 | **低温調理の時間**:10時間(19時間まで)
実際の調理時間:1時間15分

[材料]
- 七面鳥…1羽(14〜16ポンド[6.3〜7.2kg])、できれば生、冷凍の場合は完全に解凍しておく
- コーシャソルト…大さじ1
- 砂糖…小さじ2
- 挽きたての黒コショウ
- セージ…2〜3枝
- 食塩不使用バター…カップ½(4オンス[120g])

グレイビーソース
- 骨、首骨、臓物、手羽先から取った自家製の七面鳥ストック(277ページ)…カップ6、または市販の低塩七面鳥ブイヨン…カップ6
- シャロット…2〜3個、細かいみじん切りにする
- ニンニク…1かけ、みじん切りにする
- 小麦粉…カップ½
- 辛口の白ワイン…カップ1
- クレームフレーシュまたは生クリーム…カップ½
- 刻んだ生のセージまたはタイム、あるいはその組み合わせ…小さじ2
- 塩と挽きたての黒コショウ

[手順]
① 七面鳥を解体する。清潔な調理台や肉切り台など、十分なスペースのある清潔な作業場所に七面鳥を置く。最初に、胴体の中の空洞から包装された臓物と首骨を取り出し、ストックを作るために別にしておく。牛刀かボーニングナイフを使って、レッグを胴体から切り取る。胸ともも肉の境目の皮の部分に包丁を入れ、股関節を切り離せばよい。レッグは取っておく。次に、同じ方法で手羽と背中をつないでいる関節を切り離し、手羽を切り取る。手羽の先端は切り離してストックを作るために別にして、残りの部分は取っておく。

感謝祭の七面鳥、続き

最後に、むね肉を切り取る。左右の胸の間にある胸骨の両側に包丁を入れるが、このとき骨と並行に包丁を滑らせ、肉に食い込まないようにすること。骨をガイドにして包丁を進め、むね肉を骨から切り離して行くと肋骨に当たるので、ここで皮を切断する。胴体の前側(首の付いていた空洞の近く)にある叉骨の周りを切り開くと、むね肉が完全に骨から切り離される。骨、臓物、首骨、手羽の先端はストックを作るために取っておく。(グレイビーやドレッシングに使うストックの作り方については、277ページを参照。)

② 完全に解体できたら、むね肉、レッグ、手羽をボウルに移して、塩、砂糖、コショウ少々で下味をつける。

③ 両側のむね肉と1枝のセージを1ガロン[4リットル]サイズのフリーザーバッグに入れ、水圧法(18ページ参照)で空気を追い出しながらジッパーを閉じる。レッグと手羽も同様にする。(サイズにもよるが、レッグと手羽を別々の袋に入れる必要があるかもしれない。その場合、それぞれの袋に1枝のセージを入れる。)ここで、解体した七面鳥を準備ができるまで冷蔵庫に入れておく。48時間は十分に保存できる。(冷蔵庫に入れておくことで、下味が均一につく効果も期待できる。)

④ その間に、取っておいた骨、臓物、首骨、手羽の先端を使ってストックを作る(277ページを参照)。ストックができたら、濾して大きなソースパンに入れ、中火に掛けて沸騰させ、半量になるまで煮詰める。市販品の七面鳥ブイヨンを使う場合には、大きなソースパンに注いで取っておいた臓物と首骨を加え、中火に掛けて沸騰させて半量になるまで煮詰め、風味を加えるとよい。使うときまで冷蔵庫に入れておく。

⑤ 七面鳥を食卓に出す予定の少なくとも10時間半前に、低温調理の水槽を65℃ (149°F) に予熱する。

⑥ 水温が目標温度に達したら、レッグと手羽の入った袋を水槽に沈め(袋が水面から出ないようにすること)、最低でも6時間、長くて12時間まで調理する(感謝祭の前日の夜に始めれば完璧)。この時点で、むね肉はまだ冷蔵庫に入れておく。調理にかかる時間が短いからだ。

⑦ 七面鳥を食卓に出す予定の少なくとも4時間前に、赤身肉を水槽に入れたまま、水槽の温度を60℃ (140°F) に下げる。水温が新しい目標温度になったら、むね肉の入った袋を水槽に入れる。赤身肉と白身肉を、さらに4時間調理する。この時点で七面鳥には完全に火が通り、焼き色を付けるばかりの状態になっている。(食卓に出すまで30分以上あれば、さらに3時間まで七面鳥を水槽に入れておける。)

⑧ 準備ができたら両方の袋を水槽から出し、七面鳥の肉を大皿かトレイに移して、袋に残った肉汁はグレイビーを作るために取っておく。

⑨ ペーパータオルで、七面鳥から水気をふき取る。大きなスキレットかソテーパンを強めの中火に掛けてバターを溶かし、泡立ちが収まって茶色くなり始めるまで待つ。何回かに分けて、皮を下にして七面鳥の肉を加え、鍋と接触していない皮の部分にスプーンでバターを掛けながら、焼き色が付いてカリッとするまで、各回につき5分ほど焼き付ける。カリッと焼き色が付いたら、皮を上にして肉を大皿に戻す。焼き色を付けたら、七面鳥の上にアルミ箔をかぶせるか200°F [90℃]のオーブンに入れて保温しておく。

⑩ 火を弱めて中火にし、七面鳥に焼き色を付けたバターを使ってグレイビーを作る。シャロットとニンニクを加え、木のスプーンかへらで鍋底から茶色い焦げをこそげたりかき混ぜたりしながら、色づき始めるまで2〜3分炒める。小麦粉を加え、泡立て器でかき混ぜてダマをつぶしながら、フツフツと泡立つまで1〜2分加熱する。焦げ付かないようにかき混ぜ続けること。

⑪ 鍋にワインを加え、グレイビーが再び泡立つまで、1〜2分かき混ぜる。ダマにならないように泡立て器でかき混ぜながら、煮詰めたストックと取っておいた七面鳥の肉汁を少し

ずつ注ぎ入れる。液体をすべて加えたら、火を強めの中火に上げ、かき混ぜながら5分ほど煮る。

⑫ クレームフレーシュを混ぜ入れて、さらに5分煮る。グレイビーにはとろみがついて、スプーンの背中がコーティングされるようになっているはずだ。とろみが足りないようなら、そうなるまでさらに煮詰める。グレイビーを火からおろし、セージを混ぜ入れ、塩コショウで味を調えて、グレイビーボートに移す。

⑬ 七面鳥を切り分ける。大きなまな板に肉を置く。むね肉は繊維を断ち切るように薄くスライスする。レッグは、関節の部分でドラムスティックをもも肉から切り分ける。もも肉を骨からはずして薄切りにする。私は手羽やドラムスティックから肉をはずさずに、手羽を関節の部分で切り分けている。肉をすべて大皿に移し、グレイビーを添えて食卓に出す。

[作り置きのヒント]

このレシピは、大部分の料理人の計画に合うよう、柔軟にできています。1日以上前から作り始めたければ、七面鳥は調理してから1週間までならおいしさを保てます。レシピに従って白身肉と赤身肉を調理し、袋のまま氷水で30分冷やしてから、冷蔵庫に入れて保存してください。60℃（140°F）の水槽で1時間半、再加熱してください。

4

豚肉、牛肉など

MEATS

モロッコ風ラム肉のミートボール	127
豚肉のサテとピーナッツソース	129
台湾風豚ばら肉の蒸しパンサンドイッチ	133
豚角煮ラーメン	135
骨付き豚ばら肉のアドボ	139
カロライナ風プルドポークのサンドイッチ	141
プエルトリコのパーニル	145
ポークチョップと夏野菜のサコタッシュ	147
豚ヒレ肉のコーヒースパイス風味、ワイルドライスと赤キャベツのコールスロー添え	151
完璧な低温調理ステーキ	153
カルネアサーダのチミチュリソース	157
8時間スカートステーキとマッシュルームのバルサミコ酢あえ	159
牛ヒレ肉の赤ワインソース	163
友三角のステーキチリ	165
骨付きラム肉の香草パン粉焼き	168
スタウト照り焼きショートリブ	171
大絶賛のパストラミ	173

卵が低温調理への登り口だとしたら、獣肉は難所といえるでしょう。あまりにも多くの可能性が存在するからです。しかし学習曲線は緩やかなので、怖がらなくても大丈夫です。グリル、ソテー、ローストなどの伝統的な調理法と違って、低温調理では温度をコントロールしながら加熱するので、肉全体にむらなく隅々まで、まったく同じ状態に火が通ります。つまり勘に頼る必要がなく、竹串を刺したり内部の温度を測ったりしなくても、火を通しすぎる心配がないので特にステーキやローストを焼く際には心強い味方です。さらに、じっくりと加熱するため肉のタンパク質に与えるダメージ（変性と呼ばれます）が少なく、おいしい肉汁が肉から流れ出すことなく、あるべき場所に保たれます。また温度をコントロールすることによって、硬い肉の部位をミディアムレアに保ったまま、柔らかくすることも可能です。この最も劇的な例がスタウト照り焼きショートリブ（171ページ）で、牛肉の中でも最も硬い部位を、とろけるように柔らかく変化させています。

　しかし、低温調理によって肉は間違いなくおいしくジューシーにむらなく調理される一方で、その際の温度が低いため直火焼きのような風味たっぷりの焼き色を付けることはできません（メイラード反応の説明については14ページを参照してください）。両方とも実現するためには、内側は完璧に調理された状態を保ちつつ、外側をさっと焼きつけてこんがりと焼き色を付けることが必要です。私のお気に入りの焼き色づけのテクニックと、それを行う方法については、完璧な低温調理ステーキ（153ページ）で詳しく説明しています。

　最後にお知らせしたいのは、低温調理には何度でも同じようにおいしくできること間違いなしというだけでなく、（意外に思われるかもしれませんが）便利さや柔軟性というメリットも存在します。肉は同じ温度に数時間保ってもおいしさは変わらないので、この章のすべてのレシピには調理時間を範囲で示しました（多少控えめになりますが、「鳥肉」の章も同じです）。さらに袋に入った肉は、冷却や保存や再加熱も最高に簡単です（これは、レストランで低温調理が広く行われている最大の理由でもあります）。つまり、低温調理が忙しいあなたのスケジュールに合わせてくれるのであって、その逆ではないということです。

　しかし、肉料理を作り置きする場合には、ひとつだけ気を付けてほしいことがあります。ミディアムレアの状態で（私は「ステーキ状の」肉、という表現を使います）食卓に出される肉には、冷やしたり再加熱したりする前に塩味を付けないほうがよい場合が一般的には多いでしょう。なぜかというと、肉が冷蔵庫に入っている間に塩がしみこんで、ランチョンミートのような硬い食感になってしまうからです。もちろん、それは悪いこととは限りません。例えば、141ページのプルドポークでは気にならないでしょうし、173ページのパストラミの場合にはまさにお望みどおりです。しかしステーキやローストに求められるジューシーで弾力のある食感とは、そぐわないでしょう。これを防ぐには簡単です。肉を袋から取り出した後、焼き付ける直前に塩をすればよいのです。

　前口上はこの辺にして、おいしい本題に入るとしましょう。

モロッコ風ラム肉のミートボール

MOROCCAN LAMB MEATBALLS

スパイスとして香りのよいクミンとコリアンダーとタイムのブレンド、そして北アフリカ風にミントの入ったこのジューシーなラムひき肉のごちそうは、いつものミートボールとはずいぶん違います。低温調理でじっくりと均一に加熱した後は、さっと焼き付けてこんがりとおいしく仕上げるだけです。ここでは大人数のための前菜として紹介しましたが、米飯やクスクスに乗せて主菜とし、サイドにキュウリのサラダや激辛のハリッサを添えて食卓に出すのもいいでしょう。このミートボールは北アフリカではコフタと呼ばれますが、どんな名前であっても最初のひと口であなたをとりこにすること間違いなしです。

でき上がり分量：前菜として6〜8人分、主菜として4人分　｜　**低温調理の時間**：1時間（5時間まで）
実際の調理時間：30分

[材料]
- エクストラバージンオリーブオイル…大さじ5
- ニンニク…2かけ、みじん切りにする
- シャロット…2個、みじん切りにする
- クミンパウダー…小さじ1
- 挽きたての黒コショウ…小さじ¾
- コリアンダーパウダー…小さじ½
- 赤唐辛子フレーク…小さじ½
- 乾燥パン粉…カップ¾*
- ヨーグルト…カップ½、自家製（270ページ）または全乳のプレーンなギリシャヨーグルト
- Lサイズの卵…1個
- ラムまたは牛のひき肉…2ポンド［900g］
- コーシャソルト…小さじ2
- 刻んだ生のタイム…小さじ1
- 裂いたミントの葉…大さじ2（飾り用）
- すりおろしたレモンの皮…小さじ1（レモン約½個分、飾り用）

[手順]
① 低温調理の水槽を60℃（140°F）に予熱する。
② 小さなソテーパンに大さじ3の油を入れて中火に掛け、油がゆらゆらとしてくるまで熱する。ニンニクとシャロットを加え、時々かき混ぜながら、透き通って柔らかくなり、こんがりと色づき始めるまで5分ほど炒める。クミン、黒コショウ、コリアンダー、赤唐辛子フレークを混ぜ入れて火からおろす。鍋の中身を大きなボウルにあけ、泡立て器を使ってパン粉とヨーグルト、続いて卵を混ぜ入れる。ラム肉、塩、タイムを加えて手でこね、よくなじませる。

* 訳注：カップはアメリカサイズ。正確な分量は24ページを参照（以下、同）。

モロッコ風ラム肉のミートボール、続き

③この肉だねを、ゴルフボールよりも少し大きな球形（直径2インチ［5cm］ほど）に丸め、16個のミートボールを作る。（この作業は、あらかじめ手に油を付けておくとやりやすい。）ミートボールを作り終わったら、手のひらで押して少しつぶし、パティのような形にする（こうしておくと袋に入れたり焼き付けたりしやすい）。ミートボールを1ガロン［4リットル］サイズのフリーザーバッグに重ならないように入れ、水圧法（18ページ参照）で空気を追い出しながらジッパーを閉じる。

④水温が目標温度に達したら、ミートボールの入った袋を水槽に沈め（袋が水面から出ないようにすること）、1時間調理する。

⑤袋を水槽から出し、ミートボールを大皿かトレイに移す。袋に残った液体は捨て、ペーパータオルでミートボールから水気をふき取る。

⑥大きな鋳鉄製のスキレットかフッ素樹脂加工のソテーパンに残った大さじ2の油を入れて中火に掛け、油がゆらゆらとしてくるまで熱する。ミートボールを重ならないように入れ（ミートボールにはすでに火が通っているので触れ合うのはかまわない）、下の面に濃い焼き色が付くまで1〜2分調理する。トングかへらを使ってミートボールをひっくり返し、さらに1〜2分かけて反対側にも焼き色を付ける。（鍋の大きさにもよるが、必要に応じて油を足しながら、ミートボールを2回に分けて焼き付ける必要があるかもしれない。）

⑦盛り付け。油を鍋に残して、ミートボールを盛り鉢か大皿に移す。ミントとレモンの皮を振りかける。

［プロから一言］

豆知識を1つ紹介しましょう。ミートボールで主につなぎの役割をしているのは卵ではなく、塩です。塩を入れないとミートボールはバラバラになってしまいます。ひき肉に塩を混ぜ入れることによってタンパク質が可溶性となり、基本的にこれがのりの役割をして、タンパク質が一定の温度になると固まるのです。

———

［作り置きのヒント］

調理済みのミートボールは袋のまま氷水（20ページ参照）で20分冷やしてから、冷蔵庫に入れて4日まで保存できます。60℃（140°F）の水槽で20分再加熱してから焼き色を付けてください。

豚肉のサテとピーナッツソース

PORK SATAY WITH PEANUT DIPPING SAUCE

　東南アジアの庶民の屋台料理として生まれたサテは、今はいたるところで見かけられ、アジアとあまり関係のないバーやカジュアルなレストランでも定番となっています。残念なことに、そのおいしさは人気に追い付いているとは言えず、パッとしないサテがはびこっているのが実情です。このレシピで作るサテは間違いなくジューシーで風味たっぷりに仕上がりますから、二度とがっかりすることはないでしょう。肉をアロマたっぷりのマリネ液に浸してじっくりと調理するので、あとは短時間グリルしておいしい焼き色をつけるだけですし、そのマリネ液にほんの少し手をかけるだけで最高のピーナッツソースができるのです。

でき上がり分量：前菜として4人分　｜　**低温調理の時間**：1時間半（5時間まで）
実際の調理時間：20分、プラス5分の休ませる時間

[材料]

マリネ液

- 缶入りのココナッツミルク…カップ½、缶を開ける前によく振ってから計量する
- ライトブラウンシュガー…大さじ2
- 市販のレッドカレーペースト…大さじ1〜2（できればMae PloyかMaesriブランドのもの、283ページの「入手先」を参照）
- 魚醤…大さじ1
- しょうゆ…大さじ1
- ライムの搾り汁…½個分（ライムジュース約大さじ1）
- ターメリックパウダー…小さじ1½
- クミンパウダー…小さじ½
- コリアンダーパウダー…小さじ½

- 豚ロース肉（厚さ1インチ[2.5cm]）…2枚、斜め½インチ[1.3cm]幅に切る（約1ポンド[450g]）
- 粒入りピーナッツバター…大さじ2、または粗く刻んだ無塩ローストピーナッツ…大さじ3
- キャノーラ油などのマイルドな植物油（グリルパンやグリルラックに塗る分）
- 粗く刻んだ香菜の葉…大さじ2（飾り用）
- くし形に切ったライム…4個（飾り用）

[手順]

① 低温調理の水槽を57℃（134.6°F）に予熱する。

② マリネ液を作る。ココナッツミルク、ブラウンシュガー、カレーペースト（量はお好みで）、魚醤、しょうゆ、ライム汁、ターメリック、クミン、コリアンダーを大きな計量カップに入れ、よく混ぜる。

③ 豚肉とマリネ液を1ガロン[4リットル]サイズのフリーザーバッグに入れ、もんで豚肉にマリネ液をまんべんなくコーティングする。水圧法（18ページ参照）で空気を追い出しながらジッパーを閉じてから、袋をならして豚肉があまり重ならないように広げる。

④ 水温が目標温度に達したら、豚肉の入った袋を水槽に沈め（袋が水面から出ないようにすること）、1時間半調理する。

豚肉のサテとピーナッツソース、続き

⑤その間に、串を用意しておく。8インチ[20cm]の金属製または竹の串が8本必要だ。竹串を使う場合、火にかけたとき燃えてしまわないように、具材を刺す前に30分水に浸しておく。

⑥豚肉が調理できたら袋を水槽から出し、5分休ませる。袋の中の液体を小さなソースパンに注ぎ出し、豚肉はボウルまたは皿に移す。

⑦豚肉を縫うように串を刺す（サイズにもよるが、1本の串に豚肉1〜2片）。

⑧ソースを作る。ソースパンを中火に掛けて中の液体を沸騰させてから、泡立て器でピーナッツバターを混ぜ入れて、かき混ぜながらとろみがつくまで4分ほど煮る。火からおろし、小さなボウルに移して置いておく。

⑨長方形のグリルパンを強めの中火で予熱するか、直火で焼く場合には炭火かガスのグリルを強めの中火にして準備しておく。グリルパンまたはグリルラックに油を塗る。串をグリルパンに乗せるか直火にかざして焼く。途中で1回ひっくり返しながら、両面に深い焼き色が付くまで（ところどころ黒くなっているとなおよい）2分ずつ焼く。

⑩串を大皿に移し、香菜を振りかけ、くし形に切ったライムとソースを添えて食卓に出す。

[プロから一言]
このレシピをアレンジして、チキンのサテを作ることもできます。繊維を断つように厚さ1インチ[2.5cm]に切った鶏むね肉（皮なし、骨なし）を使い、60℃（140°F）の水槽で1時間半調理してください。

――――

[作り置きのヒント]
調理済みの豚肉は袋のまま氷水（20ページ参照）で20分冷やしてから、冷蔵庫に入れて1週間まで保存できます。グリルで焼く時間を数分増やして、中まで十分に温めてください。

台湾風豚ばら肉の蒸しパンサンドイッチ

TAIWANESE-STYLE PORK BELLY BUNS

　このレシピを教えてくれたのは才気あふれるモニカ・ローで、彼女は本書を飾る美しい写真を撮ってくれたフォトグラファーでもあります。彼女の家族は台湾出身で、これは彼女が子どものころから食べていた蒸しパンサンドイッチgua bao（割包または刈包）の低温調理バージョンというわけです。この料理には長い歴史があり、中国全土や東南アジアの各地にわたってさまざまなバージョンが存在します。からし菜の漬物（酸菜）を入れるのが台湾では一般的ですが、甘く黄色い大根の漬物（たくあん）を使うのは伝統というより、彼女の家族独特のものです。

　この料理の主役は、もちろん豚ばら肉です。これは私のラーメン（136ページ）の豚ばら肉よりも少し低い温度で長い時間調理することによって、さらに柔らかく、おいしくなっています。口の中でとろける肉の食感と、ピーナッツや漬物の快いカリカリ感が完璧なコントラストを織りなします。長い調理時間と食材を調達する手間を除けば、このサンドイッチを作るのは簡単です。冷凍の蒸しパン、たくあんやからし菜の漬物は中国食材店（283ページの「入手先」を参照してください）で手に入ります。たくあんやからし菜の代わりに、268ページのピクルスを使ってもおいしくできるでしょう。スターアニスは五香粉にも入っていますが、オプションでホールのスターアニスを使うとさらに風味が鮮やかになります。

でき上がり分量：前菜として4人分　|　**低温調理の時間**：16時間（24時間まで）
実際の調理時間：15分、プラス10分の休ませる時間

[材料]

- 豚ばら肉…1ポンド［450g］、かたまり肉（皮のありなしはお好みで）
- 五香粉…小さじ½
- しょうゆ…大さじ3
- ショウガ…1インチ［2.5cm］大のもの1かけ、薄切りにする（約大さじ2）
- スターアニス（八角）…ホール1個（オプション）
- 海鮮醬…カップ¼
- シラチャソース…大さじ1
- 粗糖（中白糖やきび砂糖など）、またはライトブラウンシュガー…大さじ1
- ニンニク…1かけ、みじん切りにする
- 蒸しパン（包）…1パッケージ（8オンス［240g］）、パッケージの指示に従って再加熱する（8個）
- 薄切りにしたたくあんまたはからし菜の漬物…カップ½
- 無塩ローストピーナッツ…カップ¼、粗く刻む
- 香菜の葉と細い茎…ふんわり詰めてカップ¼

[手順]

① 低温調理の水槽を70℃（158°F）に予熱する。

② 豚ばら肉、五香粉、しょうゆ、ショウガ、スターアニス（使う場合）を1ガロン［4リットル］サイズのフリーザーバッグに入れ、水圧法（18ページ参照）で空気を追い出しながらジッパーを閉じる。

台湾風豚ばら肉の蒸しパンサンドイッチ、続き

③水温が目標温度に達したら、豚ばら肉の入った袋を水槽に沈め（袋が水面から出ないようにすること）、16時間調理する。数時間おきに水槽をチェックして、袋が水面から出ていないことを確かめてほしい。また蒸発を抑えるため、ラップかアルミホイルで水面を覆うことをおすすめする（説明は14ページを参照）。

④袋を水槽から出し、豚ばら肉を10分ほど休ませてから、まな板の上に移す。

⑤ソースを作る。袋の中の液体を目の細かいざるで濾して中型のソースパンに入れ、スターアニスとショウガは捨てる。レードルか大きなスプーンを使って、表面の脂を取り除く。海鮮醬、シラチャソース、砂糖を鍋に加え、中火に掛けて煮立せる。頻繁にかき混ぜながら、ソースが泡立ちとろみがつくまで、2～3分煮詰める。火からおろす。

⑥豚ばら肉を、繊維を断つように厚さ$\frac{1}{4}$インチ［6mm］に切る。豚ばら肉の大きさにもよるが、蒸しパンに収まるように長さを半分にする必要があるかもしれない。

⑦盛り付け。蒸しパンを継ぎ目のところで横半分に切り開き、豚ばら肉を（サイズにより）1～2片はさむ。たくあんを乗せ、ソースを掛け、ピーナッツと香菜を振りかけて、すぐに食卓に出す。

［作り置きのヒント］
調理済みの豚ばら肉は袋のまま氷水（20ページ参照）で10分冷やしてから、冷蔵庫に入れて1週間まで保存できます。ソースを作る前に、60℃（140°F）の水槽で30分再加熱してください。

豚角煮ラーメン
PORK BELLY RAMEN

　日本のラーメン店で使われているスープには、最もシンプルな「塩」からエビやロブスターを使った手の込んだバージョンまで、無数の種類があります。このレシピのスープは、日本の家庭でよく作られている、みそをベースとしたものです。厳密には伝統的とは言えませんが、この完璧に柔らかくジューシーな豚ばら肉と風味たっぷりのスープの組み合わせには文句のつけようがないでしょう。このレシピには白みそも赤みそも使えますし、これらを混ぜた合わせみそを買ってくることもできます。

　ラーメンのトッピングには、ここで紹介したもの以外にもメンマやフライドガーリックなど好きなものを乗せてもらってかまいませんが、ぜひおすすめしたいのが、あなたのお好みに低温調理した温泉卵です。63℃（33ページ）や75℃（38ページ）で調理したカスタードのように柔らかい卵は、麺と魅惑的に溶けあいます。もう少し固い半熟卵がお好みなら、85℃で調理したティーエッグ（44ページ）のマリネの手順を省き、卵を半分に切って使ってください。どの卵も、この料理を大いに高めてくれることでしょう。

でき上がり分量：主菜として4人分　|　**低温調理の時間**：12時間（18時間まで）
実際の調理時間：25分、プラス10分の休ませる時間

[材料]

豚角煮
- みりん（日本の甘味料理酒）…カップ ¼
- ショウガ…2インチ[5cm]大のもの1かけ、薄切りにする（約カップ ¼）
- ニンニク…2かけ、薄切りにする
- ネギ…2本、白い部分だけを長さ1インチ[2.5cm]に切る（緑の部分は飾り用に取っておく）
- しょうゆ…カップ ¼
- 豚ばら肉…1ポンド[450g]、かたまり肉、皮は取り除く

スープ
- 自家製の豚ストック（277ページ、できれば首骨から作ったもの）または市販の低塩チキンブイヨン…カップ4
- 白みそまたは赤みそ、あるいはその組み合わせ…カップ ¼、お好みでもっと
- 挽きたての白コショウ…小さじ ½
- ごま油…小さじ ½

- 中華麺…4玉（乾麺ならば8オンス[240g]、生麺ならば12オンス[360g]）
- もやし…カップ1
- 焼き海苔…2枚、それぞれ4枚に裂く（全部で8枚）
- Lサイズの卵…4個、お好みに真空調理する（冒頭の説明文参照）
- いりごま…大さじ2（飾り用）
- ネギ…2本、緑の部分のみ、薄切りにする（飾り用）
- 日本の唐辛子またはその他の赤唐辛子フレーク…大さじ1（飾り用）

豚角煮ラーメン、続き

[手順]
① 低温調理の水槽を77℃（170°F）に予熱する。
② 豚角煮を作る。みりん、ショウガ、ニンニク、ネギ（白い部分のみ）を小さなソースパンに入れ、強めの中火に掛けて沸騰させる。火からおろし、しょうゆを加えて調味液を作る。豚ばら肉を1ガロン［4リットル］サイズのフリーザーバッグに入れて調味液を注ぎ入れ、水圧法（18ページ参照）で空気を追い出しながらジッパーを閉じる。
③ 水温が目標温度に達したら、豚ばら肉の入った袋を水槽に沈め（袋が水面から出ないようにすること）、12時間調理する。数時間おきに水槽をチェックして、袋が水面から出ていないことを確かめるようにしてほしい。また蒸発を抑えるため、ラップかアルミホイルで水面を覆うことをおすすめする（説明は14ページを参照）。
④ 袋を水槽から出し、豚ばら肉を10分ほど休ませてから、まな板の上に移して取っておく。袋の中の調味液を目の細かいざるで濾して計量カップかボウルに入れ、ショウガとニンニク、ネギは捨てる。お好みで、レードルか大きなスプーンを使って表面の脂を取り除く。
⑤ ラーメンのスープを作る。調味液を大きなソースパンに注ぎ入れ、ストック、みそ、白コショウ、ごま油を加え、強めの中火に掛けて沸騰させる。火を弱めて中火にし、フツフツと煮立てながら（あぶくが出ている状態で）、スープが濁って完全になめらかに（みそのかたまりがなく）なるまでかき混ぜながら、8〜10分かけて少し煮詰める。スープを味見する。しっかりとした塩味がついているはずだ。もっとパンチが必要だと感じたら、さらにみそを溶き入れる。鍋にふたをして火を弱め、盛り付けの準備ができるまでスープを保温しておく。
⑥ 豚ばら肉を、繊維を断つように厚さ¼インチ［6mm］に切る。この状態でラーメンにトッピングしてもよいが、もう少し食感にコントラストを付けたければ、オーブンの天板に重ならないように並べてグリルモードで1〜2分、焼き色が付いて縁がカリッとするまで焼く。
⑦ 盛り付け。パッケージの指示に従って中華麺を熱湯でゆで、湯を切って、温めておいたラーメンどんぶりに均等に分ける。スープが冷えてしまったら、再び煮立ててからレードルでどんぶりに注ぐ。スライスした豚の角煮、もやし、海苔をどんぶりに分けて入れる。卵をトッピングし、いりごま、取っておいたネギ、唐辛子を振りかける。

[作り置きのヒント]
調理済みの豚ばら肉は袋のまま氷水（20ページ参照）で20分冷やしてから、冷蔵庫に入れて1週間まで保存できます。60℃（140°F）の水槽で30分再加熱してから、スープを作ってラーメンに盛り付けてください。

骨付き豚ばら肉のアドボ

PORK RIB ADOBO

フィリピンの食は、スペインからの影響と島々の伝承料理との融合によって生まれたハイブリッドです。アドボはそのすばらしい一例であり、シンプルな見かけの中に複雑にバランスした酸味と塩味とうま味、そして甘味が含まれています。ここで紹介するバージョンは、さまざまな地域のスタイルを融合したもので、低温調理愛好家でありフィリピン料理の天才シェフでもある私の友人アンソニーから教えてもらいました。このレシピはうまくできていて、豚肉を調理している間に出てくる肉汁がマリネ液と溶け合ってすばらしい風味のソースを作り出すため、ソースを作る手間が省けます。この料理を食卓に出す際には、米飯を添えるのが決まりだと言ってもいいでしょう。この気の遠くなるほどおいしいソースは、きっと何かに浸して食べ切ってしまいたくなるからです。

でき上がり分量：主菜として4人分 | **低温調理の時間：12時間（18時間まで）** | **実際の調理時間：20分**

[材料]

マリネ液

- ココナッツ酢、サトウキビ酢、またはリンゴ酢…カップ ½
- 魚醤…カップ ¼
- しょうゆ…カップ ¼
- ニンニク…3かけ、みじん切りにする
- ダークブラウンシュガー…大さじ1
- 挽きたての黒コショウ…小さじ1½
- ベイリーフ…2枚
- タイチリなどの生のレッドチリ（フレズノやフィンガーなど）…1本、薄切りにする

- セントルイス・スタイルの骨付き豚ばら肉、またはその他の骨付き肉…3ポンド[1.3kg]、お好みで肋骨3本ごとに切り分ける

[手順]

① 低温調理の水槽を70℃（158°F）に予熱する。

② マリネ液を作る。小さなボウルまたは計量カップに、すべての材料を合わせてよく混ぜる。

③ 骨付き豚ばら肉を重ならないように1ガロン[4リットル]サイズのフリーザーバッグに入れ、マリネ液を注ぎ入れて水圧法（18ページ参照）で空気を追い出しながらジッパーを閉じる。

④ 水温が目標温度に達したら、豚ばら肉の入った袋を水槽に沈め（袋が水面から出ないようにすること）、12時間調理する。数時間おきに水槽をチェックして、袋が水面から出ていないことを確かめてほしい。また蒸発を抑えるため、ラップかアルミホイルで水面を覆うことをおすすめする（説明は14ページを参照）。

⑤ 袋を水槽から出し、大事なソースと一緒に、豚肉を大皿に移す。米飯を添えて食卓に出し、このおいしいアドボソースを米飯に掛けて食べるよう勧める。

[作り置きのヒント]

アドボの起源は肉を長持ちさせるための方法だったので、保存も簡単です。調理済みの骨付き豚ばら肉は袋のまま氷水（20ページ参照）で20分冷やしてから、冷蔵庫に入れて1週間まで保存できます。60℃（140°F）の水槽で30分再加熱してください。

カロライナ風プルドポークのサンドイッチ

CAROLINA PULLED-PORK SANDWICHES

　　プルドポークはアメリカ南部の伝統料理で、火の通りを注意深く見守る必要があるのですが、低温調理では気軽に作れます。袋に入れて低く均一な温度に保持するだけで、有名なBBQレストランで使われている最高級のブランド豚を使わなくても、ジューシーに柔らかく仕上がるのです。それだけでなく、ここで使った豚の肩肉のような小さな部位は、うまく焼けずにポークジャーキーになってしまうのが落ちだったでしょう。低温調理では、少量でもちゃんとしたプルドポークが作れます。まさにプルドポークの民主化です！
　　このレシピでは酢とチリをベースとしたノースカロライナ風のソースを使っています。ケチャップは少ししか入っていないので、他の地域に見られるドロッとした甘いバーベキューソースよりも味は刺激的です。セロリの葉を飾るのは、私の思い付きですが、さわやかな植物の香りを添えてくれます。

でき上がり分量：主菜として4人分　|　**低温調理の時間**：12時間（18時間まで）
実際の調理時間：25分、プラス休ませる時間5分

[材料]

スパイスミックス
- コーシャソルト…小さじ1
- 挽きたての黒コショウ…小さじ1
- 燻製パプリカパウダー…小さじ1
- カイエンヌペッパー…小さじ1/2
- セロリシードパウダー…小さじ1/2
- ライトブラウンシュガー…大さじ1
- ニンニク…2かけ、包丁でたたいてペースト状にする、または顆粒状ガーリックパウダー…小さじ1/4

ヴィネガーソース
- リンゴ酢…カップ1/2
- ケチャップ…カップ1/4
- アップルシードルまたはアップルジュースあるいは水…大さじ2
- ヴィネガーベースのホットソース…大さじ2
- ライトブラウンシュガー…大さじ2
- 赤唐辛子フレーク…小さじ1
- コーシャソルト…小さじ1/2
- 挽きたての黒コショウ…小さじ1/2

- 赤キャベツまたはキャベツのせん切り、あるいはその組み合わせ…カップ2
- マヨネーズ…大さじ2、自家製（272ページ）または市販品（オプション）
- カイザーロールなどのロールパン…4個、横半分に切る
- セロリの葉…ふんわり詰めてカップ1/4（オプション）

- 豚肩肉（皮なし、骨なし）…2ポンド[900g]、かたまり肉
- キャノーラ油などのマイルドな植物油…大さじ1

カロライナ風プルドポークのサンドイッチ、続き

[手順]
① 低温調理の水槽を77℃（170°F）に予熱する。
② 水温を上げている間に、スパイスミックスを作る。塩、黒コショウ、パプリカ、カイエンヌペッパー、セロリシード、ブラウンシュガー、ニンニクを小さなボウルに入れて混ぜる。このスパイスミックスを豚肉にまぶしてまんべんなくすり込んでから、油で均一にコーティングする。
③ 大きな鋳鉄製またはフッ素樹脂加工のスキレットを強めの中火に掛けて予熱する。豚肉を入れ、必要に応じてひっくり返しながら、全体がこんがりと色づくまで各面を1分ほど、合計4〜5分焼きつける。
④ 豚肉を1ガロン［4リットル］サイズのフリーザーバッグに入れ、水圧法（18ページ参照）で空気を追い出しながらジッパーを閉じる。
⑤ 水温が目標温度に達したら、豚肉の入った袋を水槽に沈め（袋が水面から出ないようにすること）、12時間調理する。数時間おきに水槽をチェックして、袋が水面から出ていないことを確かめてほしい。また蒸発を抑えるため、ラップかアルミホイルで水面を覆うことをおすすめする（説明は14ページを参照）。
⑥ 豚肉を調理している間に、ヴィネガーソースを作る。小さなボウルか計量カップにすべての材料を合わせて泡立て器で混ぜ、砂糖と塩を溶かす。味をみて、必要なら塩で味を調える。
⑦ 豚肉が調理できる2時間前になったら、サンドイッチの付け合わせのコールスローを作る。キャベツをボウルに入れ、大さじ2〜3のヴィネガーソースと、マヨネーズ（使う場合）を加え、まんべんなくまぶすように混ぜて、置いておく。
⑧ 豚肉が調理できたら、袋を水槽から出し、5分休ませる。豚肉を大きなボウルへ移し、袋の中の液体は大きな計量カップに注ぎ出す。お好みで、レードルか大きなスプーンを使って、表面の脂を取り除く。
⑨ 繊維を断つように豚肉を厚さ2インチ［5cm］にスライスしてから、2本のフォークで引き裂きながらほぐす。ほぐした肉に、カップ¼のヴィネガーソースと取っておいた肉汁カップ½を加えて潤し、味見して必要ならヴィネガーソースを加える。
⑩ サンドイッチを盛り付ける。調理台の上に切った面を上にしてロールパンを置き、ほぐした豚肉を均等に取り分ける。その上にコールスローを乗せ、使う場合にはセロリの葉を振りかける。ロールパンの上半分でふたをして、すぐに食卓に出す。

[プロから一言]
このレシピでは、真空調理の後ではなく前に肉を焼きつけて風味を高めているため、水槽から出してすぐにほぐすことができます。これは、肉を長時間調理してホロホロに柔らかくする他のレシピにも応用できる便利なテクニックです。

[作り置きのヒント]
調理済みの豚肩肉は袋のまま氷水（20ページ参照）で30分冷やしてから、冷蔵庫に入れて1週間まで保存できます。また、切り分けて下味をつけてから袋に戻して保存することもできます。いずれの場合も、60℃（140°F）の水槽で30分再加熱してください。ヴィネガーソースはあらかじめ作っておいて冷蔵庫で2週間まで保存でき、コールスローは前の日に作って冷蔵庫で保存しておけます。

プエルトリコのパーニル

PUERTO RICAN PERNIL

パーニルとはじっくりとローストした豚肩肉のことで、プエルトリコでは休日のお昼の集まりに欠かせない料理です。ちょっと高級なクリスマス・ハムのようなものだと思ってください。これを米飯、豆、揚げた料理用バナナと一緒に食卓に出すのがプエルトリコの正式なおもてなしです。伝統的には地面に掘ったかまどの中で何時間も蒸し焼きにして作るのですが、私のバージョンは土のかまどを持っていない人でも文句なしのおいしさに作れます。触ると崩れてしまいそうなほど、とても柔らかくジューシーな肉になるのです。

ひとつだけ足りないものがあるとすれば、それはクエリート（別名チチャロン）と呼ばれるパリパリに焼けた豚の皮です。豚肩肉を低温調理しても、じっくりとローストした時のようにパリパリの皮は作り出せないからです。しかし、それでも文句を言う人はあまりいないでしょう。この料理には、目が覚めるほどおいしいカリカリの脂の層が乗っているからです。理想的なカリカリ感を実現するためには、かなりの厚さの脂身が豚肩肉に必要です。ここではピリッとしたソフリートのシーズニングでパンチのある風味を生み出していますが、カップ½の市販品で置き換えても大丈夫です。市販品のソフリートはたいていのラテンアメリカ食材店で手に入ります（あるいは283ページの「入手先」を参照してください）。

でき上がり分量：主菜として8〜12人分　｜　**低温調理の時間**：36時間（48時間まで）
実際の調理時間：55分、プラス休ませる時間20分

[材料]

- 豚肩肉（皮なし、骨なし）
  …5〜6ポンド［2.3〜2.7kg］、かたまり肉、できれば½〜1インチ［1.3〜2.5cm］の脂身がついているもの
- コーシャソルト…大さじ1
- ブラウンシュガー…大さじ1

ソフリート

- エクストラバージンオリーブオイル
  …大さじ2
- ニンニク
  …6かけ、みじん切りにする
- シャロット
  …2個、みじん切りにする
- コーシャソルト…ひとつまみ

- 刻んだ生の香菜…大さじ3
- 刻んだ生のオレガノ…大さじ1、または乾燥オレガノ…小さじ1
- クミンパウダー…小さじ1
- 挽きたての黒コショウ…小さじ1
- 赤ワインヴィネガー…大さじ1

- 水…カップ½
- 刻んだ生の香菜
  …大さじ2（飾り用）
- くし形に切ったライム
  …8〜12個（飾り用）

[手順]

① この料理は作るのに36時間かかるので、それを見越して計画しておくこと。食卓に出す2日前の晩、袋に入れた豚肩肉を水槽に入れ、当日の朝、水槽から取り出して仕上げればよい。

② 低温調理の水槽を60℃（140°F）に予熱する。

③ 豚肉に塩とブラウンシュガーをまぶしてまんべんなくすり込み、下味をつける。豚肩肉を1ガロン［4リットル］サイズのフリーザーバッグに入れ、水圧法（18ページ参照）で空気を追い出しながらジッパーを閉じる。

プエルトリコのパーニル、続き

④ 水温が目標温度に達したら、豚肉の入った袋を水槽に沈め（袋が水面から出ないようにすること）、36時間調理する。数時間おきに水槽をチェックして、袋が水面から出ていないことを確かめてほしい。また蒸発を抑えるため、ラップかアルミホイルで水面を覆うことをおすすめする（説明は14ページを参照）。

⑤ 豚肉が調理できたら、袋を水槽から出して10分休ませる。

⑥ 豚肉を休ませている間に、ソフリートを作る。小さなソースパンに油を入れ、中火に掛けて熱する。ニンニク、シャロット、塩を加え、かき混ぜながら、しんなりとして透き通るまで色づかないように3〜5分炒める。火からおろし、香菜、オレガノ、クミン、コショウ、酢を混ぜ入れて置いておく。

⑦ オーブンを425°F［220℃］に予熱する。

⑧ 豚肩肉を、脂身を上にしてローストパン*に移す。袋の中の液体は計量カップまたはボウルに注ぎ出し、後で使うので取っておく（お好みで、レードルか大きなスプーンを使って、表面の脂を取り除く）。よく切れる包丁を使って、脂身に網目状に切れ目を入れる。一方向に¼インチ［6mm］間隔で平行に切り込みを入れたら、豚肉を90度回転させて再び平行に切り込みを入れる。脂身を通り越して肉まで切ってしまわないように注意すること。

⑦ ソフリートを肉の上に注ぐかスプーンで振りかけてから、手で表面全体にまぶす。隙間や、特に脂身に入れた刻み目にもすり込むこと。水と取っておいた袋の中の液体をローストパンの底に注ぐ。

⑧ 豚肉に均一な焼き色がつき、上の脂身がカリカリになるまで、30〜40分ローストする（必要に応じてローストパンに水を足し、焦げないようにする）。焼き始めて10分たったらチェックして、ソフリートのニンニクに焼き色がつくのが速すぎるようなら温度を400°F［200℃］に下げる。

⑨ ローストパンをオーブンから出し、豚肉をまな板に移して、少なくとも10分休ませてから豚肉をスライスする。木のスプーンからへらを使ってローストパンにこびりついた茶色い焦げをこそぎ取り（はがれやすくするために必要に応じて水少々を加える）、たまった肉汁を計量カップに注ぎ入れる。レードルか大きなスプーンを使って、表面の脂を取り除いてから、お好みで目の細かいざるを通して肉汁を濾す。

⑩ 豚肉を、繊維を断つように厚さ¼〜½インチ［6mm〜1.3cm］にスライスする。大皿にスライスを並べ、肉汁を上から掛ける。香菜の葉を振りかけ、くし形に切ったライムを添えて食卓に出す。

［作り置きのヒント］

調理済みの豚肉は袋のまま氷水（20ページ参照）で40分冷やしてから、冷蔵庫に入れて1週間まで保存できます。仕上げに、60℃（140°F）の水槽で30分再加熱してからオーブンでローストしてください。あるいは、豚肉を冷蔵庫から出してすぐ400°F［200℃］のオーブンに入れ（焼き色がつくのが速すぎるようなら温度を375°F［190℃］に下げる）、1時間半〜2時間ローストしてください。ソフリートはあらかじめ作っておいて冷蔵庫で1週間まで保存できます。

* 訳注：ワイヤーラック付きの深い天板で、ローストしている間に出てきた脂や肉汁がワイヤーラックから下の天板に落ちるようになっている。

ポークチョップと夏野菜のサコタッシュ

PORK CHOPS WITH SUMMER SUCCOTASH

　　　　　パサついたポークチョップしか食べたことのない人にとっては、ジューシーで柔らかく、風味たっぷりの低温調理ポークチョップが天の啓示のように感じられることでしょう。私は伝統品種（バークシャー種など）の豚肉の味やサシのほうが、なるべく脂肪が少なくなるように育てられた普通の大量生産された豚肉よりも好きですが、どちらも低温調理でおいしく調理できます。脂身はこのレシピの重要な要素です。溶けだした脂を使って野菜を炒めるので、たっぷり脂身のついたポークチョップを手に入れてください。

　　このレシピは、低温調理が時間の節約にもなるという、よい例です。豚肉を調理している間に野菜を切ってしまえば、料理が効率的に作れます。また夏の農産物をおいしく食べる方法でもありますが、ポークチョップは一年中おいしいので、秋冬にはトウモロコシとサヤインゲンとシシトウの代わりに芽キャベツやサツマイモなど、その時の旬の野菜を使ってください。溶けだした豚の脂で1種類ずつ炒める手順は同じです。

でき上がり分量：主菜として4〜6人分　|　**低温調理の時間**：1時間（5時間まで）　|　**実際の調理時間**：40分

[材料]
- 骨付きポークチョップ（厚さ1インチ[2.5cm]）…4枚（約3ポンド[1.5kg]）、½インチ[1.3cm]の脂身がついているもの
- クミンパウダー…小さじ1
- 燻製パプリカまたは通常のパプリカパウダー…小さじ¾
- コーシャソルト…小さじ1
- 挽きたての黒コショウ…小さじ½
- キャノーラ油などのマイルドな植物油…大さじ1プラス小さじ1

夏野菜のサコタッシュ
- トウモロコシの粒…大1本分（約カップ1）
- コーシャソルト
- ½インチ[1.3cm]に刻んだ夏のサヤインゲン（モロッコインゲンやワックスビーンズ* など）…カップ1
- ホールのパドロンペッパー** またはシシトウ…カップ1、あるいはポブラノまたはキューバネッレ*** チリを½インチ[1.3cm]に刻んだもの…カップ1
- 赤ピーマン…1個、種を取り¼インチ[6mm]角に切る
- 赤タマネギ…小1個、¼インチ[6mm]角に切る
- ニンニク…2かけ、みじん切りにする
- ライムの搾り汁…½個分（約大さじ1）
- 生のバジル、香菜、イタリアンパセリ、あるいはその組み合わせ…大さじ2、せん切りにする
- 挽きたての黒コショウ

* 訳注：さやが黄色いインゲンマメ。
** 訳注：シシトウに似た、あまり辛くない唐辛子。以下、単に「シシトウ」とした。
*** 訳注：万願寺唐辛子に似た、あまり辛くない唐辛子。

ポークチョップと夏のサコタッシュ、続き

[手順]

① 低温調理の水槽を58℃（136.4°F）に予熱する。

② ポークチョップを重ならないように並べて1ガロン［4リットル］サイズのフリーザーバッグに入れ（ポークチョップのサイズにもよるが、袋を2枚使う必要があるかもしれない）、水圧法（18ページ参照）で空気を追い出しながらジッパーを閉じる。

③ 水温が目標温度に達したら、ポークチョップの入った袋を水槽に沈め（袋が水面から出ないようにすること）、1時間調理する。

④ ポークチョップが調理できたら、袋を水槽から出す。大皿かトレイにペーパータオルを敷いた上にポークチョップを移し、袋の中の液体は捨てる。ペーパータオルで水気をしっかりふき取り、両面にクミン、パプリカ、塩、黒コショウで下味をつける。均一に焼き色がつくように、ポークチョップの両面に小さじ1の油をまぶしておく。

⑤ オーブンを175°F［80℃］に予熱する。大きな鋳鉄製のスキレットに残りの油大さじ1を入れて強めの中火に掛け、油がゆらゆらとしてくるまで熱する。ポークチョップをトングでつかみ、脂身を下にして鍋に入れ、ポークチョップをまとめて横からつかんで脂身を鍋に押し付けて溶かし、2～3分かけてカリカリにする。油を溶かし終わったら、ポークチョップを鍋に並べ、途中で1回ひっくり返しながら、片面につき1分ほど（肉についたスパイスのためすぐに色づく）焼き色を付ける。（鍋の大きさにもよるが、ポークチョップを2回に分けて調理する必要があるかもしれない。）

⑥ ポークチョップを耐熱皿または天板に移し、食卓に出すまでオーブンに入れて温めておく。スキレットには溶けだした豚の脂がたまっている。脂を小さじ1だけ残して耐熱ボウルに注ぎ入れ、野菜を調理するために取っておく。野菜1種類につき小さじ1よりも少ない脂しかなければ（少なくとも全部で大さじ2は必要）、その分だけオリーブオイルを足す。

⑦ トウモロコシとコーシャソルトひとつまみをスキレットに加えて強めの中火に掛け、時々かき混ぜながら、トウモロコシの粒が膨らんで焦げるまで2分ほど調理する。トウモロコシをボウルへ移す。残りのサコタッシュの野菜（サヤインゲン、シシトウ、ピーマン、タマネギ）についても1種類ずつ、取っておいた脂（またはオリーブオイル）を小さじ1と塩ひとつまみを鍋に足しながら、同じ手順を繰り返す。調理し終わった野菜はトウモロコシと同じボウルへ移す。

⑧ 野菜を全部炒め終わったら、脂を小さじ1鍋に加え、ニンニクを加えて強めの中火に掛け、香りが立つまで30秒ほどソテーする。取っておいた調理済みのサコタッシュ野菜を混ぜ入れ、温まるまで1分ほど加熱する。鍋を火からおろして野菜をボウルに戻す。ライム汁とバジルを混ぜ入れ、塩コショウで味を調える。

⑨ 盛り付け。サコタッシュを銘々皿に取り分け、その上にポークチョップを乗せる。4人以上の場合には、ポークチョップをまな板に移し、肉を骨から外して、繊維に対して少し斜めに肉をスライスし、取り分けてサコタッシュの上に並べる。

――――

[作り置きのヒント]

調理済みのポークチョップは袋のまま氷水（20ページ参照）で15分冷やしてから、冷蔵庫に入れて4日まで保存できます。58℃（136.4°F）の水槽で30分再加熱してから焼き色を付け、サコタッシュを作ってください。

150　豚肉、牛肉など | MEATS

豚ヒレ肉のコーヒースパイス風味、ワイルドライスと赤キャベツのコールスロー添え

COFFEE-SPICED PORK TENDERLOIN WITH WILD RICE AND RED CABBAGE SLAW

　　豚ヒレ肉は最も脂身が少なく、また最も繊細な味の豚肉の部位です。そのため通常の調理法では火が通りすぎてしまいがちなのですが、低温調理なら理想的に調理できます。ゆっくりと熱を加えることによって、間違いなくジューシーな仕上がりとなるからです。ここでは、ヒレ肉のマイルドな風味をさらに引き立てるために、コーヒーをベースにしたスパイスブレンドを使い、さらに甘く滋味深いワイルドライスと赤キャベツのコールスローを添えて、満足感のある風味豊かな食事に仕上げました。タンパク質が豊富で脂肪は控えめなのは、言うまでもありません。

　　この料理のヒレ肉はミディアムレアに調理されています。つまり内部がピンク色になっているのですが、私はこの状態の豚ヒレ肉が一番おいしいと思っています。このような豚肉は食べても完璧に安全ですが、ピンク色の肉に抵抗を感じられる方は、水槽の温度を60℃（140°F）に上げてもたいへんジューシーに仕上がります。

でき上がり分量：主菜として4人分　｜　**低温調理の時間**：1時間（5時間まで）
実際の調理時間：25分、プラス5分の休ませる時間

［材料］

豚肉
- コーシャソルト…小さじ1
- 挽きたての黒コショウ…小さじ½
- ライトブラウンシュガー…小さじ1
- コーヒーの粉（できれば挽きたてのもの）…小さじ1
- クミンパウダー…小さじ½
- シナモンパウダー…小さじ½
- パプリカパウダー…小さじ½
- カイエンヌペッパー…小さじ¼
- 豚ヒレ肉（直径2インチ[5cm]以下）…1枚（1ポンド[500g]）
- キャノーラ油などのマイルドな植物油…大さじ1

付け合わせ
- 生のワイルドライス…カップ½
- レモンの搾り汁…大さじ2
- 粗挽きのキャラウェイまたはディルシード…小さじ½（オプション）
- シャロット…1個、薄切りにする
- 刻んだドライチェリーまたはクランベリー…カップ¼
- せん切りにした赤キャベツ…カップ2（スライサーかよく切れる包丁で、おおよそ小½玉）
- 粗く刻んだ生のイタリアンパセリまたはディル、あるいはその組み合わせ…カップ¼
- エクストラバージンオリーブオイル…大さじ3
- 塩と挽きたての黒コショウ
- フレーク状の海塩（モールドンやフルール・ド・セルなど）と、挽きたての黒コショウ

［手順］
① 低温調理の水槽を57℃（134.6°F）に予熱する。
② 豚肉に下味をつける。コーシャソルト、黒コショウ、ブラウンシュガー、コーヒー、クミン、シナモン、パプリカ、カイエンヌペッパーを小さなボウルに入れてよく混ぜる。このスパイスミックスを豚肉にまぶしてまんべんなくすり込んでから、キャノーラ油で均一にコーティングする。
③ 豚肉を1ガロン[4リットル]サイズのフリーザーバッグに入れ、水圧法（18ページ参照）で空気を追い出しながらジッパーを閉じる。

豚ヒレ肉のコーヒースパイス風味、ワイルドライスと赤キャベツのコールスロー添え、続き

⑤ 水温が目標温度に達したら、豚肉の入った袋を水槽に沈め（袋が水面から出ないようにすること）、1時間調理する。

⑥ 豚肉を調理している間に、ワイルドライスをパッケージの指示に従って炊き、付け合わせを作るときまで冷ましておく。

⑦ 豚肉が調理できたら、袋を水槽から出して大皿かトレイに移し、袋の中の液体は捨てる。ヒレ肉の水気をペーパータオルで拭きとり、置いておく。

⑧ 付け合わせを作る。レモン汁、キャラウェイ、シャロット、チェリー、キャベツを大きなボウルに入れ、よくかき混ぜてから5分休ませておく。炊き上がったワイルドライス、パセリ、オリーブオイルを混ぜ入れ、塩コショウで味を調えて置いておく。

⑨ 鋳鉄製のスキレットを強めの中火に掛けて熱する。豚肉を入れ、下の面に濃い焼き色がつくまで1分ほど焼きつける。豚肉を回して別の面を1分焼きつける。表面全体に焼き色がつくまで、合計4〜5分かけてこの作業を繰り返す。

⑩ 豚肉をまな板の上に移し、2〜3分休ませてから切り分ける。繊維を断つように、厚さ1/4インチ［6mm］にスライスする。

⑪ 盛り付け。大皿にコールスローを敷き、その上に豚肉のスライスを乗せる。海塩と黒コショウを振りかける。

［プロから一言］

このレシピでは豚ヒレ肉を使っています。これは、大きな腰の筋肉に沿って走っている小さな筋肉です。食料品店の中には、骨なしのロース肉にヒレ肉という不適切なラベルを付けて売っているところもありますが、これら2つはまったく違うものです。ヒレ肉は大きいものでも1½ポンド［675g］未満で直径は2インチ［5cm］以下なので、悪い食料品店のごまかしに引っかからないようにしてください。

［作り置きのヒント］

豚ヒレ肉を冷蔵して再加熱するつもりなら、袋から出した後に肉に塩をすることをおすすめします（124ページの説明を見てください）。調理済みのヒレ肉は、袋のまま氷水（20ページ参照）で10分冷やしてから、冷蔵庫に入れて1週間まで保存できます。55℃（131°F）の水槽で20分再加熱してから、次の手順に進んでください。付け合わせはあらかじめ作っておき、冷蔵庫で2日まで保存できます。

完璧な低温調理ステーキ
THE PERFECT SOUS VIDE STEAK

　私はステーキを、低温調理の典型例だと考えています。火の入りぐあいが何よりも大事なステーキ肉を、何度でも正確に調理できるからです。それだけコントロールできるということは、いつでも<u>私</u>の好みどおりのステーキが作れるというだけでなく、いつでも<u>あなた</u>の好みどおりのステーキが作れるということでもあるのです。私は、リブロース芯などの柔らかいステーキ肉（サーロイン、ランプ、ヒレ、ポーターハウスなど）をミディアムレアに調理する際の最適な温度は55℃（131°F）だと思っています。とはいうものの、ぜひさまざまな温度で実験して、あなたの好きな味を見つけてください。温度をほんの数度上下させるだけで、劇的な違いが生じることがわかるでしょう。もっと火の入った肉がお好みなら、ミディアムの場合は60℃（140°F）で、ミディアムウェルなら65℃（149°F）で調理してみてください。その場合でも、普通に調理したステーキよりもはるかにジューシーな仕上がりが得られるはずです。

でき上がり分量：主菜として4人分　｜　**低温調理の時間**：1時間（5時間まで）
実際の調理時間：10分、プラス12分の休ませる時間

［材料］
- 骨なしリブロース芯ステーキ肉（厚さ1インチ［2.5cm］）…2枚（それぞれ約1ポンド［450g］）、できれば脂身つきのもの
- 塩と挽きたての黒コショウ
- キャノーラ油などのマイルドな植物油…大さじ1
- 食塩不使用バター…大さじ2
- タイム…4～6枝
- ニンニク…1かけ、軽くつぶす

［手順］
① 低温調理の水槽を55℃（131°F）に予熱する。
② ステーキに塩コショウで下味をつけてから1ガロン［4リットル］サイズのフリーザーバッグに入れ、水圧法（18ページ参照）で空気を追い出しながらジッパーを閉じる。
③ 水温が目標温度に達したら、ステーキの入った袋を水槽に沈め（袋が水面から出ないようにすること）、1時間調理する。
④ 調理が終わったら、袋を水槽から出して10分休ませる。袋からステーキを取り出して大皿かトレイに移し、ペーパータオルで水気をしっかりふき取る。
⑤ 大きくて重いソテーパンか鋳鉄製のスキレットを強めの中火に掛けて熱する。鍋が熱くなったら、油を入れて鍋を回し、鍋底に油を行き渡らせる。油がゆらゆらとして煙が出始めるまで、30～60秒熱する。肉を鍋に入れ、下の面に焼き色がつくまで30～60秒焼きつける。トングを使ってステーキをひっくり返し、反対の面をさらに30～60秒焼きつける。ステーキに脂身がついている場合には、トングで2枚のステーキを横からつかみ、立てて脂身を鍋に押し付け、1～2分かけてカリッとした焼き色がつくまで脂身を溶かしだす。

豚ヒレ肉のコーヒースパイス風味、ワイルドライスと赤キャベツのコールスロー添え、続き

⑥ ステーキの両面に焼き色がつき、脂身がカリッと焼けたら、鍋の空いているところにバター、タイム、ニンニクを（この順番で）加える。バターはすぐにジュッと言って茶色くなり、タイムは割れてはじけるはずだ。バターが完全に茶色くなってジュージュー言わなくなったら（つまり水分がすべて飛んでから）、バターを掛け焼きする。鍋を傾けてバターを片側にためておいてから、金属製のスプーンを使って茶色くなったバターをすくい、肉の上にまんべんなく振りかける。そうしながら、先ほどと同じ要領で肉をひっくり返して再び両面を焼き、片面につき30秒ほどかけて表面全体に深いマホガニー色の焼き色をつける。バーナーの強さにもよるが、肉を何回かひっくり返す必要があるかもしれない。どちらの面も、1分以上焼き続けないようにすること。そうしないと火が通りすぎてしまう。

⑦ 肉を大皿かトレイに移し、少なくとも2分休ませて、高温で焼きつけた後に肉汁が落ち着いてから切り分ける。そしてこの完璧なステーキを、心行くまで味わってほしい。

［プロから一言］
ステーキを鍋に入れたままバターを掛け焼きするテクニックは、コンロで均一に美しい焼き色をつけたいときにはいつでも使える、優れた方法です。牛ヒレ肉の赤ワインソース（163ページ）でも、同じテクニックを使っています。

———

［作り置きのヒント］
ステーキを冷蔵して再加熱するつもりなら、袋から出した後に肉に塩をすることをおすすめします（124ページの説明を見てください）。調理済みのステーキは、袋のまま氷水（20ページ参照）で20分冷やしてから、冷蔵庫に入れて1週間まで保存できます。55℃（131°F）の水槽で20分再加熱してから、次の焼きつける手順に進んでください。また、ステーキを冷蔵庫から出してすぐソテーパンかスキレットに乗せ、ひっくり返しながらバターを掛け焼きする時間を5分増やして温め直すこともできます。

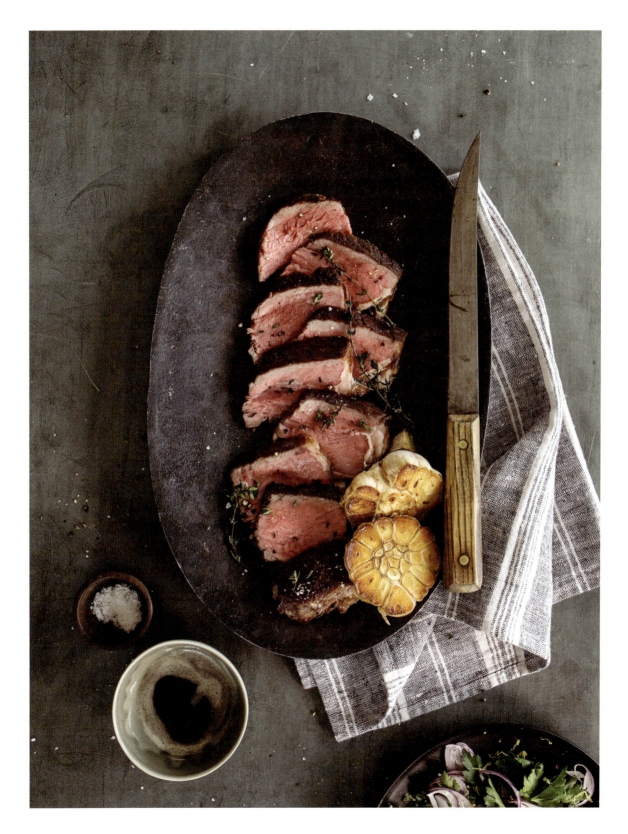

156　豚肉、牛肉など | MEATS

カルネアサーダのチミチュリソース
CARNE ASADA WITH CHIMICHURRI SAUCE

チミチュリソースは、フレッシュハーブとニンニクとチリの入ったさわやかでピリッとスパイシーな緑色のソースで、アルゼンチンのグリル料理には付き物の調味料です。ここではステーキに添えていますが、一度この味を覚えたら、鳥肉や魚、あるいは野菜など、グリルしたものには何にでも掛けたくなることでしょう。

スカートステーキは風味たっぷりで値段もお手頃な肉の部位ですが、熱を通しすぎるとすぐにパサついて硬くなってしまいます。薄く不規則な形状をしているため、高熱で調理する場合には、なかなか思い通りに火が通りません。低い温度を正確に保って1時間低温調理することによって、薄い肉でも端から端までバラ色のミディアムレアに火が入ります。最後にグリルパンでさっと焼けば、風味たっぷりの焦げ目の付いたアサーダのでき上がりです。

でき上がり分量：主菜として4人分　|　**低温調理の時間**：1時間（5時間まで）
実際の調理時間：25分、プラス5分の休ませる時間

[材料]
- スカートステーキ（牛ハラミ）
  …2ポンド[900g]、余分な脂肪と筋を取り除き、斜め方向に6インチ[15cm]幅に切り分ける
- クミンパウダー…小さじ ½
- 塩と挽きたての黒コショウ

チミチュリソース
- ニンニク
  …3かけ、みじん切りにする
- シャロット
  …1個、みじん切りにする
- 中程度の辛さの生のレッドチリ（フレズノやフィンガーなど）
  …1本、種を抜いてみじん切りにする
- コーシャソルト…小さじ ¾
- 赤ワインヴィネガー…カップ ¼
- エクストラバージンオリーブオイル
  …カップ ½
- 刻んだ生のオレガノまたはマジョラム…小さじ 1½、または乾燥オレガノ…小さじ ½
- 刻んだ生の香菜…カップ ¼
- 刻んだ生のイタリアンパセリ
  …カップ ¼
- クミンパウダー…小さじ ½
- 挽きたての黒コショウ
  …小さじ ½
- カイエンヌペッパー
  …ひとつまみ（オプション）

[手順]
① 低温調理の水槽を55℃（131°F）に予熱する。
② ステーキにクミンをまんべんなくまぶしてから、塩コショウで下味をつける。1ガロン[4リットル]サイズのフリーザーバッグにステーキを重ならないように並べ入れ、水圧法（18ページ参照）で空気を追い出しながらジッパーを閉じる。
③ 水温が目標温度に達したら、ステーキの入った袋を水槽に沈め（袋が水面から出ないようにすること）、1時間調理する。

カルネアサーダのチミチュリソース、続き

④ ステーキを調理している間に、チミチュリソースを作る。ニンニク、シャロット、チリ、塩、酢をボウルに入れてよく混ぜてから、10分休ませる。油、オレガノ、香菜、パセリ、クミン、黒コショウ、カイエンヌペッパー（使う場合）を混ぜ入れる。味見して、必要ならば塩で味を調える。
⑤ ステーキが調理できたら袋を水槽から出し、ステーキを皿に移す。袋にたまった液体は捨てる。ペーパータオルでステーキの水気をしっかりふき取る。チミチュリソースを大さじ2振りかけ、手でソースを肉にまぶし、まんべんなくすり込む。
⑥ グリルパンを強めの中火に掛けて予熱する。何回かに分けて、ステーキ肉を鍋に入れ、途中で1回ひっくり返しながら、両面にこんがりと焼き色がつくまで片面につき1分ほど焼きつける。焼き色がついたステーキ肉をまな板に移し、アルミホイルでゆるく覆って、5分休ませる。
⑦ ステーキ肉を繊維に対して斜めに、できるだけ薄く切り分ける。大皿の上に並べ、上からカップ$\frac{1}{4}$のチミチュリソースを振りかける。残ったソースはテーブルに出す。

［プロから一言］
すべての材料を手で刻んで作ったチミチュリソースの風味と食感は最高ですが、時間がなければ全部の材料をフードプロセッサーかミキサーに入れ、粗みじんになるまで刻んでもかまいません。この方法を取る場合、まずニンニクとシャロットとチリをミキサーで粗く刻み、それから酢とオリーブオイルを入れ、残りのハーブ（ホールのハーブの場合はふんわり詰めて倍量を使ってください）とスパイスを加えて、数回断続的に動かして仕上げてください。

———

［作り置きのヒント］
ステーキを調理してから冷蔵するつもりなら、袋から出した後に肉に塩をすることをおすすめします（124ページの説明を見てください）。調理済みのステーキは、袋のまま氷水（20ページ参照）で15分冷やしてから、冷蔵庫に入れて1週間まで保存できます。ステーキを30分かけて常温に戻してから、仕上げに焼きつけてください。チミチュリソースはあらかじめ作っておいて3日まで冷蔵できますが、時間と共に色はあせてしまいます。

8時間スカートステーキと マッシュルームのバルサミコ酢あえ

EIGHT-HOUR SKIRT STEAK WITH BALSAMIC MUSHROOMS

　　　　　　　　157ページのカルネアサーダと同様、このレシピでもスカートステーキを55℃で調理しています。違うのは調理時間です。1時間でもステーキはミディアムレアになりますが、食感は従来のものとあまり変わりません。ところが長時間かけて低温調理すると、錬金術のようなことが起こります。スカートステーキはミディアムレアの状態を保ったまま、コラーゲンがゼラチンに変化し、肉が柔らかくなるのです。このためこの調理法は、フランク、サガリ、友三角（トライティップ）など、風味豊かだが固めのステーキ肉にもぴったりです。このレシピを手際よく作るには、マッシュルームを80℃で調理した後に水槽の温度を55℃に下げてステーキを調理する必要があるでしょう。（ステーキを調理している間、忘れずにマッシュルームは冷蔵庫に入れておいてください。）水槽の温度を下げるには、氷か冷水を加えるのが手っ取り早い方法です。

でき上がり分量：主菜として4人分　｜　**低温調理の時間**：8時間（12時間まで）
実際の調理時間：15分、プラス5分の休ませる時間

[材料]
- スカートステーキ（牛ハラミ）…2ポンド[900g]、余分な脂肪と筋を取り除き、縦方向に6インチ[15cm]幅に切り分ける
- コーシャソルト…小さじ1
- 挽きたての黒コショウ…小さじ½
- しょうゆ…大さじ1
- 食塩不使用バター…大さじ3
- ニンニク…2かけ、みじん切りにする
- シャロット…1個、みじん切りにする
- 万能マッシュルーム（204ページ）、水気を切り、液体は別に取っておく
- バルサミコ酢…大さじ2
- 細かく刻んだ生のローズマリー…小さじ1（飾り用）

[手順]
① 低温調理の水槽を55℃（131°F）に予熱する。
② ステーキに塩コショウでまんべんなく下味をつける。ステーキとしょうゆを1ガロン[4リットル]サイズのフリーザーバッグに重ならないように並べ入れ（少しなら重なっても大丈夫）、水圧法（18ページ参照）で空気を追い出しながらジッパーを閉じる。
③ 水温が目標温度に達したら、ステーキの入った袋を水槽に沈め（袋が水面から出ないようにすること）、8時間調理する。数時間おきに水槽をチェックして、袋が水面から出ていないことを確かめてほしい。また蒸発を抑えるため、ラップかアルミホイルで水面を覆うことをおすすめする（説明は14ページを参照）。
④ 袋を水槽から出し、ステーキを5分休ませる。ステーキ肉を皿に移し、ペーパータオルで水分をしっかりふき取る。袋の中の液体は、あとで使うので取っておく。

8時間スカートステーキとマッシュルームのバルサミコ酢あえ、続き

⑤ 大きなソテーパンかスキレットにバターを入れて強めの中火に掛け、鍋を回しながらバターを溶かし、バターの泡立ちが収まるまで熱する。さらにバターが薄茶色になって香ばしい匂いがしてくるまで、2分ほど加熱し続ける。この焦がしバターにステーキを入れ、途中で一度ひっくり返しながら、両面がこんがりと色づくまで片面につき1分ほど焼きつける。（鍋の大きさにもよるが、ステーキ肉を2回に分けて焼きつける必要があるかもしれない。）バターを鍋に残して、肉を大皿かトレイに移す。ステーキをアルミホイルで覆うか、200°F［90℃］に予熱したオーブンに入れて保温しておく。

⑥ 火を弱めて中火にし、ニンニクとシャロットを焦がしバターに加える。かき混ぜながら、色づき始めるまで1〜2分調理する。水気を切ったマッシュルームを混ぜ入れ、さらに1分調理する。取っておいたマッシュルームの煮汁とステーキの肉汁を、酢と一緒に鍋に加える。煮立ったら、3〜5分かけて半分に煮詰め、火からおろす。

⑦ 盛り付け。ステーキを繊維に対して斜めに、厚さ1/4〜1/2インチ［6mm〜1.3cm］にスライスして大皿に並べる。その上にマッシュルームを乗せ、ローズマリーを振りかける。

［作り置きのヒント］
ステーキを調理してから冷蔵するつもりなら、袋から出した後に肉に塩をすることをおすすめします（124ページの説明を見てください）。調理済みのステーキは、袋のまま氷水（20ページ参照）で15分冷やしてから、冷蔵庫に入れて1週間まで保存できます。ステーキを30分かけて常温に戻してから、仕上げに焼きつける際、2〜3分余分に時間を掛けて、十分に加熱してください。マッシュルームを再加熱する必要はありません。焼きつける前に水気を切るだけで大丈夫です。

牛ヒレ肉の赤ワインソース

BEEF TENDERLOIN WITH RED WINE SAUCE

　　この料理は簡単に作れる上に感動的においしいと来ているので、おもてなしにはぴったりです。牛肉の中でも、ヒレ肉（テンダーロイン）は最高級の部位とみなされています。特に高級フランス料理では、ヒレ肉はその脂肪分の少なさとすばらしい食感、そして繊細な風味により珍重され、どんなぜいたくなソースにも合う理想的なキャンバスとされているのです。ここで採用したクラシックな赤ワインソースは、シンプルではありますが素材の風味を最大限に引き出してくれます。この料理を最高のメインディッシュとするためには、ぜひ完璧なマッシュポテト（201ページ）の上に乗せて食卓に出してください。このソースのおいしさを、一滴残らず味わうためです。マッシュポテトはあらかじめ作っておき、ヒレ肉を調理している間に水槽で保温する（あるいは再加熱する）ことをおすすめします。

でき上がり分量：主菜として4人分　|　**低温調理の時間**：2時間（5時間まで）
実際の調理時間：30分、プラス12分の休ませる時間

［材料］
- 牛ヒレ肉
  …1かたまり（2ポンド［900g］）、できれば芯の部分から切り出したもの

ソース
- 食塩不使用バター…大さじ2
- シャロット
  …1個、みじん切りにする
- ニンニク
  …1かけ、みじん切りにする
- コーシャソルト…ひとつまみ
- 赤ワイン…カップ1
- ポートワイン…カップ 1/4
- 自家製ビーフストック（277ページ）または市販の低塩ビーフブイヨン…カップ2
- 生クリーム…カップ 1/4
- 粗挽き黒コショウ…小さじ1〜2
- 刻んだ生のタイム…小さじ1
- 塩

- キャノーラ油などのマイルドな植物油…大さじ1
- 食塩不使用バター…大さじ1
- タイム…4〜6枝
- ニンニク…1かけ、つぶす

［手順］
① 低温調理の水槽を54℃（129.2°F）に予熱する。
② ヒレ肉を1ガロン［4リットル］サイズのフリーザーバッグに入れ、水圧法（20ページ参照）で空気を追い出しながらジッパーを閉じる。
③ 水温が目標温度に達したら、ヒレ肉の入った袋を水槽に沈め（袋が水面から出ないようにすること）、2時間調理する。
④ 牛肉の調理が終わる10分ほど前にソースを作り始めると、肉を休ませている間に作り終えられる。ソースパンにバターを大さじ1入れ、中火に掛けて溶かす。シャロット、ニンニク、塩を混ぜ入れ、透き通って少ししんなりするまで、かき混ぜながら2〜3分ソテーする。火を強火にして、赤ワイン、ポートワイン、ストックを加える。煮立たせてから、15分ほどかけて3分の1程度に煮詰める。火を弱めて中火にし、生クリームを加え、頻繁にかき混ぜながら、スプーンの背中を覆う程度のとろみがつくまで3〜5分煮る。火を最弱にして、適量のコショウ、タイム、残りのバター大さじ1を入れる。味見して、必要ならば塩で味を調える（市販品のブイヨンを使う場合には、たぶん味を調節する必要はないだろう）。ヒレ肉の準備ができるまで、ふたをしてごく弱火にかけてソースを保温しておく。

8時間スカートステーキとマッシュルームのバルサミコ酢あえ、続き

⑤ヒレ肉が調理できたら、袋を水槽から出して10分休ませる。ヒレ肉を大皿かトレイに移し、ペーパータオルで水気をしっかりふき取ってから、塩で下味をつける。袋の中の液体は、ワインソースに加える。

⑥大きくて重いソテーパンか鋳鉄製のスキレットを強めの中火に掛けて熱する。鍋が熱くなったら、油を入れて鍋を回し、鍋底に油を行き渡らせる。油がゆらゆらとして煙が出始めるまで、30〜60秒熱する。肉を鍋に入れ、下の面に焼き色がつくまで30〜60秒焼きつける。肉を90度回転させ、別の面をさらに30〜60秒焼きつける。これをあと2回繰り返して、肉のすべての面に焼き色をつける。(つまりここでは肉の断面が正方形だとみなして、その4辺すべてに焼き色をつけるように回転させているわけだ。)

⑦肉の最後の面に焼き色がついたら、鍋の空いているところにバター、タイムの枝、ニンニクを(この順番で)加える。バターはすぐにジュッと言って茶色くなり、タイムは割れてはじけるはずだ。バターが完全に茶色くなってジュージュー言わなくなったら(つまり水分がすべて飛んでから)、バターを掛け焼きする。鍋を傾けてバターを片側にためておいてから、金属製のスプーンを使って茶色くなったバターをすくい、肉の上にまんべんなく振りかける。そうしながら、先ほどと同じ要領で肉をひっくり返して再びすべての面を焼き、1つの面につき30秒ほどかけて表面全体に深いマホガニー色の焼き色をつける。バーナーの強さにもよるが、肉を何回かひっくり返す必要があるかもしれない。どの面も、1分以上焼き続けないようにすること。そうしないと火が通りすぎてしまう。

⑧肉を大皿かトレイに移し、少なくとも2分休ませて、高温で焼きつけた後に肉汁が落ち着いてから切り分ける。肉をお好みの厚さにスライスする(1インチ[2.5cm]ほどの厚さに切ると、全員に4オンス[120g]の肉が2切れずつ行き渡る)。肉をマッシュポテトの上に乗せ、赤ワインソースを添えて食卓に出す。

[作り置きのヒント]

調理済みのヒレ肉は袋のまま氷水(20ページ参照)で30分冷やしてから、冷蔵庫に入れて1週間まで保存できます。54℃(129.2°F)の水槽で30分再加熱してから、焼きつけて仕上げてください。赤ワインソースはあらかじめ作っておいて冷蔵庫で1週間まで保存できます。

友三角のステーキチリ

TRI-TIP STEAK CHILI

フットボールの大ファンや、おいしいチリ*に目がない人に、この手間なしレシピはぴったりです。台所から出てリビングルームでパーティーに参加できますから。チリを低温調理するとコンロで煮るより時間はかかりますが、そばについていたりかき混ぜたりする必要がない上に、もっとおいしくなるのです。

スパイスブレンドを段階的に加えて行くのは、チリ料理コンテストで優勝したレシピから拝借したテクニックです。こうすると、一度に加えたときよりも風味が深く、まろやかになります。自分でスパイスブレンドを作るのが面倒なら、チリパウダーミックスを買ってきて使うのもいいでしょう。市販品には塩が入っているものもあるので、ラベルをチェックして味付けを調節してください。肉食系の人なら、この料理はそのまま食べても全然問題ないはずですが、米飯やチーズ入りのグリッツ（粗びきトウモロコシを煮たもの）にかけてもおいしくいただけます。

*訳注：ここでは肉をチリソースで煮込んだ料理のこと。

でき上がり分量：主菜として4〜6人分　|　**低温調理の時間**：8時間（12時間まで）　|　**実際の調理時間**：30分

［材料］

スパイスブレンド

- クミンパウダー…大さじ1
- 燻製パプリカパウダー…大さじ1
- 挽きたての黒コショウ…小さじ1½
- カイエンヌペッパー…小さじ½
- 乾燥オレガノ…小さじ½
- 粉末マスタード…小さじ½

- 友三角（トライティップ）または骨なしサーロインステーキ肉…2ポンド［900g］、1インチ［2.5cm］の角切りにする
- コーシャソルト…小さじ2、プラス必要なだけ
- キャノーラ油などのマイルドな植物油…大さじ2
- 食塩不使用バター…大さじ1
- 赤タマネギ…1個、¼インチ［6mm］角のさいの目に切る
- ハラペーニョチリ…2本、刻んで種を取る（お好みで）
- ニンニク…3かけ、みじん切りにする
- ピルスナーなどの淡色ラガー…カップ1
- 缶入りのカットトマト…カップ1½（14オンス［400g］缶なら約1缶）
- ウスターソース…大さじ2
- 糖蜜…大さじ1

付け合わせ

- 細切りにしたモントレージャックまたはチェダーチーズ…カップ½（オプション）
- 粗く刻んだ生の香菜…大さじ2（オプション）
- ネギ…2本、白い部分と青い部分を薄切りにする（オプション）
- サワークリーム…カップ¼（オプション）

友三角のステーキチリ、続き

[手順]
① 低温調理の水槽を57℃（134.6°F）に予熱する。
② スパイスブレンドの材料を、すべて小さなボウルに入れてよく混ぜておく。大きなボウルにステーキ肉と塩小さじ2、スパイスブレンド大さじ1を入れ、かき混ぜて肉にまんべんなくコーティングする。
③ 大きな鋳鉄製のスキレットまたはソテーパンに油を入れて強めの中火に掛け、油がゆらゆらとしてくるまで熱する。うまく焼き色がつくように、少なくとも½インチ［1.3cm］の間隔を開けて重ならないようにステーキ肉を入れる。（鍋の大きさにもよるが、2～3回に分けて肉に焼き色をつける必要があるかもしれない。）下の面にこんがりと焼き色がつくまで、1～2分焼きつける。トングを使って肉を返し、さらに1～2分かけて反対側にも焼き色をつける（スパイスのため、肉にはすぐに焼き色がつくはずだ）。焼き色の付いた肉は大皿かトレイに移し、油は鍋に残しておく。
④ 火を弱めて中火にする。バター、タマネギ、チリ、ニンニクを鍋に加える。しんなりさせるために塩少々を加え、完全に柔らかくなってきつね色になるまで、かき混ぜながら10分ほど炒める。さらに大さじ1のスパイスブレンドを混ぜ入れ、かき混ぜながら香りが立ってくるまで30秒ほど炒める。ビールを注ぎ入れ、木のスプーンかへらで鍋底から茶色い焦げをこそげ取る。ビールを沸騰させ、2～3分かけて半分に煮詰める。トマト、ウスターソース、糖蜜、残ったスパイスブレンドを混ぜ入れて火からおろす。味見して、必要ならば塩で味を調える。
⑤ 穴あきスプーンを使って、焼き色の付いたステーキを1ガロン［4リットル］サイズのフリーザーバッグに入れ、レードルでソースを注ぎ入れる。水圧法（18ページ参照）で空気を追い出しながらジッパーを閉じる。
⑥ 水温が目標温度に達したら、ステーキの入った袋を水槽に沈め（袋が水面から出ないようにすること）、8時間調理する。数時間おきに水槽をチェックして、袋が水面から出ていないことを確かめてほしい。また蒸発を抑えるため、ラップかアルミホイルで水面を覆うことをおすすめする（説明は14ページを参照）。
⑥ 袋を水槽から出し、温めておいた盛り鉢に袋の中身を移す。付け合わせがあれば添えて、食卓に出す。さあ、ゲームの始まりです！

―――

[作り置きのヒント]
調理済みのチリは袋のまま氷水（20ページ参照）で30分冷やしてから、冷蔵庫に入れて1週間まで保存できます。55℃（131°F）の水槽で30分再加熱してから、付け合わせとともに食卓に出してください。

骨付きラム肉の香草パン粉焼き
HERB-CRUSTED RACK OF LAMB

骨付きラム肉のローストは、感動的なメインディッシュになります。ゴージャスなのですが、非常に手間がかかるのも確かです。骨のせいで火が均等に入りづらく、サイズが小さいためすぐに調理し過ぎてしまいます。こんな高価な肉の部位には、リスクの高いギャンブルだといえるでしょう。そこで私はお金を無駄にしないため、失敗知らずの低温調理法を採用しました。ハーブ入りのカリカリのパン粉をまとったこの小さなラム肉は、あなたの次回のディナーパーティーの主役になってくれるだけでなく、とても簡単に作れます。たとえ何時間か目を離していたとしても、（この章の他のレシピと同じように）肉はジューシーで全体が均一にピンク色の状態を保つので、おもてなしにはぴったりの、手間いらずのレシピです。ピリ辛クラッシュポテト（198ページ）かミックス野菜のローストを添えて、食卓に出してください。きっと記憶に残る食事になるでしょう。

でき上がり分量：主菜として6〜8人分　｜　**低温調理の時間**：2時間（5時間まで）
実際の調理時間：20分、プラス10分の休ませる時間

[材料]
- 骨付きラム肉…2かたまり（それぞれ6〜8本の骨がついているもの、全部で2½〜3ポンド[1.1〜1.3kg]）、筋と余分な脂肪を取り除き、骨の肉をそぐ（通常はその状態で売られている）
- エクストラバージンオリーブオイル…大さじ3
- ニンニク…1〜2かけ、みじん切りにする
- パン粉…カップ1
- 刻んだ生のローズマリーまたはタイム…大さじ1
- 刻んだ生のイタリアンパセリ…カップ¼、プラス大さじ1（飾り用）
- 塩と挽きたての黒コショウ
- ディジョンマスタード…大さじ2
- フレーク状の海塩（モールドンやフルール・ド・セルなど）

[手順]
① 低温調理の水槽を55℃（131°F）に予熱する。
② 骨付きラム肉をそれぞれ1ガロン[4リットル]サイズのフリーザーバッグに入れ、水圧法（18ページ参照）で空気を追い出しながらジッパーを閉じる。
③ 水温が目標温度に達したら、ラム肉の入った袋を水槽に沈め（袋が水面から出ないようにすること）、2時間調理する。
④ ラム肉を調理している間に、香草パン粉を準備する。ソテーパンに油とニンニクを入れて弱めの中火に掛け、ニンニクから泡が出るが色づかない程度に、1分ほど加熱する。パン粉を入れてかき混ぜ、油をしみこませる。かき混ぜながら、パン粉が色づき始めるまで2〜3分炒める。鍋を火からおろしてローズマリー、カップ¼のパセリ、塩ひとつまみを混ぜ入れる。大皿かトレイに移して平らに広げ、常温に冷ます。
⑤ オーブンを450°F［230℃］に予熱する。またはグリルを予熱する。
⑥ 袋を水槽から出し、ラム肉を5分休ませる。ラム肉を大皿かトレイに移し、ペーパータオルで水気をしっかりふき取ってから、塩コショウで下味をつける。袋の中の液体は捨てる。
⑦ ブラシか指を使って、マスタードを肉の上側に塗り広げる。マスタードを塗った側を下にして、ラム肉を皿に入ったパン粉に押し付け、十分に圧力をかけてパン粉をしっかりくっつける。パン粉の一部は皿に残るはずだ。パン粉の付いた側を上にして、ラム肉をローストパンまたは天板に移す。皿に残ったパン粉をラム肉に振りかけ、しっかりと押し付けて厚く均一に衣を付ける（パン粉が少し落ちてしまっても大丈夫）。
⑧ ラム肉をオーブンかグリルに入れ、衣がこんがりと色づくまで5〜10分焼く（グリルの火力の強さによっては、この時間はもっと大幅に変わるかもしれない）。パン粉はすぐに焦げてしまうので、目を離さないこと。
⑨ ラム肉をまな板か大皿に移し、5分休ませる。残った大さじ1のパセリと海塩を、衣の上から振りかける。
⑩ 盛り付け。ラム肉を骨の間で切り分けて、1人あたり2〜3枚ずつ行き渡るようにする。

[作り置きのヒント]
⇒ 172ページ参照

スタウト照り焼きショートリブ
STOUT-GLAZED SHORT RIBS

　　ショートリブは、まさに低温調理のためにあるような肉の部位です。低温で長時間調理することによって、じっくりとコラーゲンが溶けてゼラチンに変化する上に、完璧にバラ色のミディアムレアの状態を保てるからです。これは、現代の料理学が示しうる見事なお手本だと言えるでしょう。硬いけれども風味豊かな肉の部位を、うっとりするほどおいしくジューシーに変化させるという、現代の技術をもってしても難しいことを成し遂げてしまうのですから。

　　このすばらしいリブには、同じようにすばらしいソースが必要です。ですから私はアイルランドの友人から、スタウトを使った照り焼きソースを伝授してもらいました。この料理に使うビールは、ギネスのような辛口のアイルランドのスタウトで決まりでしょう。リッチでダークな焦がし麦芽の風味を持つ一方で、ホップやアルコールや糖分の含有量が少ないからです。残りの材料については、あえて異なる文化のものを選びました。海鮮醬はあまりにエキゾチックに（そしてステーキソースはあからさまな冒瀆と）思えるかもしれませんが、風味に快い奥行きを加え、ソースにちょうどよいとろみをつけてくれます。このレシピはそれなしでも成り立つでしょうが、特別な何かを付け加えてくれることは間違いありません。アイルランドのテーマに沿って、このリブには完璧なマッシュポテト（201ページ）を添えて食卓に出すことをおすすめします。

でき上がり分量：主菜として4人分　｜　**低温調理の時間**：48時間（72時間まで）
実際の調理時間：20分、プラス10分の休ませる時間

[材料]
- 骨なしショートリブ
  …2ポンド［900g］、4等分にして筋と余分な脂肪を取り除く
- 塩と挽きたての黒コショウ
- 食塩不使用バター…大さじ2
- ニンニク…3かけ、軽くつぶす
- ギネスなどの辛口のスタウト
  …カップ1
- ベイリーフ…1枚
- 自家製ビーフストック（277ページ）または市販の低塩ビーフブイヨン
  …カップ1½
- 海鮮醬あるいは市販のバーベキューソースかステーキソース
  …大さじ2（オプション）
- ダークブラウンシュガー…大さじ1
- 刻んだ生のイタリアンパセリ
  …大さじ1

[手順]
① 低温調理の水槽を57℃（134.6°F）に予熱する。
② ショートリブを1ガロン［4リットル］サイズのフリーザーバッグに入れ、水圧法（18ページ参照）で空気を追い出しながらジッパーを閉じる。
③ 水温が目標温度に達したら、ショートリブの入った袋を水槽に沈め（袋が水面から出ないようにすること）、48時間調理する。数時間おきに水槽をチェックして、袋が水面から出ていないことを確かめてほしい。また蒸発を抑えるため、ラップかアルミホイルで水面を覆うことをおすすめする（説明は14ページを参照）。
④ 調理が終わったら、袋を水槽から出して10分休ませる。肉を大皿かトレイに移し、袋の中の液体は照り焼きソースに使うため取っておく。ペーパータオルで肉の水気をしっかりふき取って、塩コショウで下味をつける。

スタウト照り焼きショートリブ、続き

⑤ 大きくて重いソテーパンか鋳鉄製のスキレットを強めの中火に掛けて熱する。鍋が熱くなったら、バター大さじ1を加える。バターはすぐにジュッと言って茶色くなるはずだ。脂身の付いた面を下にして、ショートリブを静かに鍋に入れ、下の面がこんがりと色づくまで、1分ほど焼きつける。トングを使って肉をひっくり返し、さらに1分焼きつけてから、肉を大皿かトレイに移す。

⑥ 鍋に残った脂を大さじ1だけ残して捨て、中火に掛ける。ニンニクを加え、かき混ぜながら両面が薄く色づくまで、2分ほど炒める。スタウトを注ぎ入れ（すぐに泡立って沸騰するはずだ）、ベイリーフを加え、木のスプーンかへらで鍋底から茶色い焦げをこそげ取る。取っておいた袋の中の液体、ストック、海鮮醬（使う場合）、そしてブラウンシュガーを混ぜ入れて、ぐつぐつと沸騰させる（煮立つまでに1〜2分以上かかるようなら、強めの中火に火を強めてもよい）。とろみがついてシロップ状になり、元の体積の4分の1くらいになるまで、15分ほど煮詰める。（目標とするのはメープルシロップと糖蜜の間くらい、つまり流動性はあるがとても粘り気のある状態だ。）

⑦ 火を弱火にし、残った大さじ1のバターを混ぜ入れてよく溶かす。ソースはつやつやとして、リッチな甘味と塩味がするはずだ。必要ならば塩を加え、塩味が強すぎるようであれば水かストックを加えて薄める。ベイリーフとニンニクを取り除いて捨てる。ショートリブを鍋に戻し入れ、完全にコーティングされるまで1分ほどスプーンでソースを掛けながら照りを付ける。ソースはほんの少し煮詰まって肉にくっつき、表面につやが出てくるはずだ。

⑧ 盛り付け。リブを大皿に移してパセリを振る。ギネスビールとともに食卓に出し、アイルランドのために乾杯しよう。

[プロから一言]
このレシピではショートリブを48時間調理して、私が好きなすっと切れるステーキのような食感を生み出していますが、72時間かけて調理すると結合組織が完全に分解するため、ホロホロと崩れる柔らかい肉になります。長い時間調理する場合には、リブが崩れてしまわないよう、袋から出すとき注意して扱うように気をつけてください。

―――

[作り置きのヒント]
調理済みのリブは袋のまま氷水（20ページ参照）で30分冷やしてから、冷蔵庫に入れて1週間まで保存できます。57℃（134.6°F）の水槽で30分再加熱してから、焼きつけて仕上げてください。

[「骨つきラム肉の香草パン粉焼き」の作り置きのヒント]
調理済みのラム肉は袋のまま氷水（20ページ参照）で30分冷やしてから、冷蔵庫に入れて1週間まで保存できます。55℃（131°F）の水槽で30分再加熱してから、次の手順に進んでください。香草パン粉はあらかじめ作っておき、密閉容器に入れて冷蔵庫で2日まで保存できます。

大絶賛のパストラミ

KVELL-WORTHY PASTRAMI

　　　10日間塩漬けして作るこのパストラミは、この本の中でも飛びぬけて時間のかかるレシピですが、十分に待つ価値はあると言えます。しかも、その時間のほとんどは何もしなくてもよいのです。しかし、そんな未来のことなんて考えられないという人には、近道があります。漬け汁を牛肉と一緒に袋に入れたら、10日間の熟成プロセスを飛ばして、すぐに調理を始めてもかまいません。肉は中心までむらなく熟成はされませんが（キュアリングソルトを使った場合には、ミディアムウェルの茶色い中心部がピンク色の部分に取り囲まれることになるでしょう）、それでも十分においしいからです。本物のパストラミというよりは、蒸し煮にしたブリスケットに近いものになってしまいますけど。（さらに手を抜いてキュアリングソルトと燻液を省略することもできますが、もっとパストラミとはかけ離れたものになってしまうでしょう。）いずれにしろ、あなたの労働の成果をデリカテッセン風のライ麦パンに山盛りにして、味わうことを忘れないでください。

　　　デリカテッセンの目利き以外にはあまり知られていませんが、ブリスケットは伝統的にパストラミに使われる肉ではありません。実際には、その隣のプレートやナーベルのほうが、風味とサシの点で優れているため珍重されます。とはいえ、ナーベルが手に入らなくても気に病む必要はありません。ブリスケットでも、間違いなくすばらしいパストラミができるからです。

でき上がり分量：主菜として6〜8人分　|　低温調理の時間：36時間（48時間まで）
実際の調理時間：15分、プラス10日の塩漬け時間（オプション）

［材料］

スパイスミックス
- 黒粒コショウ…カップ 1/3
- コリアンダーシード…カップ 1/4
- イエローマスタードシード…大さじ3
- ライトブラウンシュガー…大さじ1

漬け汁
- コーシャソルト…カップ 1/3
- グラニュー糖…大さじ 2 1/2
- ピンク色のキュアリングソルト…小さじ 1/2（オプション、説明は81ページを参照）
- スパイスミックス…大さじ1
- ベイリーフ…1枚
- 熱湯…カップ1
- アイスキューブ…山盛りカップ1
- 燻液…小さじ1

- 牛のナーベルまたはブリスケット…1かたまり（4ポンド［1.8kg］）、厚さ3インチ［7.5cm］以下のもの

［手順］

① スパイスミックスを作る。粒コショウ、コリアンダーシード、マスタードシードを合わせて油を引いていない小さなソテーパンに入れて中火に掛け、時々かき混ぜながら香りが立ち、はじけて煙が出てくるまで5分ほど炒る。

大絶賛のパストラミ、続き

② 炒ったスパイスを皿に移して冷ます。必要に応じて何回かに分けて、スパイスをすり鉢に移し（ミキサー、スパイスグラインダー、コーヒーグラインダーを使ってもよい）、細かくなりすぎないように注意しながら、粗びきにする。ブラウンシュガーを混ぜ入れる。このスパイスミックスは、ぴったりとふたのできる容器に入れて涼しい場所で1か月まで保存できる。

③ 漬け汁を作る。コーシャソルト、グラニュー糖、キュアリングソルト、スパイスミックス大さじ1、ベイリーフ、そして熱湯を耐熱ボウルか大きな計量カップに合わせ、かき混ぜて塩と砂糖を溶かす。氷を入れ、氷が溶けて液体が冷えるまでかき混ぜて、燻液を加える。

④ 牛肉を1ガロン［4リットル］サイズのフリーザーバッグに入れ、漬け汁を注いで水圧法（18ページ参照）で空気を追い出しながらジッパーを閉じる。肉と漬け汁の入った袋を、10日間冷蔵庫に入れておく。冒頭で説明したようにこの熟成ステップを飛ばすつもりなら、すぐに調理する。

⑤ 低温調理の水槽を65℃（149°F）に予熱する。

⑥ 水温が目標温度に達したら、肉と漬け汁の入った袋を水槽に沈め（袋が水面から出ないようにすると）、36時間調理する。数時間おきに水槽をチェックして、袋が水面から出ていないことを確かめてほしい。また蒸発を抑えるため、ラップかアルミホイルで水面を覆うことをおすすめする（説明は14ページを参照）。

⑦ 調理が終わったら、袋を水槽から出して肉を10分休ませる。残りのスパイスミックスを、大皿かトレイに広げておく。調理済みの肉を袋から取り出し、袋の中の液体を捨ててから（濡れているほうがスパイスがくっつきやすいので、肉の水気はふき取らないこと）、肉をスパイスの上に置く。肉にスパイスを押し付けてすり込み、表面全体を均一にコーティングする。

⑧ パストラミを温かい状態で食卓に出すつもりなら、そのまま食べられる。繊維を断つように薄くスライスしてから、ライ麦パンの上に山盛りにするか、お上品に口の中に押し込もう。いずれにしろ、バターのようにおいしいはずだ。

［作り置きのヒント］

スパイスミックスをまぶした調理済みのパストラミは、袋に戻して再び水圧法（18ページ参照）で封をして、氷水（20ページ参照）で30分冷やしてから冷蔵庫に入れて2週間まで保存できます。冷たいまま食べるか、60℃（140°F）の水槽で30分再加熱してください。

5

野菜

VEGETABLES

クリーミーな冬カボチャのスープ	181
ヤギ乳ゴーダチーズとピスタチオのビーツサラダ	182
ニンジンのヨーグルトディルドレッシングとヒマワリの種がけ	184
アスパラガスのグリルとロメスコソース	187
サツマイモのタコス	189
サヤインゲンのアマンディーヌ	192
冬カボチャのタイグリーンカレー	194
パースニップの照り煮とローストヘーゼルナッツ	197
ピリ辛クラッシュポテト	198
イギリス風チップス	200
完璧なマッシュポテト	201
カリフラワーのガラムマサラ風味	202
万能マッシュルーム	204

低温調理では、野菜は付け足しのように扱われがちなのですが、それは正当な評価ではないと私は思っています。184ページに掲載されている鮮やかな味の（そして鮮やかな色彩の）ニンジンを作ってみれば、野菜の持つ本来の風味が低温調理によって大いに凝縮されていることがわかるでしょう。あるいは192ページのパリッとしているのに柔らかいサヤインゲンを試してみれば、緑の野菜を上手にゆでることがこれまでにないほど簡単にできることがわかるはずです。また、スープも驚くほど簡単に作れます。例えばシンプルなのにおいしくクリーミーな冬カボチャのスープ（181ページ）は、鍋を見張ったりかき混ぜたりする必要も、鍋を洗う手間さえありません。締めくくりは、とても簡単で食欲をそそる風味と理想的な食感の完璧なマッシュポテト（201ページ）です。もうひとつおまけに、私の最近のお気に入りの、すばらしく簡単でなんにでも使え、しかもおいしいマッシュルームを紹介しておきましょう（204ページ）。

　この章では85℃という温度がほとんどのレシピで使われますが、それは偶然の一致ではなく、その温度でセルロース（植物の丈夫な構造を支える複合炭水化物）が分解するためです。これによって生野菜の硬くてカリカリした食感が、柔らかく弾力のあるものに変化します。低温調理では正確にこの温度を保てるため、失敗の確率は劇的に下がり、野菜に火が通りすぎて歯ごたえがなくなってしまうことも簡単に防げるのです。

　しかし、低温調理の強みは温度のコントロールだけではありません。低温調理では、野菜に含まれる栄養素も保たれるからです。ここで、私が「健康によい食べ物」という考えに取りつかれてしまったと心配される前に、野菜に関しては栄養素が味と色の両方に関係していることを指摘させてください。野菜は袋の中に密閉された状態で調理されるため、おいしさも色彩も出て行くことなく野菜の中にとどまるのです。

　この章にはジャガイモのレシピが3つありますが、それにはちゃんと理由があります。ジャガイモは目立ちませんが、マスターするのは難しい常備野菜です。お湯でゆでる際にはしっかり見守っていないと、水分を含んでべとべとになってしまいます。ジャガイモを沸点よりずっと低い温度で低温調理すれば、絶妙な食感と本来の風味が得られます。

　ここでいくつか、実用的なアドバイスをしておきましょう。真空パックシーラーを使わない場合、袋に入った野菜がうまく水槽に沈んでくれないことがあります。幸い、この問題は簡単に解決できます。袋に重りを入れればよいのです。パイウェイトや清潔でなめらかな小石など、どんなものでもいいでしょう（17ページを参照してください）。また、他の食品にはない、野菜の低温調理に特有の性質として、手触りで火の通りが判断できるということがあります。これは、先ほど述べたとおり、生から火が通るまでの過程で構造を支えるセルロースの分解が起こるからです。別の言い方をすれば、柔らかければ火が通っているのです。カリフラワーのガラムマサラ（202ページ）やピリ辛クラッシュポテト（198ページ）など、該当するレシピでは野菜をつまんだり押したりして火の通りを確かめることをおすすめしています。考えようによっては、これはボーナスです。固めにも柔らかめにも仕上がりを自由自在にコントロールできるだけでなく、食べもので遊ぶ口実ができるのです。

クリーミーな冬カボチャのスープ

CREAMY WINTER SQUASH SOUP

　私にとって低温調理でスープを作る一番の利点は、見張っている必要がなく、そのうえ煮詰まったり焦がしたり煮詰めすぎたりするリスクがないことです。つまり、この風味たっぷりのスープを作るのはとても簡単ですし、汚れた鍋を洗う必要さえありません。通常のベーキングスパイス（アメリカでは秋の定番となった「パンプキンスパイス」味）を使う代わりに、ここではカボチャの自然の甘味と香ばしさをクレームフレーシュのリッチな酸味で引き立て、カボチャを脇役ではなく主役に据えました。フレッシュなハーブとカリカリのパンプキンシードを添えれば、もうノックアウトされるようなおいしさです。このレシピは、日本カボチャ、バターナット、赤栗カボチャ、デリカータなど、ほとんどどんな冬カボチャでもおいしく作れます。

でき上がり分量：前菜として4人分　|　**低温調理の時間**：45分（1時間半まで）　|　**実際の調理時間**：15分

[材料]

- 中小型の冬カボチャ…1個（約1½ポンド[675g]）
- ガーリックコンフィ（274ページ）…3かけ、または生のニンニク1かけ、薄切りにする
- シャロット…1個、薄切りにする
- 自家製のチキンまたは野菜ストック（277ページ）あるいは市販の低塩ブイヨン、もしくは水…カップ2
- ベイリーフ…1枚
- クレームフレーシュ…カップ½*、プラス飾り用
- 塩と挽きたての黒コショウ
- 刻んだチャイブまたは生のタラゴンの葉…大さじ1（飾り用）
- 有塩ローストパンプキンシード…カップ¼（飾り用）

[手順]

① 低温調理の水槽を85℃（185°F）に予熱する。

② カボチャの皮をむいてから、縦半分に切って種をくりぬく。さらに縦半分に切って四つ割にする。切った面を下にしてカボチャを置き、横½インチ[1.3cm]幅に切る。切ったカボチャ、ニンニク、シャロット、ストック、ベイリーフを1ガロン[4リットル]サイズのフリーザーバッグに入れ、水圧法またはテーブルエッジ法（18ページ参照）で空気を追い出しながらジッパーを閉じる。液体の量が比較的多いレシピには、テーブルエッジ法がおすすめ。

③ 水温が目標温度に達したら、袋を水槽に沈め（袋が水面から出ないようにすること）、45分調理する。

④ 袋を水槽から取り出し、ベイリーフを捨てて、袋の中身をミキサーに注ぎ入れる。完全になめらかになるまで、ミキサーを高速で動かす。カップ½のクレームフレーシュを加え、断続的に動かしてなじませてから、塩コショウで味を調える。

⑤ 盛り付け。温めておいた4枚のスープ皿に、均等にスープを注ぐ。それぞれにクレームフレーシュを落とし、チャイブとパンプキンシードを振りかける。

[作り置きのヒント]

　調理済みのカボチャ（ピュレしていないもの）は、袋のまま氷水（20ページ参照）で20分冷やしてから、冷蔵庫に入れて1週間（袋が漏れたときのためにトレイかボウルに入れてください）または冷凍して2か月まで保存できます。クレームフレーシュは、カボチャを再加熱してから加えます。スープを食卓に出す準備ができたら、70℃（158°F）の水槽で30分再加熱してからピュレし、その後クレームフレーシュを加えてください。

*訳注：カップはアメリカサイズ。正確な分量は24ページを参照（以下、同）。

ヤギ乳ゴーダチーズとピスタチオのビーツサラダ
BEET SALAD WITH GOAT GOUDA AND PISTACHIOS

流行かぶれの食通たちはずっと昔からビーツとヤギ乳チーズの組み合わせが時代遅れだと言っているかもしれませんが、それはあまりにも大げさというものです。実は私もこの組み合わせは確かにクラシックだと思っているのですが、このレシピではちょっとひねりを加えました。手始めに、うま味を高めるため通常のフレッシュなヤギ乳チーズ（シェーヴル）の代わりに甘く香ばしいヤギ乳のゴーダチーズを使います。これはチーズ専門店や高級食材店で手に入るでしょう。またビーツにはショウガとオレンジの皮で風味を加え、おいしくローストしたピスタチオで味をまとめて快いカリカリ感を演出しました。

ビーツは、ボイルしたり焼いたりした後よりも生の状態で皮をむくほうがずっと楽ですし、袋に密封して調理するので、風味（と栄養）が逃げ出す心配もありません。さらに、ビーツと一緒に酢とアロマ食材を袋に入れて調理することによって、食卓に出す前にただビーツをヴィネグレットであえるよりも、はるかに複雑な風味を吸収させることができます。これはすばらしい温サラダですが、冷やしてもおいしいので、作り置きした場合にはビーツを冷蔵庫から出してすぐ食卓に出してもかまいません。

でき上がり分量：前菜として4人分　|　**低温調理の時間**：1時間半（3時間まで）
実際の調理時間：20分、プラス10分の休ませる時間

[材料]
- 直径約2インチ[5cm]のレッドまたはゴールデンビーツあるいはその組み合わせ：1ポンド[450g]、緑色の茎の部分は除き、皮をむいて縦半分に切る
- エクストラバージンオリーブオイル…大さじ2
- 米酢…大さじ2
- ハチミツ…小さじ1
- すりおろしたオレンジの皮…½個分
- 皮をむいてみじん切りにしたショウガ…小さじ½
- コーシャソルト…小さじ1
- フレーク状の海塩（モールドンやフルール・ド・セルなど）と、挽きたての黒コショウ
- 有塩ローストピスタチオ…カップ½
- ヤギ乳ゴーダチーズなどの硬質ヤギ乳チーズ…4オンス[120g]、チーズスライサーか野菜ピーラーでごく薄く削る
- フェンネルの葉…小さじ2（飾り用、オプション）

[手順]
① 低温調理の水槽を85℃（185°F）に予熱する。

② ビーツを1ガロン[4リットル]サイズのフリーザーバッグに入れ、オリーブオイル大さじ1、酢、ハチミツ、オレンジの皮、ショウガ、コーシャソルトを加える。ビーツはなるべく重ならないようにする。切り口を下にして並べるとやりやすい。水圧法（18ページ参照）で空気を追い出しながらジッパーを閉じる。

③ 水温が目標温度に達したら、ビーツの入った袋を水槽に沈め（袋が水面から出ないようにすること）、1時間半調理する。ビーツに十分火が通ったかテストするには、慎重に袋を開けて（かなり熱いのでトングを使うこと）ペアリングナイフの先端をビーツに突き刺してみる。あまり抵抗を感じずにナイフが刺さったら、ビーツは火が通っている。簡単には刺さらなかったら、もう一度袋に封をしてさらに30分調理する。

④ 袋を水槽から取り出し、ビーツを10分休ませてから、まな板に移す。袋の中の液体を大さじ2だけ取っておき、残りは捨てる。

⑤ 最も幅の広い部分が½インチ[1.3cm]程度になるように、ビーツをそれぞれ6～8個のくし形に切り分ける。ビーツを盛り鉢に入れ、残ったオリーブオイル大さじ1と取っておいた袋の中の液体を振りかけてあえ、まんべんなくコーティングする。塩と黒コショウで味を調え、ピスタチオ、チーズ、フェンネルの葉（使う場合）を振りかける。

[作り置きのヒント]
調理済みのビーツは袋を開けずに常温で完全に冷ましてから、冷蔵庫に入れて2週間まで保存できます。65℃（149°F）の水槽で15分再加熱してもいいですし、冷蔵庫から出してすぐ食卓に出してもおいしい冷たいサラダになります。

ニンジンの
ヨーグルトディルドレッシングとヒマワリの種がけ
CARROTS WITH YOGURT-DILL DRESSING AND SUNFLOWER SEEDS

塩ひとつまみとディルを数本入れただけなのに、このニンジンは鮮やかな色彩と甘いニンジンの風味、そして快い歯触りに低温調理されて水槽から出てきます。私は色とりどりの伝統品種を使うのが好きですが、おなじみのオレンジ色のニンジンでも風味は十分です。このサラダはできるだけシンプルにして、ニンジンそのものの風味を楽しみましょう。ヨーグルトドレッシングのさわやかなすっぱさは、ニンジンの甘さやヒマワリの種の香ばしさを際立たせてくれます。野菜が好きでたまらないという人は、フェンネルの花粉を振りかければエキゾチックなリコリスの風味が加わり、一段と華やかな料理になります。このニンジンは、温かい状態か常温で食卓に出すのが最もおいしくいただけます。

でき上がり分量：付け合わせとして4人分　｜　**低温調理の時間**：1時間（2時間まで）
実際の調理時間：10分、プラス10分の休ませる時間

[材料]
- 太さ¾インチ[2cm]程度の細いニンジン…1束（約1ポンド[450g]）、緑色の茎を除いて皮をむく
- コーシャソルト…小さじ½
- ディル…2枝
- エクストラバージンオリーブオイル…大さじ1

ドレッシング
- 自家製ヨーグルト（270ページ）または市販の全乳プレーンギリシャヨーグルト…カップ¼
- エクストラバージンオリーブオイル…大さじ3
- レモンの搾り汁…大さじ1
- ハチミツ…小さじ1
- 刻んだ生のディル…大さじ2
- 塩と挽きたての黒コショウ

- 塩を振ってローストし、殻をむいたヒマワリの種…カップ¼
- 生のディルの葉…大さじ2
- フェンネルの花粉…小さじ½（オプション）
- フレーク状の海塩（モールドンやフルール・ド・セルなど）

[手順]
① 低温調理の水槽を85℃（185°F）に予熱する。
② ニンジン、コーシャソルト、ディルの枝、オリーブオイルを1ガロン[4リットル]サイズのフリーザーバッグに入れ、袋の中でニンジンを転がしてまんべんなくコーティングする。水圧法（18ページ参照）で空気を追い出しながらジッパーを閉じる。
③ 水温が目標温度に達したら、ニンジンの入った袋を水槽に沈め（袋が水面から出ないようにすること）、1時間調理する。ニンジンはしなやかだが歯ごたえの残った状態になっているはずだ。まだ硬いようなら、さらに15分調理する。
③ 袋を水槽から取り出し、ニンジンを触れるようになるまで袋に入ったまま10分ほど休ませる。ニンジンを冷たい状態で食卓に出すつもりなら、ニンジンの入った袋を氷水（20ページ参照）に10分入れておく。
④ ニンジンを冷ましている間に、ドレッシングを作る。ヨーグルト、オリーブオイル、レモン汁、ハチミツ、刻んだディルを小さなボウルに合わせてよく混ぜる。塩コショウで味を調える。
⑤ ニンジンをまな板に移し、縦半分に切る。ディルの枝と袋の中にたまった液体は捨てる。
⑥ 盛り付け。ドレッシングを大皿の底にたっぷりと塗り広げ、その上にニンジンを並べる。ヒマワリの種、ディルの葉、フェンネルの花粉（使う場合）、粗塩を振りかける。

[作り置きのヒント]
調理して冷やしたニンジンは、冷蔵庫で1週間まで保存できます。65℃（149°F）の水槽で15分再加熱して温かい状態で食卓に出すか、常温に戻して冷たい状態で食卓に出してください。

アスパラガスのグリルとロメスコソース

GRILLED ASPARAGUS WITH ROMESCO

子どものころに食べた、筋張っていて歯ごたえのないアスパラガスのぞっとする思い出をいまだに引きずっている人なら、この料理には意表を突かれることでしょう。アスパラガスをゆでずに短時間低温調理することによって、アルデンテの穂先は新鮮でさわやかな風味を保ち、有益な栄養素は流れ出すことなく完璧に残ります。最後にアスパラガスをグリルすることによって香ばしい焦げ目をつけ、さらに風味を高めています。

ここでは、アスパラガスをロメスコという田舎風で大胆な風味のスペインのソース（アイオリソースの遠い親戚）と組み合わせています。このソースは伝統的にグリルした野菜とともに食卓に出されるもので、ニンニクのコンフィを使えば上手に作れます。このレシピでは必要な量の2倍ほどのソースができますが、きっと無駄にはならないでしょう。信じられないほどおいしい万能調味料で、そのうえ日持ちもするからです。これをピリ辛クラッシュポテト（198ページ）やリブロース芯ステーキ（153ページ）に掛けたり、サルサの代わりに使ってみたりしてください。きっと気に入ってもらえるでしょう。マルコナアーモンドとピキーリョ唐辛子は、スペイン食材のマーケットかオンラインショップで探してみてください（283ページの「入手先」を参照）。

でき上がり分量：付け合わせとして4人分　|　低温調理の時間：4〜12分　|　実際の調理時間：15分

[材料]

ロメスコソース
- ニンニクのコンフィ（274ページ）…5かけ、または生のニンニク2かけ、薄切りにする
- ローストした有塩マルコナアーモンド…カップ¾、粗く刻む
- ローストしたびん入りのピキーリョ唐辛子…カップ1、粗く刻む（8オンス［240g］びんなら約1びん）
- 缶入りのトマトピュレ…カップ½
- シェリーヴィネガー…大さじ2
- 燻製パプリカパウダー…大さじ1
- カイエンヌペッパー…小さじ½
- エクストラバージンオリーブオイル…カップ⅓
- 挽きたての黒コショウ…小さじ½
- コーシャソルト…ひとつまみ

- 中くらいの太さのホワイトまたはグリーンアスパラガス…1束（約1ポンド［450g］、穂先の太さは約½インチ［1.3cm］）、茎の硬い部分は切り落とす
- エクストラバージンオリーブオイル…大さじ1
- 塩と挽きたての黒コショウ
- ローストした有塩マルコナアーモンド…カップ¼、粗く刻む（飾り用）
- 刻んだ生のイタリアンパセリ…大さじ2（飾り用）

[手順]

① 低温調理の水槽を85℃（185°F）に予熱する。

② 予熱している間に、ロメスコソースを作る。すべての材料をミキサーかフードプロセッサーに入れ、粗いピュレ状になるまで断続的に動かす。塩を加えて味を調え、置いておく。

③ 袋が確実に沈むように、1〜2ポンド［450〜900g］の重りを1ガロン［4リットル］サイズのフリーザーバッグに入れておく。アスパラガスとオリーブオイルを入れ、水圧法（18ページ参照）で空気を追い出しながらジッパーを閉じる。

アスパラガスのグリルとロメスコソース、続き

④ 水温が目標温度に達したら、袋に入ったアスパラガスを水槽に沈め、穂先に少し硬さが残る程度まで、5分ほど調理する。調理できたかどうかテストするには、太い根元の部分をつまんでみる。硬く感じられるが、やさしくつまんだときにわずかにへこむ程度がよい。まったくへこまない場合には、さらに2分調理する。特に太いアスパラガスは12分くらいかかるかもしれないし、鉛筆くらいの太さのアスパラガスは4分で十分かもしれない。

⑤ 袋を水槽から取り出し、アスパラガスを大皿かトレイに移す。塩コショウで味を調える。

⑥ グリルパンを強火に掛けて予熱するか、直火で焼く場合には炭火かガスのグリルを強火に掛けて準備しておく。必要に応じて何回かに分けて調理する。アスパラガスを重ならないようにグリルパンまたはグリルラックに乗せ、必要に応じてひっくり返しながら、表面に焦げ目がつくまで片面につき1分ほどグリルする。（アスパラガスと一緒にオリーブオイルが袋に入っていたので、グリルに油を塗る必要はない。）

⑦ グリルしたアスパラガスを大皿に移し、その上にソースを少量垂らす。アーモンドとパセリを振りかけて食卓に出す。ソースを添える。

[作り置きのヒント]

調理済みのアスパラガスは袋のまま氷水（20ページ参照）で10分冷やしてから、冷蔵庫に入れて3日まで保存できます。アスパラガスは冷たいままでも、常温に戻しても、あるいはグリルで1〜2分余分に時間を掛けて中までよく温めても、おいしくいただけます。ソースはあらかじめ作っておき、冷蔵庫で1週間まで、あるいは冷凍して1か月まで保存できます。

サツマイモのタコス

SWEET POTATO TACOS

タコスには肉が付き物なんて、だれが決めたのでしょう？ このレシピでは、チポトレとクミンの風味がしみこんだ、おいしいサツマイモが主役を張っています。秘訣はサツマイモを低温調理すること。そうすると硬くはないけれども少しだけ歯ごたえのある、絶妙な柔らかさの食感になるのです。火曜日はタコスの日といいますが、ぷっくりと焼けたトルティーヤに挟んでコティージャチーズと香菜を振りかけたこのベジタリアンのタコスは、毎日でも食べたくなることでしょう。

でき上がり分量：主菜として4～6人分 | **低温調理の時間**：1時間（2時間まで） | **実際の調理時間**：25分

[材料]

- サツマイモ…2本（約1½ポンド[675g]）、皮をむいて½インチ[1.3cm]角に切る（約カップ4）
- チポトレチリ…3～4本、（お好みで）種を抜き、刻む
- クミンパウダー…小さじ1½
- コーシャソルト…小さじ1
- キャノーラ油などのマイルドな植物油…大さじ2
- コーントルティーヤ（6インチ[15cm]）…12枚
- 塩と挽きたての黒コショウ
- ライムの搾り汁…½個分（約大さじ1）
- 赤タマネギのみじん切り…大さじ3
- サワークリーム…カップ½
- コティージャチーズまたはケソフレスコ…カップ½、砕くかすりおろす
- 粗みじんに切った香菜…カップ¼（飾り用）
- くし形に切ったライム…4～6個（仕上げ用）

[手順]

① 低温調理の水槽を85℃（185°F）に予熱する。

② サツマイモ、チリ、クミン、塩、油大さじ1を大きなボウルに入れて混ぜ、サツマイモに他の食材をまんべんなくまぶす。

③ 袋が確実に沈むように、1～2ポンド[450～900g]の重りを1ガロン[4リットル]サイズのフリーザーバッグに入れておく。調味料をまぶしたサツマイモを袋に入れ、水圧法（18ページ参照）で空気を追い出しながらジッパーを閉じる。

サツマイモのタコス、続き

④水温が目標温度に達したら、サツマイモの入った袋を水槽に沈め、1時間調理する。サツマイモを袋の上からしっかりつまむと崩れるようになれば、調理できている。

⑤袋を水槽から取り出し、サツマイモを皿に移し、液体は捨てる。サツマイモは取っておく。

⑥大きな鋳鉄製のスキレットを強めの中火に掛けて熱する。十分熱くなったら、何回かに分けてトルティーヤを焼く。トルティーヤを直接スキレットに乗せ、湯気が出て膨らんでくるまで20秒ほど待つ。トングかへらでひっくり返し、反対側も湯気が出て膨らんでくるまで30秒ほど焼く。スキレットのサイズにもよるが、一度に3〜4枚のトルティーヤが焼けるはずだ。焼けたトルティーヤは皿に移し、ふきんかアルミホイルで覆って保温しておく。

⑦トルティーヤが全部焼けたら、スキレットを強めの中火に掛けたまま、残りの油大さじ1を加え、それからサツマイモを入れる。サツマイモは重なってもよい。木のスプーンで時々かき混ぜながら、縁に黒っぽい焦げ目がつくまで3〜5分、強めの中火でソテーする。火からおろし、塩コショウで味を調えてから、ライム汁を加える。

⑧盛り付け。トルティーヤの真ん中にサワークリームを少し垂らして塗り広げる。サツマイモをトルティーヤに均等に取り分ける。その上に、チーズ、香菜、赤タマネギを振りかける。タコスを銘々皿に乗せ、くし形に切ったライムを添えて食卓に出す。

[作り置きのヒント]

調理済みのサツマイモは袋のまま氷水（20ページ参照）で10分冷やしてから、冷蔵庫に入れて1週間まで保存できます。再加熱する際は、サツマイモを取り出し、液体は捨てて、焦げ目をつける手順に進んで、数分余分に時間を掛けて中までよく温めてください。

サヤインゲンのアマンディーヌ

GREEN BEANS AMANDINE

サヤインゲンのパリッとした快い食感と栄養素を失わないために、私はこのクラシックな料理に真空調理を応用しました。おまけに水と直接触れずに調理されるため、ソテーする前に水気をふき取る必要がないという利点もあります。レモンバターとカリカリのアーモンドという伝統的な組み合わせのドレッシングをかけたこのサヤインゲンは、シンプルな食事の付け合わせとしても、手の込んだ休日のごちそうの一品としても、自信を持って食卓に出せるはずです。

サヤインゲンには、毛糸ほどの太さしかないものからフェルトペンほどの巨大なものまで、さまざまなサイズのものがあります。この料理には、スリムで柔らかいものが適しているでしょう。それがなければどんなサヤインゲンでも使えますが、太いものは調理に15分ほどかかるため、色があせてしまうかもしれません。

でき上がり分量：付け合わせとして4人分　｜　**低温調理の時間**：10分（15分まで）
実際の調理時間：15分、プラス10分の冷やす時間

[材料]
- サヤインゲン…1ポンド［450g］、へたの部分を切り落とす
- コーシャソルト…小さじ½
- 食塩不使用バター…大さじ3
- みじん切りにしたシャロット…大さじ1
- 刻んだ（または細切りの）アーモンド…カップ¼
- レモンの搾り汁…大さじ1
- 塩と挽きたての黒コショウ
- フレーク状の海塩（モールドンやフルール・ド・セルなど）

[手順]
① 真空調理の水槽を90℃（194°F）に予熱する。
② 袋が確実に沈むように、1〜2ポンド［450〜900g］の重りを1ガロン［4リットル］サイズのフリーザーバッグに入れておく。サヤインゲンを加え、塩を振り入れて袋を振り、塩をサヤインゲンにまんべんなく行き渡らせる。サヤインゲンが重ならないようにならして並べてから、水圧法（18ページ参照）で空気を追い出しながらジッパーを閉じる。
③ 水温が目標温度に達したら、サヤインゲンの入った袋を水槽に沈め、10分調理する。しっかりつまむと少しへこむが、シャキシャキ感が残っている程度がよい。
④ サヤインゲンが調理できたら、すぐに袋を氷水（20ページ参照）に移して10分冷やす。サヤインゲンの色と調理を止めることが目的なので、手早くやることが大事だ。サヤインゲンが冷たくなったら袋から取り出し、水気を切っておく。
⑤ 大きなソテーパンを中火に掛け、バターを入れて溶かす。バターが音を立てて泡立ってきたら鍋を回し、バターが薄茶色になって香ばしい匂いがしてくるまで1〜2分回し続ける。バターがこんがりと色づいたら、すぐにシャロットを混ぜ入れて透き通ってくるまで1分ほどソテーする。アーモンドを加え、こんがりと色づき始めるまでさらに1〜2分炒める。アーモンドが色づき始めたら、サヤインゲンを一度に鍋に加え、木のスプーンでかき混ぜたりひっくり返したりしながら、蒸気が出てくるまで1〜2分加熱する。火からおろし、レモン汁を混ぜ入れ、塩コショウで味を調える。
⑥ サヤインゲンを大皿に移し、鍋に残ったソースを上に掛け、海塩を振りかけて、すぐにいただく。

[作り置きのヒント]
氷水で冷やした後のサヤインゲンは、冷蔵庫で3日まで保存できます。最後にソースとソテーする段階で、十分に再加熱されます。

冬カボチャのタイグリーンカレー
THAI GREEN CURRY WITH WINTER SQUASH

おいしいタイカレーを作るためのコツは、辛味と甘味、酸味と塩味といった対照的な風味の微妙なバランスを取ることです。風味が複雑なのはいいのですが、家庭でのカレー作りが複雑である必要はありません。このカレーを手早く作るためのコツは、高品質の市販のカレーペーストを使うことです。もしかしたらカレーペーストは自分で作るものと教えられたかもしれませんが、本場のタイカレーに不可欠のアロマ、例えば生のガランガルやこぶミカンの葉は、なかなか手に入りません。これらの材料には無難な代用品が存在しないので、それなしで作るよりも輸入カレーペーストのほうがおいしくできます。タイの料理人たちもよく既製品のペーストを使っていますし、カレーの達人もこのレシピには太鼓判を押してくれるはずです。

カボチャをカレーペーストとココナッツミルクと一緒に袋に入れて調理することには、2つの効果があります。食欲をそそる香ばしいソースができること、そしてカボチャが柔らかいけれども歯ごたえの残った状態に仕上がることです。私はこのカレーに栗カボチャ（日本の品種）を使うのが好きです。味や食感の面で、タイでよく使われる品種と非常によく似ているからです。また、皮をむく必要がないという非常に大きなメリットもあります。このすばらしいカレーをたっぷりと炊いたジャスミンライスに添えて食卓に出せば、このおいしいソースが一滴たりとも無駄になることはないはずです。

でき上がり分量：主菜として4人分　|　**低温調理の時間**：1時間（2時間まで）　|　**実際の調理時間**：10分

[材料]
- 赤栗カボチャなどの冬カボチャ…小1個（約1ポンド［450g］）
- 缶入りのココナッツミルク…カップ1、缶を開ける前によく振ってから計量する
- タイグリーンカレーペースト…大さじ2（できればMae PloyかMaesriブランドのもの、283ページの「入手先」を参照）
- ライトブラウンシュガー…小さじ2
- 魚醤…小さじ2
- シャロット…1個、薄切りにする
- ライムの搾り汁…1個分（約大さじ2）
- タイバジルまたは普通のバジルの葉…ふんわり詰めてカップ¼
- 有塩ローストカシューナッツ…カップ¼

[手順]

① 低温調理の水槽を85℃（185°F）に予熱する。

② カボチャの皮をむき（赤栗カボチャの場合はむかなくてもよい）縦半分に切る。種とわたをスプーンでかき出してから、それぞれ½インチ［1.3cm］厚さのくし形に切る。

③ ココナッツミルク、カレーペースト、ブラウンシュガー、魚醤をボウルに合わせ、なめらかになるまで泡立て器でかき混ぜる。

④ 水温が目標温度に達したら、1ガロン［4リットル］サイズのフリーザーバッグにカボチャを入れ、その上からカレーソースを注ぐ。水圧法（18ページ参照）で空気を追い出しながらジッパーを閉じる。

⑤ カボチャの入った袋を水槽に沈める（袋が水面から出ないようにすること）、1時間調理する。カボチャは、やさしくつまむと崩れるほど柔らかくなっていればよい。まだ硬いようなら、さらに15分調理する。

⑥ 袋を水槽から取り出し、カボチャとカレーソースを盛り鉢に移す。ライム汁とバジルの葉を静かに混ぜ入れ、カシューナッツを上に散らす。米飯を添えて、すぐに食卓に出す。

[プロから一言]

このレシピをベジタリアンにするには、魚醤を適量の塩と置き換え、タイ料理の原料にエビペーストが使われていないことを確かめてください。エビペーストはカレーペーストによく使われる材料です。

[作り置きのヒント]

調理済みのカレーは袋のまま氷水（20ページ参照）で20分冷やしてから、冷蔵庫に入れて1週間まで保存できます。70℃（158°F）の水槽で30分再加熱してください。

パースニップの照り煮とローストヘーゼルナッツ

GLAZED PARSNIPS WITH ROASTED HAZELNUTS

低温調理は、野菜に照りをつける最高のテクニックでもあります。注意深くタイミングを計る必要がなく、パースニップは袋から出してすぐ食べられますし、つぶしてミキサーに掛ければびっくりするほどおいしいパースニップケーキ（219ページ）にも変身させられます。しかし完璧につやつやの照りを出したいなら、ソテーパンに移して煮汁を煮詰め、とろりとしたグレーズにする必要があるでしょう。その効果は、鍋を1個余分に洗うだけの価値が十分にあると思います。いずれにせよ、最後の仕上げにはローストしたヘーゼルナッツとフレーク状の塩、そしてチャービルを振りかけてください。

でき上がり分量：付け合わせとして4人分　|　**低温調理の時間**：1時間（2時間まで）　|　**実際の調理時間**：10分

［材料］

- パースニップ…1ポンド［450g］（中5個分）、皮をむき、縦半分に切ってから、斜め½インチ［1.3cm］幅に切る
- 食塩不使用バター…大さじ3
- ハチミツ…大さじ2
- 搾りたてのオレンジジュースまたはアップルジュース…大さじ2
- レモンの搾り汁…大さじ1
- コーシャソルト…小さじ½
- 湯がいてローストしたヘーゼルナッツ…カップ¼、粗く刻むか砕いておく
- 生のチャービル、イタリアンパセリ、またはタラゴンの葉…大さじ2
- フレーク状の海塩（モールドンやフルール・ド・セルなど）

［手順］

① 低温調理の水槽を85℃（185°F）に予熱する。

② 袋が確実に沈むように、1〜2ポンド［450〜900g］の重りを1ガロン［4リットル］サイズのフリーザーバッグに入れておく。パースニップ、バター、ハチミツ、オレンジジュース、レモン汁、塩を袋に入れ、水圧法（18ページ参照）で空気を追い出しながらジッパーを閉じる。

③ 水温が目標温度に達したら、パースニップの入った袋を水槽に沈め、1時間調理する。

④ 袋を水槽から取り出し、パースニップと煮汁を大きなソテーパンか口の広いスープ鍋に移す。強めの中火に掛け、時々かき混ぜながら、煮汁が煮詰まってとろみがつき、照りが出るまで3〜5分煮たら、火からおろす。

⑤ 盛り付け。照りのついたパースニップを盛り鉢か皿に移し、ヘーゼルナッツ、チャービル、海塩を振る。

［プロから一言］

このレシピを、デンプン質の根菜を調理する際のひな型として使ってください。ニンジン、カブ、ルタバガ（スウェーデンカブ）、サツマイモなどもおいしく調理できます。ただ、根菜は均一に½インチ［1.3cm］幅に切るようにしてください。

———

［作り置きのヒント］

調理済みのパースニップは袋のまま氷水（20ページ参照）で10分冷やしてから、冷蔵庫に入れて1週間まで保存できます。最後に照りを出す段階でパースニップは十分に再加熱されるので、ソテーパンに水少々を加えるだけで十分です。照り出しをしない場合には、70℃（158°F）の水槽で20分再加熱してください。

ピリ辛クラッシュポテト
ZINGY CRUSHED POTATOES

野菜 | VEGETABLES

この料理は、私が今まで人生で出会った退屈なジャガイモ料理をすべて忘れさせてくれました。ジャガイモを少し柔らかくなるまで低温調理してからつぶして揚げ焼きにし、赤唐辛子フレーク、ネギ、そしてライムの皮で仕上げると、最高に食欲をそそる味になります。エキゾチックな風味とクリーミーでカリカリした食感は、まるでおなじみの料理が海外留学してきたかのようです。ライムとジャガイモという取り合わせはちょっと珍しいかもしれませんが、試してみればピリッとした柑橘類の風味がイモのわずかに土臭い甘味をすばらしく引き立てていることがわかるはずです。この料理を自分で作ってみて、これまでの退屈なジャガイモ料理とはおさらばしましょう。

でき上がり分量：付け合わせとして4人分　|　**低温調理の時間**：1時間（2時間まで）
実際の調理時間：20分、プラス10分の休ませる時間

[材料]

- 小型で丸い、ねっとり系のジャガイモ（ニシユタカ[新じゃが]など）…1ポンド[450g]、よく洗って皮の汚れを除く
- 食塩不使用バター…大さじ1
- コーシャソルト…小さじ1½
- タイム…4枝
- オリーブオイル…カップ¼
- ネギ…2本、白い部分と緑の部分を薄切りにする
- 赤唐辛子フレーク…小さじ½
- すりおろしたライムの皮…1個分（飾り用）
- フレーク状の海塩（モールドンやフルール・ド・セルなど）と挽きたての黒コショウ

[手順]

① 低温調理の水槽を85℃（185°F）に予熱する。
② ジャガイモ、バター、コーシャソルト、タイムの枝を1ガロン[4リットル]サイズのフリーザーバッグに入れ、水圧法（18ページ参照）で空気を追い出しながらジッパーを閉じる。
③ 水温が目標温度に達したら、ジャガイモの入った袋を水槽に沈め（袋が水面から出ないようにすること）、1時間調理する。調理できたかどうかテストするには、ジャガイモを袋の上からつまんでみる。しっかりつまむとへこむようになっていればよい。まだ硬いようなら、さらに15分調理する。
④ 袋を水槽から取り出し、ジャガイモを袋に入れたまま、触れるようになるまで5〜10分さます。穴あきスプーンを使って、ジャガイモを大皿かトレイに移す。袋に残った液体とタイムの枝は捨てる。マグやタンブラーの底を使って、ジャガイモを約½インチ[1.3cm]の厚さにつぶして表面積を増やす（カリッと仕上げるため）。
⑤ 大きなスキレットにオリーブオイルを入れて強めの中火に掛け、油がゆらゆらとしてくるまで熱する。ジャガイモを重ならないように入れ、下の面がカリッとしてこんがりと色づくまで、5〜6分揚げ焼きにする。へらを使ってジャガイモを裏返し、反対側もカリッとしてこんがりと色づくまで、さらに5〜6分揚げ焼きにする。ネギと赤唐辛子フレークを加え、さらに1分調理する。
⑥ 盛り付け。クラッシュポテトを大皿に移し、ライムの皮と海塩、コショウを振りかける。

[作り置きのヒント]

調理済みのジャガイモは袋のまま氷水（20ページ参照）で10分冷やしてから、冷蔵庫に入れて1週間まで保存できます。食卓に出す際には、ジャガイモを冷蔵庫から出してすぐつぶして炒めるだけで大丈夫です。長い時間を掛けて揚げ焼きにするので、十分に中まで熱くなります。

イギリス風チップス
BRITISH-STYLE CHIPS

　すばらしいフライドポテトには、カリカリ感が欠かせません。別にベルギーの肩を持つつもりはありませんが、彼らの二度揚げテクニックは最高です。最初に火を通すために揚げ、それからカリッとさせるためにもう一度揚げるのです。このレシピでは低温調理でジャガイモに火を通しておくため、二度揚げしなくてもホクホクの内側とカリカリの外側という理想の組み合わせが得られます。これは、火の通ったジャガイモは生のジャガイモほど蒸気を発生せず、衣がカリッと揚がるためです。おまけに、何日か前にジャガイモを調理しておいて揚げるときまで袋の中で保存できるという利点もあります。男爵やキタアカリのような、ホクホク系のジャガイモを使うようにしてください。ねっとり系のジャガイモは、カリッと揚がる前に黒ずんでしまうことがあるからです。もちろん、このチップスは67ページで紹介したビール衣のフィッシュと一緒に食卓に出すのがぴったりです。

でき上がり分量：付け合わせとして4人分　|　**低温調理の時間**：1時間（1時間半まで）　|　**実際の調理時間**：15分

[材料]
- ジャガイモ（男爵やキタアカリなど）…1.5ポンド［675g］、皮をむいて縦半分に切り、厚さ½インチ［1.3cm］のくし形に切る（ジャガイモ1個から12切れほどできる）
- エクストラバージンオリーブオイル…大さじ1
- 刻んだ生のタイム…小さじ1
- コーシャソルト…小さじ1、プラス仕上げ用
- キャノーラ油などのマイルドな植物油（揚げ油）

[手順]

① 低温調理の水槽を87℃（188.6°F）に予熱する。

② ジャガイモ、オリーブオイル、タイム、塩を1ガロン［4リットル］サイズのフリーザーバッグに入れ、袋を振ってジャガイモに他の食材をまんべんなくコーティングする。水圧法（18ページ参照）で空気を追い出しながらジッパーを閉じてから、袋をならしてジャガイモを（なるべく）重ならないように並べる。

③ 水温が目標温度に達したら、ジャガイモの入った袋を水槽に沈め（袋が水面から出ないようにすること）、1時間調理する。

④ 袋を水槽から取り出し、揚げる準備ができるまでジャガイモを（袋に入ったまま）常温に置いておく。

⑤ 揚げる準備ができたら、ジャガイモを袋から出して大皿かトレイに移し、液体は捨て、ペーパータオルでジャガイモの水気をしっかりふき取る。別の大皿にペーパータオルを敷き、コンロのそばに置いておく。オーブンを250°F［120℃］に予熱する。

⑥ 鋳鉄製の深さのあるスキレットに、1½インチ［4cm］ほどの深さまで油を注ぐ。ジャガイモを入れたとき油があふれないように、油は鍋の深さの3分の1以下にすること。竹串や菜箸を油の中心に入れたときにすぐ泡が出てくるようになるまで、または揚げ物用の温度計が350°F［175℃］を指すまで、中火で油を熱する。

⑦ 一度にたくさん入れすぎないよう何回かに分けて、静かにジャガイモを熱い油の中に入れ、くっつかないよう時々ひっくり返しながら、こんがりと焼き色がついてカリッとするまで4～5分揚げる。穴の開いたフライ返しを使って、ペーパータオルを敷いた大皿の上にチップスを移し、油を切る。塩を振りかけて味を調え、オーブンに入れて保温しておく。残りのジャガイモについても同じ手順を繰り返す。熱いうちに食卓に出す。

[作り置きのヒント]
⇒ 205ページ参照

完璧なマッシュポテト

PERFECT MASHED POTATOES

マッシュポテトに大事なのはクリーミーさです。そして最高の食感にするには、ジャガイモをちょうど柔らかくなるまでゆでる必要があります。そして、バターも大事です。バターについていえば、このレシピは小心者向きではありません。バターの分量は範囲で示してあります。下限の量では固いアメリカンスタイルのマッシュポテト（グレイビーに最適）ができ、上限の量ではさらにうっとりするような、フランス風のポム・ド・テール・ピュレ（コレステロールの心配を笑い飛ばせる人向け）ができあがります。信じてもらえないかもしれませんが、これでも私は自制心を働かせたのです。世界的に有名なフランス料理のシェフ、ジョエル・ロブションのバージョンでは、ジャガイモと同量のバターを使っているのですから！

でき上がり分量：付け合わせとして4人分 | **低温調理の時間**：1時間（2時間まで） | **実際の調理時間**：15分

[材料]
- ジャガイモ（男爵やキタアカリなど）…1ポンド［450g］、皮をむいて縦半分に切り、½インチ［1.3cm］厚さの半月切りにする
- コーシャソルト…小さじ1
- 生クリーム、全乳、またはクレームフレーシュ、あるいはこれらの組合せ…カップ½
- 食塩不使用バター…カップ½〜1（4〜8オンス［120〜240g］）、常温に戻して½インチ［1.3cm］のさいの目に切る

[手順]
① 低温調理の水槽を90℃（194°F）に予熱する。
② ジャガイモ、塩、生クリームを1ガロン［4リットル］サイズのフリーザーバッグに入れ、水圧法（18ページ参照）で空気を追い出しながらジッパーを閉じる。袋をならしてジャガイモをなるべく平らにする。
③ 水温が目標温度に達したら、ジャガイモの入った袋を水槽に沈め（袋が水面から出ないようにすること）、1時間調理する。
④ 袋を水槽から取り出す。ポテトライサーか一番細かい網を取り付けたフードミルを、大きなボウルの上にセットする。レードルを使って、ジャガイモと生クリームをライサーまたはフードミルに移し、網を通して下に落とす。（理想的ではないが、代わりにポテトマッシャーを使ってもよい。）
⑤ 木のスプーンかへらを使って、バターを一度に数個ずつ混ぜ入れる。加えたバターが溶けてジャガイモとなじんでから次のバターを入れるようにしながら、バターを全部加える。味見して、必要ならば塩で味を調整し、すぐに食卓に出す。

[プロから一言]
このマッシュポテトを感謝祭のごちそうの付け合わせにする（あるいは、大量のマッシュポテトを作りたい時）には、このレシピの倍（や3倍）の分量で作れます。ただし、調理前のジャガイモと生クリームを2枚（または3枚）の袋に分けて、均等に火を通してください。調理が終わったら、マッシュポテトは60℃（140°F）で2時間まで保温しておけます。都合のよいことに、これは感謝祭の七面鳥（119ページ）の最後の調理温度と同じです。

[作り置きのヒント]
調味した状態で袋に戻して口を閉じ、氷水で20分冷やしてから、冷蔵庫に入れて1週間まで保存できます。54℃（129°F）から70℃（158°F）で30分再加熱してください。マッシュポテトをこの本に載っている主菜の付け合わせにすることを想定して、主菜の調理と同じ温度で再加熱できるように、上記の温度範囲にしてあります。

カリフラワーのガラムマサラ風味
CAULIFLOWER WITH GARAM MASALA

このレシピは、カリフラワーとジャガイモを使ったアルゴビ（aloo gobi）というクラシックなインド料理にヒントを得たものですが、簡単にするためジャガイモは使わないことにしました。カリフラワーを普通に鍋で調理するのは面倒です。均等にアルデンテの状態にするため先に湯がいたり水を加えてソテーしたりすると焼き色がつかず、生の部分と煮崩れた部分ができたりもします。低温調理では、かき混ぜ続けたり水を加えたりしなくても、カリフラワーにむらなく火が通るのです。袋の中に香ばしいガラムマサラのスパイスを入れて調理するためカリフラワーにたっぷりと風味が移るとともに、ギーと溶け合ってコクのあるバター風味のソースとなり、袋を開けたときすばらしいアロマを放ちます。この料理は肉のカレー（例えば95ページのチキンティッカマサラ）の付け合わせとしてもおいしいのですが、米飯やナンを添えれば主菜にもなります。

でき上がり分量：付け合わせとして4人分　|　**低温調理の時間**：30分（45分まで）　|　**実際の調理時間**：20分

[材料]

スパイスペースト

- ギーまたはキャノーラ油などのマイルドな植物油…大さじ4
- ガラムマサラ…小さじ2
- ターメリックパウダー…小さじ1
- クミンパウダー…小さじ1
- コリアンダーパウダー…小さじ½
- カシミールレッドチリパウダー*または赤唐辛子フレーク…小さじ½
- シャロット…1個、すりおろすかみじん切りにする
- ショウガ…1インチ[2.5cm]大のもの1かけ、皮をむいてすりおろすかみじん切りにする（約大さじ1）
- ニンニク…2かけ、みじん切りにする
- コーシャソルト…小さじ1½

- カリフラワー…小1玉（約1½ポンド[675g]）、ひと口大の房に分ける（約カップ4）
- ライムの搾り汁…½個分（約大さじ1）
- フレーク状の海塩（モールドンやフルール・ド・セルなど、オプション）
- 香菜の葉…ふんわり詰めてカップ¼（飾り用）

[手順]

① 真空調理の水槽を83℃（181.4°F）に予熱する。

② すべてのスパイスペーストの材料を小さなソースパンに合わせ、中火に掛けて泡立つまで加熱する。火を弱火に落とし、かき混ぜ続けながら、色が濃くなり泡立ちが収まるまで、5分ほど調理する。この時点で、スパイスペーストからはリッチなアロマが漂っているはずだ。

③ スパイスペーストを大きなボウルに移し、カリフラワーを加え、ペーストとあえてすべての小房をまんべんなくコーティングする。

④ 確実に沈むように、1～2ポンド[450～900g]の重りを1ガロン[4リットル]サイズのフリーザーバッグに入れておく。カリフラワーとスパイスペーストすべてを袋に加え、水圧法（18ページ参照）で空気を追い出しながらジッパーを閉じる。袋に入ったカリフラワーを水槽に沈め、30分調理する。カリフラワーが調理できたかどうかテストするには、袋の上から小房をつまんでみる。しっかりつまんだときにへこむようなら、調理できている。へこまない場合には、さらに10分調理する。

⑤ 袋を水槽から取り出し、カリフラワーと袋の中の液体を盛り鉢に移す。ライム汁を加えて、もう一度カリフラワーをあえてから、海塩（使う場合）を振りかけ、香菜の葉を飾る。すぐに食卓に出す。

[作り置きのヒント]

カリフラワーをあらかじめ調理しておくことはおすすめしません（冷やしてから再加熱すると歯ごたえがなくなってしまいます）が、スパイスペーストはあらかじめ作っておいて冷蔵庫で1週間、または冷凍して1か月まで保存できます。

---

* 訳注：インド料理によく使われる、辛くないチリパウダー。日本では入手が難しいがパプリカで代用できそう。

万能マッシュルーム
VERSATILE MUSHROOMS

低温調理の発見の中で一番のお気に入りを選べと言われたら、私はマッシュルームを選ぶでしょう。マッシュルームをじっくりと加熱することによって、ジューシーで柔らかい、それでいて歯ごたえのある、すばらしい食感が得られます。さらに、マッシュルームのスポンジ状の組織は風味を吸収しやすいので、袋に入れたアロマ食材の香りがマッシュルームに移ることになります。手早く簡単で、しかも風味たっぷりのこのマッシュルームは、低温調理のトリプルプレーです。

この料理に「万能」と名付けたのには、ちゃんと理由があります。バルサミコ酢で仕上げたこのマッシュルームは、159ページの8時間スカートステーキをさらに魅力的なものにしてくれるだけでなく、スクランブルエッグやハンバーガーに入れても、クリーミーなパスタソースのベースとしてもおいしいからです。シンプルに汁気を切ってから(この汁はうま味たっぷりなので、取っておいてソースや蒸し煮やスープに加えてください)マッシュルームをバターかオリーブオイルでソテーし、お好きなハーブやスパイスを加えるだけです。あなたの創造力を発揮してください！　このレシピでは肉質の風味のあるマイタケと、食感の違いを楽しむためにシメジとブラウンマッシュルームを使っていますが、シイタケやありふれたマッシュルームなど、どんなキノコでもおいしく作れます。

でき上がり分量:マッシュルームと煮汁で1〜2カップ　|　低温調理の時間:10分　|　実際の調理時間:5分

[材料]
- いろいろなキノコ…8オンス[240g]（マイタケ、ブラウンマッシュルーム、シメジなど）、ひと口大に切る
- しょうゆ…大さじ1
- エクストラバージンオリーブオイル…大さじ1
- 生のタイムの葉…小さじ1
- 塩と挽きたての黒コショウ

[手順]
① 低温調理の水槽を80℃（176°F）に予熱する。
② 袋が確実に沈むように、1〜2ポンド[450〜900g]の重りを1ガロン[4リットル]サイズのフリーザーバッグに入れておく。キノコ、しょうゆ、オリーブオイル、タイムをボウルに合わせ、塩コショウで味を調え、あえてキノコに他の食材をまんべんなくコーティングする。これを袋に入れ、水圧法(18ページ参照)で空気を追い出しながらジッパーを閉じる。
③ 水温が目標温度に達したら、キノコの入った袋を水槽に沈め、10分調理する。
④ 袋を水槽から取り出し、すぐにキノコを食卓に出す。

[プロから一言]
ここでしょうゆを使うのは場違いに思えるかもしれませんが、この調味料はキノコととてもよく合うのです。このレシピのように少量使うと、それ自体は注目を浴びることなく、キノコの素朴なうま味を引き立ててくれます。しょうゆは、マイタケの翼を支える風なのです。

[作り置きのヒント]
このマッシュルームは袋のまま冷やして冷蔵庫に入れ、1週間まで保存できます。スカートステーキなど、このマッシュルームを温かいソースと合わせて使う料理では、再加熱する必要はありません。

[「イギリス風チップス」の作り置きのヒント]
ジャガイモを調理してから揚げるまで2時間以上ある場合には、袋のまま氷水（20ページ参照）で15分冷やしてから冷蔵庫に入れれば1週間まで保存できます。冷蔵庫から出してそのまま揚げることもできますが、全体にこんがりと焼き色をつけたければ揚げる時間を1〜2分増やしてください。揚げ物はすべてそうですが、このチップスも揚げてから永遠にカリカリの状態は保てません。短時間保温したければ、250°F[120℃]のオーブンに30分まで入れておくことができます。これは、付け合わせにする場合に知っておくと便利なテクニックです。

6 デザート
DESSERTS

バニラクレームブリュレ	210
チョコレートポ・ド・クレーム	213
マイヤーレモンカード	215
スパイス入りナシの香り煮	217
パースニップケーキ	219
かんたんバニラアイスクリーム	221
チョコレートアイスクリーム	224
塩キャラメルアイスクリーム	225
ナッツバターアイスクリーム	227
なんでもフルーツアイスクリーム	228
シナモンアップルアイスクリーム	230
アポガート	233
生キャラメル(ドゥルセ・デ・レチェ)	234
アルファフォーレス	236

私はスイーツを作る（あるいは食べる）ことにかけては、人後に落ちないつもりです。もちろんデザートを作るときにも低温調理のことは頭から離れません。水槽を使ってカリッとしたクッキーやふわっとしたケーキを焼くことができないのは確かですが、使いどころを選びさえすれば、低温調理は無敵です。

　それでは、どんなデザートならうまくいくのでしょうか？　これから見ていただく通り、この章のレシピは卵を使ったものがほとんどですが、これは偶然ではありません。その理由は、（「卵」の章の28ページで論証したように）真空調理ほど卵を精密に調理できる方法は他に存在せず、例えばカスタードのように、卵をとろみ付けやつなぎのために使う場合はなおさらそうだからです。さわやかな酸味のマイヤーレモンカード（215ページ）であれ、濃厚なコクのあるチョコレートポ・ド・クレーム（213ページ）であれ、完璧なカスタードを作るためのコツは、もちろん卵を固まらせずトロトロにすることにあります。伝統的にこれは、卵液を非常にじっくりと加熱することによって行われてきました。卵をテンパリングしたり二重鍋を使ったりするレシピもありますが、そのような対策をとったとしても、常に注意を怠らず用心深く見守らなくてはトロトロのカスタードが固まる寸前の瞬間をとらえることはできません。低温調理の正確で穏やかな加熱がこの目的にうってつけなのは、卵黄の凝固点（85℃）よりもわずかに低い温度で調理できるからです。何度でも完璧な仕上がりが得られますし、鍋を見張っている必要もありませんから、固まってしまう心配は忘れてデザートづくりに集中できます。

　この章はアイスクリームのレシピが大部分を占めています。アイスクリームはさまざまな応用ができ、ほとんど無限の可能性を秘めているからです。アイスクリームのベースとなるカスタードを作る最適のツールというだけでなく、低温調理は風味の抽出にも向いていますから、いろいろとカスタマイズしてお気に入りのアイスクリームを作ってみてください。アイスクリームのセクションはプレーンなバニラ（221ページ）に始まり、ピスタチオを使ったナッツバターアイスクリーム（227ページ）やアプリコットなどのフルーツを使ったなんでもフルーツアイスクリーム（228ページ）、そして塩キャラメルアイスクリーム（225ページ）のようなモダンクラシックの再提案まで、あなたの理想のアイスクリームのひな型として使える、さまざまなバリエーションがそろっています。

　低温調理の世界では卵を使ったデザートがスターの座を占めていることは確かですが、それ以外のこの章の独創的なレシピも見逃さないでください。低温調理を利用して、夢の生キャラメル（ドゥルセ・デ・レチェ）を作ったり（234ページ）、ナシをおいしく香り高く煮たり（217ページ）、焼き菓子にパースニップのような珍しい野菜を取り入れたり（219ページ）してみましょう。どんな使い方をしても、デザートのレパートリーを広げてくれる低温調理は、きっとあなたのお気に入りになるはずです。

バニラクレームブリュレ
VANILLA CRÈME BRÛLÉE

このクレームブリュレを作るには、ブロートーチが必要です。現実を見つめましょう。グリルを使ってクレームブリュレが作れると言っているレシピを信じてはいけません。薄く砕けやすい焦がし砂糖の皮膜が、冷たくクリーミーなカスタードを覆っているのがクレームブリュレの絶対条件です。そしてブロートーチ以外に、それを作り出す方法はありません。家庭のグリルでは、すっかり温まってしまったカスタードの上にどんよりとした皮膜ができるのが関の山ですが、そんなものはお断りです！　ですから、自分でクレームブリュレを作る夢をあきらめきれない人は、ブロートーチを使いましょう。よいニュースとして、家庭のキッチン用にデザインされた小型のモデル（キッチン用品専門店やホームセンターにあります）は25ドル［3,000円］程度で手に入り、パリパリの皮膜を作り出すという仕事を十分にこなしてくれます。そうでなければ、ブロートーチなしでも作れるおいしいデザートのレシピもこの本にたくさん載っているので、そちらを作りましょう。

でき上がり分量：4人分　｜　**低温調理の時間**：1時間（1時間半まで）
実際の調理時間：10分、プラス3時間の冷やす時間

[材料]
- 卵黄…Lサイズの卵6個分
- グラニュー糖…カップ1/2*
- バニラ豆…1さや、縦に切り開いて種をかき出す
- コーシャソルト…ひとつまみ
- 生クリーム…カップ1½
- 粗糖（中白糖やきび砂糖など）…大さじ2

[手順]
① 低温調理の水槽を83℃（181.4°F）に予熱する。
② 卵黄、グラニュー糖、バニラ豆の種、塩をボウルに入れ、なめらか（バニラ豆が見え隠れする程度）になるまで泡立て器でかき混ぜてから、生クリームを混ぜ入れ、バニラ豆のさやを加える。
③ この卵液を1クォート［1リットル］サイズのフリーザーバッグに注ぎ入れ、水圧法またはテーブルエッジ法（18ページ参照）で空気を追い出しながらジッパーを閉じる。液体の量が比較的多いレシピには、テーブルエッジ法がおすすめ。
④ 水温が目標温度に達したら、卵液の入った袋を水槽に沈め（袋が水面から出ないようにすること）、1時間調理する。
⑤ 袋を水槽から取り出し、振って中身を混ぜる。袋の隅を切り落とし、バニラ豆のさやが入らないようにしながら、カスタードを4個の4オンス［120ml］のラムカン型かクレームブリュレ皿に均等に注ぎ分ける。底を調理台に打ち付けて表面を平らにし空気の泡を抜いてから、ラムカン型を冷蔵庫に入れて最低でも3時間冷やす。（3時間以上カスタードを冷蔵庫に入れておく場合には、ラップで覆っておく。）
⑥ 食卓に出す準備ができたら、粗糖をカスタードの上に振りかけ（1個当たり小さじ1½程度）、スプーンの背中でやさしく砂糖を広げて薄く均一な砂糖の層を作る。ラムカン型のサイズによっては（つまりカスタードの表面積によっては）、砂糖の量は多少変わるかもしれない。カスタードをちょうど覆うほどの量が必要だ。
⑦ ブロートーチを砂糖の表面に直接向けて（炎の先端は常に砂糖に届いている必要がある）、砂糖がすべて溶けて焦げ目がつくまで30〜60秒、炎を前後に動かす。すぐに食卓に出す。

[作り置きのヒント]
カスタード（皮膜以外）はあらかじめ作っておき、ラップに包んで5日まで冷蔵庫で保存できます。食卓に出す準備ができたら、手順に従ってブロートーチで焼いてください。

*訳注：カップはアメリカサイズ。正確な分量は24ページを参照（以下、同）。

チョコレートポ・ド・クレーム
CHOCOLATE POTS DE CRÈME

　チョコレートポ・ド・クレームは、デザート界のカクテルドレスです。シンプルなのに洗練されていて、気分によってはひとつまみのメキシカンシナモンやコーヒーの粉を振りかけてもいいのですが、そのままでもうっとりするようなおいしさです。わずかな甘み、深いチョコレートの風味、そして魅惑的に濃厚でなめらかな食感のこのデザートは、どんな人の心もとろけさせることでしょう。

　私はこのチョコレート菓子をよくお土産に持って行きます。1人分ずつ器に入っていて、倍や3倍の量も手間なく作れ、そしていつでも完璧に仕上がるからです。ただしガラス容器で作る場合には、ちょっとした注意が必要になります。ジャーをいきなり80℃の水槽に入れると、熱衝撃のためガラスにひびが入るおそれがあるのです。それを防ぐには、熱くなる前に水槽に入れるようにしてください。そのため、ここでは正確な調理時間を示していません。必要な時間は、水温の上がり方に左右されるからです。しかしこれは大きな問題ではありません。水槽に入っている時間が多少長くても、カスタードに火が入りすぎる心配はないからです。

でき上がり分量：4人分　|　**低温調理の時間**：約1時間半（2時間まで）
実際の調理時間：5分、プラス3時間の冷やす時間

[材料]
- 生クリーム…カップ2
- 高品質のビタースイートチョコレート…4オンス[120g]、粗く刻む
- 砂糖…大さじ3
- バニラエッセンス…小さじ1
- コーシャソルト…ひとつまみ
- 卵黄…Lサイズの卵4個分
- フレーク状の海塩（モールドンやフルール・ド・セルなど、オプション）

[手順]
① ソースパンに生クリームをカップ1½入れて中火にかけ、煮立たせる。火からおろし、チョコレート、砂糖、バニラ、塩を加え、完全になめらかになるまで泡立て器でかき混ぜる。泡立て器で混ぜながら卵黄を1個ずつ加え、そのたびによく混ぜてから次の卵黄を加える。混ぜ終わったら、注ぎやすいようにこのチョコレート液を大きな液体計量カップに移しておく。

② チョコレート液を4個の4オンス[120mℓ]のメイソンジャー（またはふたのできる耐熱性ガラス容器）に均等に注ぎ分ける。容器にはそれぞれふたをする。ふたは、圧力を逃がすために指先で軽く締めておく。

③ 低温調理の水槽に水を入れてから、ふたをしたジャーを水槽に入れる。ジャーは水槽の底に接するようにして安定させること。水槽の温度を80℃（176°F）にセットする。

④ 水温が目標温度に達したら（20〜30分かかるはずだ）、カスタードを1時間調理する。

⑤ トングを使って、静かにジャーを水槽から取り出す（熱いので注意すること！）。ジャーを冷蔵庫に入れ、カスタードが完全に固まるまで、最低でも3時間冷やす。

⑥ 盛り付け。ボウルと泡立て器を使って、残りのカップ½の生クリームを軽く角が立つ程度に泡立てる。カスタードの入ったジャーのふたを開け、ひとつまみの海塩を振りかけてから、ホイップした生クリームを乗せる。

[作り置きのヒント]
調理済みのポ・ド・クレームは、冷蔵庫で1週間まで保存できます。

デザート | DESSERTS

マイヤーレモンカード

MEYER LEMON CURD

　「カード」はチーズなどを固まらせるという意味ですが、ここではカスタードと同じく実際に固まらせるわけではありません。そのためには、低温調理が魔法のように役立ちます。私は複雑なハーブ風味のマイヤーレモンが大好きですが、このレシピはどんな種類の柑橘類にも使えるのがすばらしいところです。ライム、グレープフルーツ、オレンジなど、お好きなものを使ってください。ただ、柑橘類の種類が違うと酸度や糖度も違ってくるので、それに合わせて使う砂糖の量を調節するのがよいでしょう。このカードはトーストにたっぷりと塗ったり、下焼きしたタルト生地に詰めたり、あるいは直接ジャーから口に運んだりして楽しんでください。

でき上がり分量：約カップ3　|　**低温調理の時間**：1時間（1時間半まで）
実際の調理時間：10分、プラス10分の常温にさます時間と3時間の冷やす時間

[材料]
- 砂糖…カップ1½
- コーシャソルト…小さじ½
- 細かくすりおろしたマイヤーレモンの皮…大さじ3（レモン約4個分）
- マイヤーレモンの搾り汁
  …カップ1（レモン約4個分）
- Lサイズの卵…4個
- 卵黄…Lサイズの卵2個分
- 食塩不使用バター
  …カップ½（4オンス［120g］）、溶かして常温に戻しておく

[手順]
① 低温調理の水槽を83℃（181.4°F）に予熱する。
② 砂糖、塩、レモンの皮をミキサーに入れ、細かいパウダー状になるまで1分ほどミキサーを動かす。レモン汁、卵、卵黄、バターを加え、低速で完全に混ざるまでミキサーを動かす。
③ ミキサーの中身を1ガロン［4リットル］サイズのフリーザーバッグに注ぎ入れ、水圧法またはテーブルエッジ法（18ページ参照）で空気を追い出しながらジッパーを閉じる。液体の量が比較的多いレシピには、テーブルエッジ法がおすすめ。
④ 水温が目標温度に達したら、カードの入った袋を水槽に沈め（袋が水面から出ないようにすること）、1時間調理する。
⑤ 袋を水槽から取り出し、常温でカードを10分さます。この時点で、カードをお好きな容器に移してもよい。最低でも2時間は冷蔵庫で冷やしてから使う。

———

[作り置きのヒント]
調理済みのカードは、密閉容器に入れて冷蔵庫で2週間まで保存できます。

スパイス入りナシの香り煮

SPICED POACHED PEARS

これは、伝統的なナシのシロップ煮を私流にアレンジしたものです。ナシを低温調理すると、刺激的なスパイスのきいたアロマが煮汁から逃げ出さないので、袋を開ければもうそこにはアイスクリームにぴったりの、おいしいソースができています。そしてじっくりと調理されたナシは完璧にジューシーで、歯ごたえを失ってしまう心配もありません。これは大人数のために料理を作るとき頼りになる、エレガントなデザートです。簡単に量を増やして作れますし、作り置きがききますし、温め直してすぐ食卓に出せるからです。

でき上がり分量：4人分　|　**低温調理の時間**：30分（1時間まで）　|　**実際の調理時間**：10分

[材料]
- ライトブラウンシュガー…大さじ3
- 食塩不使用バター…大さじ2
- レモンの搾り汁…大さじ1
- バーボンまたはダークラム…大さじ1
- 皮をむいてすりおろしたショウガ…小さじ1、またはショウガパウダーひとつまみ
- コーシャソルト…ひとつまみ
- バニラ豆…1さや、縦に切り開いて種をかき出す
- スターアニス（八角）…1個
- 熟しているが硬いナシ…2個、皮をむき、縦半分に切って芯を抜く
- バニラアイスクリーム…1パイント[480㎖]、自家製（221ページ）または市販品
- 生のタラゴンの葉…大さじ1（飾り用、オプション）

[手順]
① 低温調理の水槽を85℃（185°F）に予熱する。
② ブラウンシュガー、バター、レモン汁、バーボン、ショウガ、塩、バニラ豆の種（さやは入れない）を小さなソースパンに合わせて中火にかける。バターが溶けてソースが完全になめらかになるまで、泡立て器でかき混ぜる。スターアニスとバニラ豆のさやを加えて、火からおろす。
③ ナシを1ガロン[4リットル]サイズのフリーザーバッグに入れ、ソースを注ぎ入れ、水圧法（18ページ参照）で空気を追い出しながらジッパーを閉じる。
④ 水温が目標温度に達したら、ナシの入った袋を水槽に沈め（袋が水面から出ないようにすること）、30分調理する。
⑤ 袋を水槽から取り出し、ナシと煮汁をボウルに移す。スターアニスとバニラ豆のさやは除いて捨てる。ナシを扇形に切るには、ナシをまな板に乗せ、茎の側を切り離さないように注意しながら、ナシの太い部分に縦¼インチ[6mm]幅の切り込みを平行に入れ、やさしく押さえて切った部分を扇形に開く。
⑥ 盛り付け。アイスクリームをスクープですくってボウルに入れ、扇形に切ったナシを乗せ、ソースを上からかける。タラゴン（使う場合）を飾る。

[プロから一言]
石のように固いナシしかなくても、あきらめないでください。15分か30分ごとにチェックしながら、柔らかくなるまで長時間調理すればよいのです。

[作り置きのヒント]
調理済みのナシは、袋のまま冷蔵庫で1週間まで保存できます（氷水で冷やす必要はありません）。60℃（140°F）の水槽で15分再加熱してから食卓に出してください。

パースニップケーキ

PARSNIP CAKE

　このレシピをよく見ると、「野菜」の章のパースニップの照り煮が使われているのがわかるでしょう。そうです、パースニップはケーキを作るためにも使えるのです。たくさん野菜を食べましょう！　これは基本的にキャロットケーキのレシピのニンジンをパースニップで置き換えたものですが、生のパースニップはニンジンと違って直接生地に入れるには硬すぎるので、まず低温調理で柔らかくすることにしました。これは、例えばカボチャやサツマイモなど、ほかの硬い野菜のケーキを作るときにも使える便利な方法です。

　このケーキは卵を使っていませんし、またパースニップの照り煮のレシピからバターとハチミツを抜いてフロスティングを省略すれば、ヴィーガン（絶対菜食主義）にもなります！　それにもかかわらず、これは「ヘルシーな」パースニップケーキのレシピではありません。信じられないほどしっとりとしていておいしく、完璧に満足できる一品です。パンプキンスパイスの香りのするビターズは風味をさらに高めてくれますが、バニラエッセンスと置き換えてもかまいません。このレシピはデザートだけでなく、生地をマフィン型に入れて焼けば、すばらしくおいしいペストリーにもなります（フロスティングなしでも）。

でき上がり分量：9インチ［22cm］のケーキ型1個分またはマフィン18個分
低温調理の時間：1時間、プラス15分の冷やす時間（パースニップの調理のため）
実際の調理時間：45分（焼き時間を含む）、プラス30分の冷やす時間

[材料]

- クッキングスプレー
  （ケーキ型に油を塗るため）

生地

- ココナッツオイルまたはキャノーラ油などのマイルドな植物油
  …カップ 3/4
- パースニップの照り煮（197ページ）、袋のまま冷やしておく
- ライトブラウンシュガー
  …きっちり詰めてカップ 1
- グラニュー糖…カップ 1/4
- メープルシロップ…カップ 1/4
- バニラエッセンス…小さじ 1

- パンプキンスパイスのビターズ
  （243ページ）または
  バニラエッセンス…小さじ 1
- 細かくすりおろしたオレンジの皮
  …大さじ 2（約オレンジ大1個分）
- 小麦粉…カップ 1 3/4
- ベーキングパウダー…小さじ 1

- 重曹…小さじ 1
- 塩…小さじ 1/2
- シナモンパウダー…小さじ 1
- ショウガパウダー…小さじ 1/4、
  または皮をむいて細かくすりおろしたショウガ…大さじ 1
- 挽きたてのナツメグまたは
  ナツメグパウダー…小さじ 1/4

フロスティング

- クリームチーズ…8オンス［240g］、常温に戻しておく
- 食塩不使用バター
  …大さじ 6、常温に戻しておく
- コーシャソルト…ひとつまみ
- レモンの搾り汁…小さじ 1
- 粉砂糖…カップ 1

- 炒った無糖ココナッツフレーク
  …カップ 1/2（飾り用、オプション）

パースニップケーキ、続き

[手順]

① オーブンを350°F［175°C］に予熱する。9インチ［22cm］のケーキ型に油を塗るか、18個のマフィンカップにグラシン紙を敷いておく。

② 生地を作る。油をフードプロセッサーに注ぎ入れ、調理済みのパースニップとその煮汁、ブラウンシュガー、グラニュー糖、メープルシロップを加えて、パースニップの粒がすべて¼インチ［6mm］以下になり、粗いピュレ状になるまで断続的にミキサーを動かす。

③ 生地を大きなボウルに移し、泡立て器でかき混ぜながらバニラ、ビターズ、オレンジの皮、小麦粉、ベーキングパウダー、重曹、塩、シナモン、ショウガ、ナツメグを加えて、しっかり混ぜ合わせる。

④ ケーキを作る場合には、ゴムベラを使って準備しておいたケーキ型に生地を全部流し込む。マフィンを作る場合には、2オンス［60㎖］のスクープを使って準備しておいたマフィンカップに生地を入れる。ケーキ型またはマフィンカップを天板の上に乗せる。

⑤ 上の部分が固まって焼き色がつき、中心に竹串を刺して何もついてこなくなるまで、マフィンの場合には20～25分、ケーキの場合には35～40分焼く。型に入れたままラックに移し、触っても温かいと感じなくなるまで、少なくとも30分さます。

⑥ ケーキやマフィンをさましている間に、フロスティングを作る。クリームチーズ、バター、塩、レモン汁をボウルに合わせ、木のスプーンかゴムベラで完全になめらかになるまで混ぜる。粉砂糖をふるい入れ、なめらかにふんわりしてくるまで2～3分泡立てる。この時点で、フロスティングは密閉容器に入れて5日まで保存できる。

⑦ ケーキがさめたら、型から取り外して皿に乗せる。バターナイフかオフセットスパチュラを使って、フロスティングを上面と側面に塗り広げる。あるいは、マフィンを型から外して上にフロスティングを塗る。炒ったココナッツ（使う場合）を振りかける。

[作り置きのヒント]

このレシピを最初から最後まで作る場合には、85°C（185°F）の水槽でパースニップの照り煮を作る時間として1時間と、それを生地に加える前にさます時間として15分を見込んでおいてください（最後の照り出しの手順は省略できます）。そうでなければ、調理済みのパースニップは1週間まで冷蔵庫で保存できます。フロスティングを掛けたケーキやマフィンはアルミ箔かラップでゆるく覆って冷蔵庫に入れ、5日まで保存できます。

かんたんバニラアイスクリーム

HASSLE-FREE VANILLA ICE CREAM

低温調理はアイスクリームの作り方を根本から変えてしまいます。卵黄が固まるリスクなしに完璧なカスタードが作れるだけでなく、ほとんど何もしなくてもよくなるのです。テンパリングも、ごく弱い火に掛けて辛抱強くかき混ぜることも、何も必要ありません。ただ袋を水槽の中に入れて待つだけで、完璧な仕上がりになります。

自家製アイスクリームはいくらあってもよいものですから、この章にはオプションをたくさん用意しました。このバニラアイスクリームを真っ白なキャンバスに見立てて、あなたのアイスクリーム作りを始めてください。バニラには、ほかに使われる食材の風味を繊細な形で高めるというすばらしい働きがありますが、時には風味同士が衝突してしまうこともあります。そのため、これ以降のアイスクリームのレシピではバニラはオプションの食材としました。バニラの代わりに私がよく使うアロマ食材としては、柑橘類の皮、コーヒー豆、カルダモンやショウガ、シナモンスティックやコリアンダーなどのスパイス、そしてミントやレモングラスやベイリーフ、バジルやタイムなどのハーブがあります。これらの食材を自由に加えて泡立てて、あなた自身のアイディア山盛りのアイスクリームを作り出しましょう。そしてアイスクリームマシンに注ぎ入れる前に、カスタードを濾して固形物を取り除くのを忘れないようにしてください。

牛乳の一部をジュースやピュレに置き換えれば、フルーツ風味のアイスクリームを作ることもできます。お酒が飲みたい気分ですか？ ほとんどどんなアルコール飲料でも、アイスクリームベースを冷やした後に混ぜ入れることができます。私のお気に入りはコニャック、アマーロ、グランマニエ、アマレット、クレーム・ド・カシスなどです。ひとつだけ必ず使ってほしい食材はハチミツ（またはコーンシロップ）で、これに含まれるブドウ糖が大きな氷の結晶の形成を妨げるため、なめらかな口当たりとなってアイスクリームの食感を大幅に高めてくれます。

でき上がり分量：約1クォート［1リットル］ | 低温調理の時間：1時間（1時間半まで）
実際の調理時間：10分、プラス少なくとも45分の冷やす時間

[材料]
- 卵黄…Lサイズの卵6個分
- 砂糖…カップ ¾
- ハチミツまたはライトコーンシロップ …大さじ1
- バニラ豆…1さや、縦に切り開いて種をかき出す、またはバニラエッセンス…小さじ1
- 塩…ひとつまみ
- 全乳…カップ 1½
- 生クリーム…カップ 1½
- バーボン…大さじ2

[手順]
① 低温調理の水槽を85℃（185°F）に予熱する。
② 卵黄、砂糖、ハチミツ、バニラ豆の種（またはバニラエッセンス）、塩を大きなボウルに入れ、泡立て器でしっかりと混ぜ合わせる。牛乳と生クリームを混ぜ入れてから、バニラ豆のさや（使う場合）を加える。

かんたんバニラアイスクリーム、続き

③ このアイスクリームベースを1ガロン[4リットル]サイズのフリーザーバッグに注ぎ入れ、水圧法またはテーブルエッジ法（18ページ参照）で空気を追い出しながらジッパーを閉じる。液体の量が比較的多いレシピには、テーブルエッジ法がおすすめ。

④ 水温が目標温度に達したら、アイスクリームベースの入った袋を水槽に沈め（袋が水面から出ないようにすること）、1時間調理する。

⑤ 調理が終わったら、袋を氷水（20ページ参照）に移して少なくとも45分冷やすか、袋を冷蔵庫に少なくとも6時間入れておく。どちらにしても、アイスクリームベースは凍らせる前に完全に冷えていなくてはならない。

⑥ 凍らせる準備ができたら、アイスクリームベース（この時点でとろみがついてカスタード状になっているはずだ）を濾してバニラ豆のさや（使った場合）を除く。カスタード状のベースをアイスクリームマシンに入れてメーカーの指示に従って凍らせるか、下のコラムにあるようにアイスクリームマシンなしで凍らせる。

⑦ アイスクリームは密封できる冷凍容器に移し、フリーザーに入れる。市販品の多くに使われている安定剤を使っていないので、自家製アイスクリームの食感は1週間以内に食べるのがベストだ。

[作り置きのヒント]

調理済みのアイスクリームベースは、冷凍する前に1週間まで冷蔵庫で保存できます。

アイスクリームマシンなしで凍らせる方法

このハックは、偉大な食品科学者ハロルド・マギーから教わったものです。

1ポンド[450g]の塩と3クォート[3リットル]の水を大きな容器に入れ、かき混ぜて塩を溶かす。この塩水を、2枚の1ガロン[4リットル]サイズの新品のフリーザーバッグに均等に分けて入れる。バッグを平らにしてフリーザーに入れ、一晩かけて冷凍する。翌日、調理台の上にふきんを敷き、フリーザーで一晩冷凍した塩水の袋で、冷やしておいたアイスクリームベースの袋をサンドイッチする。（塩水の温度は32°F[0°C]よりも低くなっているが、塩が氷の結晶の形成を妨げる。）断熱のため、もう1枚ふきんを掛けておく。この状態で調理台の上に30分ほど置いておくと、アイスクリームベースが凍っているはずだ。この塩水の袋はフリーザーに戻しておけば、次の真空調理アイスクリームを作る機会にまた使える！　必要に応じて、アイスクリームを密閉できる冷凍容器に移しておけばすくいやすいだろう。

チョコレートアイスクリーム

CHOCOLATE ICE CREAM

もしあなたにつらい別れの経験があれば*、チョコレートアイスクリームの必要性はもうわかっているはずです。このレシピは基本のバニラアイスクリームのレシピのバリエーションですが、ここではココアパウダーの他にもコーヒー風味のリキュールを加え、相乗効果によってチョコレート気分を高めています。ここでココアパウダーを使っていることに、驚いた人もいるかもしれません。なぜ溶かしたチョコレートを使わなかったかというと、フリーザーの温度ではココアバターがろう状となり、完成したアイスクリームのベルベットのような食感を台無しにして、私を悲嘆にくれさせてしまうからです。

* 訳注：そして『チョコレート』という映画を見たことがあれば。

でき上がり分量：約1クォート［1リットル］　|　**低温調理の時間**：1時間（1時間半まで）
実際の調理時間：10分、プラス少なくとも45分の冷やす時間

[材料]
- 卵黄…Lサイズの卵大6個分
- ナチュラル、またはダッチプロセスのココアパウダー…カップ 1/3
- 砂糖…カップ 3/4
- ハチミツまたはライトコーンシロップ…大さじ1
- バニラ豆…1さや、縦に切り開いて種をかき出す、またはバニラエッセンス…小さじ1（オプション）
- 塩…ひとつまみ
- 全乳…カップ 1 1/2
- 生クリーム…カップ 1 1/2
- コーヒー風味のリキュール…大さじ1（オプション）

[手順]
① 低温調理の水槽を83℃（181.4°F）に予熱する。
② 卵黄、ココアパウダー、砂糖、ハチミツ、バニラ豆の種またはバニラエッセンス（使う場合）、塩をボウルに入れ、泡立て器でしっかりと混ぜ合わせる。牛乳と生クリームを混ぜ入れてから、バニラ豆のさや（使う場合）を加える。
③ このアイスクリームベースを1ガロン［4リットル］サイズのフリーザーバッグに注ぎ入れ、水圧法またはテーブルエッジ法（18ページ参照）で空気を追い出しながらジッパーを閉じる。液体の量が比較的多いレシピには、テーブルエッジ法がおすすめ。
④ 水温が目標温度に達したら、アイスクリームベースの入った袋を水槽に沈め（袋が水面から出ないようにすること）、1時間調理する。
⑤ 調理が終わったら、袋を氷水（20ページ参照）に移して少なくとも45分冷やすか、袋を冷蔵庫に少なくとも6時間入れておく。どちらにしても、アイスクリームベースは凍らせる前に完全に冷えていなくてはならない。
⑥ 凍らせる準備ができたら、リキュール（使う場合）を加え、アイスクリームベース（この時点でとろみがついてカスタード状になっているはずだ）を濾してバニラ豆のさや（使った場合）を除く。カスタード状のベースをアイスクリームマシンに入れてメーカーの指示に従って凍らせるか、222ページの手順に従ってアイスクリームマシンなしで凍らせる。
⑦ アイスクリームは密封できる冷凍容器に移し、フリーザーに入れる。市販品の多くに使われている安定剤を使っていないので、自家製アイスクリームの食感は1週間以内に食べるのがベストだ。

[作り置きのヒント]
調理済みのアイスクリームベースは、冷凍する前に1週間まで冷蔵庫で保存できます。

塩キャラメルアイスクリーム

SALTED CARAMEL ICE CREAM

皮肉屋の中には、塩キャラメルはもう落ち目だ、自分自身の成功の犠牲になってしまった、という人もいます。でも上手にできたときの、完璧にバランスした甘味と塩味の組み合わせは今でも私のお気に入りの美味のひとつです。このレシピはお手製の生キャラメル（ドゥルセ・デ・レチェ）を自慢する最高の方法ですが、品質の高い市販のキャラメルソースやバタースコッチソースを使っても、すばらしくできあがるでしょう。このレシピで肝心な点は、ベースを凍らせる直前に塩を加えることです。こうすると塩の結晶が溶けないので、アイスクリームになった後まで塩の食感が残るのです。

でき上がり分量：約1クォート［1リットル］　|　**低温調理の時間**：1時間（1時間半まで）
実際の調理時間：10分、プラス少なくとも45分の冷やす時間

［材料］
- 卵黄…Lサイズの卵6個分
- 生キャラメル（ドゥルセ・デ・レチェ、234ページ）あるいは市販のキャラメルまたはバタースコッチソース…カップ 2/3
- バニラ豆…1さや、縦に切り開いて種をかき出す、またはバニラエッセンス…小さじ1（オプション）
- 全乳…カップ 1 1/2
- 生クリーム…カップ 1 1/2
- フレーク状の海塩（モールドンやフルール・ド・セルなど）…小さじ1、お好みでもっと

［手順］
① 低温調理の水槽を83℃（181.4°F）に予熱する。
② 卵黄、生キャラメル（ドゥルセ・デ・レチェ）、バニラ豆の種またはバニラエッセンス（使う場合）を大きなボウルに入れ、泡立て器でしっかりと混ぜ合わせる。牛乳と生クリームを混ぜ入れてから、バニラ豆のさや（使う場合）を加える。
③ このアイスクリームベースを1ガロン［4リットル］サイズのフリーザーバッグに注ぎ入れ、水圧法またはテーブルエッジ法（18ページ参照）で空気を追い出しながらジッパーを閉じる。液体の量が比較的多いレシピには、テーブルエッジ法がおすすめ。
④ 水温が目標温度に達したら、アイスクリームベースの入った袋を水槽に沈め（袋が水面から出ないようにすること）、1時間調理する。
⑤ 調理が終わったら、袋を氷水（20ページ参照）に移して少なくとも45分冷やすか、袋を冷蔵庫に少なくとも6時間入れておく。どちらにしても、アイスクリームベースは凍らせる前に完全に冷えていなくてはならない。
⑥ 凍らせる準備ができたら、アイスクリームベース（この時点でとろみがついてカスタード状になっているはずだ）を濾してバニラ豆のさや（使った場合）を除く。海塩を混ぜ入れる。カスタード状のベースをアイスクリームマシンに入れてメーカーの指示に従って凍らせるか、222ページの手順に従ってアイスクリームマシンなしで凍らせる。
⑦ アイスクリームは密閉できる冷凍容器に移し、フリーザーに入れる。市販品の多くに使われている安定剤を使っていないので、自家製アイスクリームの食感は1週間以内に食べるのがベストだ。

［作り置きのヒント］
調理済みのアイスクリームベースは、冷凍する前に1週間まで冷蔵庫で保存できます。

ナッツバターアイスクリーム

NUT BUTTER ICE CREAM

いろいろな風味を楽しむことができるので、私はこのアイスクリームの大ファンです。子どもの気分に浸りたければ、昔ながらのピーナッツバター味はどうでしょう。ここではなめらかな舌触りに加工されたクリーミーなピーナッツバター（SkippyやJifなど）のほうが、ナチュラルにクリーミーなピーナッツバターよりもよい食感が得られますが、後者を使っても（あるいはほかのナッツバターでも）大丈夫です。コスモポリタンな気分なら、ピスタチオのペーストを混ぜてはどうでしょう。ヌテラでもおいしくできます。要するにこれはデザートなのですから。

でき上がり分量：約1クォート［1リットル］　｜　**低温調理の時間**：1時間（1時間半まで）
実際の調理時間：10分、プラス少なくとも45分の冷やす時間

[材料]
- 卵黄…Lサイズの卵6個分
- 砂糖…カップ ¾
- ハチミツまたはライトコーンシロップ…大さじ1
- バニラ豆…1さや、縦に切り開いて種をかき出す、またはバニラエッセンス…小さじ1（オプション）
- 塩…ひとつまみ
- 全乳…カップ 1½
- 生クリーム…カップ 1½
- なめらかなナッツバター、ピスタチオのペースト、またはヌテラ…カップ ⅓
- アマレットなどナッツ風味のリキュール…大さじ1（オプション）

[手順]
① 低温調理の水槽を83℃（181.4°F）に予熱する。
② 卵黄、砂糖、ハチミツ、バニラ豆の種またはバニラエッセンス（使う場合）、塩を大きなボウルに入れ、泡立て器でしっかりと混ぜ合わせる。牛乳と生クリームを混ぜ入れる。ナッツバターを加え、ハンドブレンダーを使って、なめらかになるまでブレンドする。バニラ豆のさや（使う場合）を加える。
③ このアイスクリームベースを1ガロン［4リットル］サイズのフリーザーバッグに注ぎ入れ、水圧法またはテーブルエッジ法（18ページ参照）で空気を追い出しながらジッパーを閉じる。液体の量が比較的多いレシピには、テーブルエッジ法がおすすめ。
④ 水温が目標温度に達したら、アイスクリームベースの入った袋を水槽に沈め（袋が水面から出ないようにすること）、1時間調理する。
⑤ 調理が終わったら、袋を氷水（20ページ参照）に移して少なくとも45分冷やすか、袋を冷蔵庫に少なくとも6時間入れておく。どちらにしても、アイスクリームベースは凍らせる前に完全に冷えていなくてはならない。
⑥ 凍らせる準備ができたら、アマレット（使う場合）を加え、アイスクリームベース（この時点でとろみがついてカスタード状になっているはずだ）を濾してバニラ豆のさや（使った場合）を除く。カスタード状のベースをアイスクリームマシンに入れてメーカーの指示に従って凍らせるか、222ページの手順に従ってアイスクリームマシンなしで凍らせる。
⑦ アイスクリームは密閉できる冷凍容器に移し、フリーザーに入れる。市販品の多くに使われている安定剤を使っていないので、自家製アイスクリームの食感は1週間以内に食べるのがベストだ。

[作り置きのヒント]
調理済みのアイスクリームベースは、冷凍する前に1週間まで冷蔵庫で保存できます。

なんでもフルーツアイスクリーム

CATCHALL FRUIT ICE CREAM

アプリコットでこのアイスクリームを作ったときの燃えるようなオレンジ色が私は大好きですが、このレシピはどんなフルーツ風味のアイスクリームのひな型としても使えますし、場合によっては野菜でもうまくいきます。シンプルにアプリコットジャムを、何かのジュースやジャム、ピュレ、あるいは刻んだ新鮮な季節のフルーツと入れ替えてください。ピーチジャム、アップルシードル、アップルソース、あらゆる種類のベリーのピュレ（またはジャム）、焼いたナシ、セロリやビートのジュース（これは本当においしいです）、焼いたカボチャのピュレなどは、すべておいしい選択です。例外は柑橘類のジュースで、カップ¾をすべて置き換えるとベースが固まってしまいます。柑橘類やルバーブやパッションフルーツなど酸度の高い食材を使う場合には、大さじ1½までにすることをお勧めします。これを回避する方法としては（そしてとってもおいしいソリューションでもあります）、柑橘類のカード（例えば215ページのマイヤーレモンカード）をカップ¾まで使うこともできます。その場合にはカスタードが固まってしまうことはありません。

でき上がり分量：約1クォート［1リットル］ | 低温調理の時間：1時間（1時間半まで）
実際の調理時間：10分、プラス少なくとも45分の冷やす時間

[材料]
- 卵黄…Lサイズの卵6個分
- 砂糖…カップ¾
- ハチミツまたはライトコーンシロップ…大さじ1
- バニラ豆…1さや、縦に切り開いて種をかき出す、またはバニラエッセンス…小さじ1（オプション）
- 塩…ひとつまみ
- アプリコットのピュレ、ジュース、またはジャム…カップ¾
- レモンの搾り汁…大さじ1
- 全乳…カップ¾
- 生クリーム…カップ1½

[手順]
① 低温調理の水槽を85℃（185°F）に予熱する。
② 卵黄、砂糖、ハチミツ、バニラ豆の種またはバニラエッセンス（使う場合）、塩を大きなボウルに入れ、泡立て器でしっかりと混ぜ合わせる。アプリコットのピュレとレモン汁を加えて泡立て器でしっかりと混ぜ合わせてから、牛乳と生クリームを混ぜ入れる。バニラ豆のさや（使う場合）を加える。
③ このアイスクリームベースを1ガロン［4リットル］サイズのフリーザーバッグに注ぎ入れ、水圧法またはテーブルエッジ法（18ページ参照）で空気を追い出しながらジッパーを閉じる。液体の量が比較的多いレシピには、テーブルエッジ法がおすすめ。
④ 水温が目標温度に達したら、アイスクリームベースの入った袋を水槽に沈め（袋が水面から出ないようにすること）、1時間調理する。

⑤調理が終わったら、袋を氷水（20ページ参照）に移して少なくとも45分冷やすか、袋を冷蔵庫に少なくとも6時間入れておく。どちらにしても、アイスクリームベースは凍らせる前に完全に冷えていなくてはならない。

⑥凍らせる準備ができたら、アイスクリームベース（この時点でとろみがついてカスタード状になっているはずだ）を濾してバニラ豆のさや（使った場合）を除く。果肉感のあるジャムを使っていてアイスクリームにフルーツの粒々を残したい場合には、濾す手順を省略してバニラ豆のさや（使った場合）だけを除けばよい。カスタード状のベースをアイスクリームマシンに入れてメーカーの指示に従って凍らせるか、222ページの手順に従ってアイスクリームマシンなしで凍らせる。

⑦アイスクリームは密封できる冷凍容器に移し、フリーザーに入れる。市販品の多くに使われている安定剤を使っていないので、自家製アイスクリームの食感は1週間以内に食べるのがベストだ。

[作り置きのヒント]

調理済みのアイスクリームベースは、冷凍する前に1週間まで冷蔵庫で保存できます。

シナモンアップルアイスクリーム

CINNAMON-APPLE ICE CREAM

現在ではカリフォルニアに住んでいる私は秋の美しい紅葉や冷涼な気候を楽しむことはできませんが、それでも季節の楽しみはあります。シナモンとリンゴの風味ほど秋を感じさせてくれるものはないので、それを使ってこのアイスクリームを作りました。そのまま食べてもおいしいのですが、自家製のシードルとビターズを添えれば、こじゃれた大人のデザートにもなります。これを私はアポガートと呼んでいます（233ページ）。

でき上がり分量：約1クォート［1リットル］ | 低温調理の時間：1時間（1時間半まで）
実際の調理時間：10分、プラス少なくとも45分の冷やす時間

[材料]
- 卵黄…Lサイズの卵6個分
- 砂糖…カップ ¾
- ハチミツまたはライトコーンシロップ…大さじ1
- バニラ豆…1さや、縦に切り開いて種をかき出す、またはバニラエッセンス…小さじ1（オプション）
- 塩…ひとつまみ（オプション）
- アップルバターまたはピュレしたアップルソース…カップ ¾
- 生クリーム…カップ 1½
- 全乳…カップ ¾
- シナモンスティックまたはカッシアスティック（長さ3インチ［7.5cm］）…2本、またはシナモンパウダー…小さじ ½〜1

[手順]
① 低温調理の水槽を85℃（185°F）に予熱する。
② 卵黄、砂糖、ハチミツ、バニラ豆の種またはバニラエッセンス（使う場合）、シナモンパウダー、塩を大きなボウルに入れ、泡立て器でしっかりと混ぜ合わせる。アップルバターを加えて泡立て器でよく混ぜてから、牛乳と生クリームを混ぜ入れる。バニラ豆のさや（使う場合）を加える。
③ このアイスクリームベースを1ガロン［4リットル］サイズのフリーザーバッグに注ぎ入れ、水圧法またはテーブルエッジ法（18ページ参照）で空気を追い出しながらジッパーを閉じる。液体の量が比較的多いレシピには、テーブルエッジ法がおすすめ。
④ 水温が目標温度に達したら、アイスクリームベースの入った袋を水槽に沈め（袋が水面から出ないようにすること）、1時間調理する。
⑤ 調理が終わったら、袋を氷水（20ページ参照）に移して少なくとも45分冷やすか、袋を冷蔵庫に少なくとも6時間入れておく。どちらにしても、アイスクリームベースは凍らせる前に完全に冷えていなくてはならない。

⑥ 凍らせる準備ができたら、アイスクリームベース（この時点でとろみがついてカスタード状になっているはずだ）を濾してバニラ豆のさや（使った場合）とシナモンスティックを除く。カスタード状のベースをアイスクリームマシンに入れてメーカーの指示に従って凍らせるか、222ページの手順に従ってアイスクリームマシンなしで凍らせる。

⑦ アイスクリームは密封できる冷凍容器に移し、フリーザーに入れる。市販品の多くに使われている安定剤を使っていないので、自家製アイスクリームの食感は1週間以内に食べるのがベストだ。

[プロから一言]

大部分の人は、シナモンだと思っていたスパイスが実際にはカッシアだと知るとびっくりします。シナモンとカッシアは両方とも *Cinnamomum*（ニッケイ）属の樹木の皮ですが、シナモンは *C. verum* から、カッシアは *C. cassia* からとれるものです。私はフルーツのデザート、特にリンゴを使ったものには本物のシナモン（メキシカンシナモンとかセイロンシナモンなどとも呼ばれます）を使うのが好きです。ホットでスパイシーなカッシアと比べて、より柔らかくフローラルなアロマを持っているからです。ここではどちらも使えますが、もし本物のシナモン（ラテンアメリカ食材のマーケットを探すか、283ページの「入手先」を参照してください）が手に入るようでしたら、ぜひ試してみてください。

[作り置きのヒント]

調理済みのアイスクリームベースは、冷凍する前に1週間まで冷蔵庫で保存できます。

アポガート

APPOGATO

　これは、バニラアイスクリームに熱いエスプレッソのショットを注いだクラシックなイタリアのデザート、アフォガートをアレンジしたものです（アフォガートという名前は「溺れた」という意味です）。このデザートの魅力は、はかなくも楽しい熱さと冷たさの組み合わせにあります。このバージョンでは、リンゴをダブル使いして低温調理で風味を抽出したシードルと低温調理したシナモンアップルアイスクリームを使い、さらに低温調理で風味を抽出したコーヒーとカルダモンのビターズでスパイスと苦味（そしてカフェインも！）を付け加えました。これならイタリア人も許してくれると思います。

でき上がり分量：4人分　｜　**実際の調理時間**：20分（シードルを温め直す時間）

[材料]

- シナモンアップルアイスクリーム（230ページ）…1パイント［480㎖］
- コーヒーとカルダモンのビターズ（243ページ）
- ホットアップルシードル（263ページ）…カップ2、ブランデーのありなしはお好みで
- シナモンパウダー（仕上げ用）

[手順]

① シードルが冷めてしまっていれば、シードルの入った袋を70℃（158℉）の水槽で20分再加熱する。
② 盛り付け。アイスクリームスクープを使って、アイスクリームを4つのコーヒーカップかパフェグラスに均等に取り分ける。それぞれのアイスクリームにビターズを1〜2ダッシュ（ビターズがお好きならもっと！）振りかける。その上から熱いシードルをカップ½ずつ注ぎ、シナモンパウダー少々を振りかけて、すぐに食卓に出す。

[作り置きのヒント]

このデザートを手早く作るには、部品を事前に作っておく必要があります。アイスクリームとビターズは、1週間まで作り置きができます。シードルは、このデザートを食卓に出す45分前に作るか（濾した後すぐに使えるため）、それよりも前に作っておく場合には食卓に出す20分前に温め直してください。

生キャラメル
（ドゥルセ・デ・レチェ）

DULCE DE LECHE

生キャラメルを作ったことのある人なら、きっと私にこんな質問を浴びせることでしょう。「コンデンスミルクの缶を湯せんすれば数時間でできるし、圧力調理器を使えば1時間もかからずに作れるのに、どうして15時間も低温調理しなきゃいけないんですか？」その理由は2つあります。何よりもまず、コンデンスミルクは缶ごと加熱すべきではありません。缶の内側のコーティングにはBPAという化学物質が含まれており、これがミルクに溶け出して、人体にさまざまな悪影響を及ぼすおそれがあるからです。もうひとつ、缶を熱することには常に破裂のリスクが伴います。おいしさという面からは、コンデンスミルクを別の容器に移せばミルクをカラメル化する間にバニラやシナモンといったスパイスを加えることもできるようになります。私には、この理由だけで十分です！

自家製の生キャラメルはジャーからそのまま食べてもおいしいのですが、アルファフォーレス（236ページ）のフィリングや塩キャラメルアイスクリーム（225ページ）の風味付けなど、ほかのデザートの部品として使うのもすばらしい方法です。そんなに長い時間待てないという人は、シンプルに温めてアイスクリームに掛けても結構です。うーん、おいしい！

でき上がり分量：約カップ½ | **低温調理の時間**：15時間 | **実際の調理時間**：5分、プラス20分のさます時間

[材料]
- 加糖コンデンスミルク…1缶（14オンス［400g］）
- バニラ豆…1さや、縦に切り開いて種をかき出す
- シナモンスティック（長さ3インチ［7.5cm］）…1本（オプション）
- コーシャソルト…ひとつまみ

[手順]
① 低温調理の水槽を85℃（185°F）に予熱する。
② コンデンスミルク、バニラ豆の種とさや、シナモン（使う場合）、塩を1クォート［1リットル］サイズのフリーザーバッグに注ぎ入れ、水圧法またはテーブルエッジ法（18ページ参照）で空気を追い出しながらジッパーを閉じる。液体の量が比較的多いレシピには、テーブルエッジ法がおすすめ。
③ 水温が目標温度に達したら、コンデンスミルクの入った袋を水槽に沈め（袋が水面から出ないようにすること）、15時間調理する。
④ コンデンスミルクが調理できると、とろみがついてカラメル化し、濃いきつね色になっているはずだ。袋を水槽から取り出し、そのまま20分さます。バニラ豆のさやとシナモンスティック（使った場合）を袋から取り出して捨てる。
⑤ すぐにこの生キャラメルを食べる予定がなければ、袋に再び封をするかメイソンジャーなどの密閉容器に移して冷蔵庫に入れれば、1か月まで保存できる。

[プロから一言]
生キャラメルは直接メイソンジャーに入れても調理できます（そしてとてもキュートに見えます）が、フリーザーバッグに入れて調理するほうが簡単です。しっかり封ができているか、水槽の中でガラスが割れてしまうんじゃないか、といった心配がないからです。

[作り置きのヒント]
調理済みの生キャラメルは、メイソンジャーなどの密閉容器に移して冷蔵庫に入れ、2週間まで保存できます。温かくして使う場合には、袋またはジャーを60℃（140°F）の水槽で15分ほど、注げるようになるまで再加熱してください。

アルファフォーレス
ALFAJORES

アルファフォーレスは、何世紀もの歴史のあるお菓子です。最初はスペインでスパイスのきいたハチミツとアーモンド入りのクッキーとして生まれましたが、それからさまざまに異なるバリエーションがラテンアメリカ各地に広まって行きました。私の大好きなアルファフォーレスはアルゼンチン出身のバージョンで、それをここでご紹介したいと思います。自家製の生キャラメルをはさんで粉砂糖を掛けた、この口の中でとろける柑橘類の香りのクッキーは、すばらしいおもてなしのデザートになります。もちろん、あっという間に食べきってしまうことは間違いありません。時間については、あらかじめ計画を立てておく必要があるでしょう。生キャラメルを作るには15時間必要ですから。

でき上がり分量：サンドイッチクッキー約24個分　|　**実際の調理時間**：30分の冷やす時間、20分の焼き時間

[材料]
- 食塩不使用バター…カップ¾（6オンス[180g]）、常温に戻しておく
- グラニュー糖…カップ¾
- コーシャソルト…小さじ1
- Lサイズの卵…2個
- オレンジの搾り汁…大さじ1
- レモンまたはライムの搾り汁…大さじ1
- 細かくすりおろしたオレンジの皮…小さじ2
- 細かくすりおろしたレモンまたはライムの皮…小さじ1
- ラム酒…大さじ1（オプション）
- コーンスターチ…カップ½
- 小麦粉…カップ2½
- ベーキングパウダー…小さじ1
- クッキングスプレー（天板に油を塗るため）
- シナモン入りの生キャラメル（ドゥルセ・デ・レチェ、234ページ）…カップ1½、冷蔵または常温
- 粉砂糖…大さじ2（仕上げ用）

[手順]

① バター、グラニュー糖、塩を大きなボウルに合わせ、なめらかになるまで木のスプーンで混ぜる。卵を1個ずつ加え、そのたびによく混ぜてなじませてから次の卵を加える。オレンジとレモンの搾り汁と皮、ラム酒（使う場合）を混ぜ入れる。

② コーンスターチ、小麦粉、ベーキングパウダーを合わせてボウルにふるい入れる。粉の材料をバターに加え、混ぜてよくなじませる。この生地に覆いをして冷蔵庫に入れ、焼く前に少なくとも30分、長くて1週間まで入れておく。

③ 2枚のオーブンラックを中段にセットし、オーブンを350°F [175℃]に予熱する。2枚の天板にクッキングスプレーで軽く油をひいておく。

④ 大さじか½オンス[15㎖]のアイスクリームスクープを使って、生地を小さな団子状にすくい、油を引いた天板に少なくとも1インチ[2.5cm]の間隔をあけて並べる。団子は48個ほどできるはずだ。手のひらで団子を押さえて、厚さ¼インチ[6mm]の円盤状にする。この時点で、円盤状の生地をトレイに乗せたまま少なくとも2時間冷凍してから密閉容器に入れれば、フリーザーで1か月まで保存できる。

⑤ クッキーを焼く。均等に焼けるように8分後に天板の前後を入れ替えて、下の面がこんがりと、上の面がわずかに色づくまで、15〜20分焼く。クッキーをワイヤラックに移し、少なくとも10分かけて完全にさます。

⑥ アルファフォーレスを食卓に出す時間になったら、半分の数のクッキーをひっくり返して平らな面を上に向ける。ひっくり返したクッキーの上に、生キャラメルを小さじ2ずつ乗せる。その上に、残りのクッキーを平らな面を下にして乗せ、フィリングが縁から少しはみ出す程度にやさしく押さえる。サンドイッチしたクッキーを皿に移し、上から粉砂糖を軽く振りかける。

―――

[作り置きのヒント]

手順の中にも書いてありますが、焼く前の生地は冷蔵庫に入れて1週間まで、または成形した状態で冷凍して1か月まで保存できます。完成したアルファフォーレスは密閉容器に入れて常温で3日まで、または冷蔵庫で1週間まで保存できます。

7

カクテルと風味抽出液

COCKTAILS AND INFUSIONS

ピンクペッパーとハイビスカスのビターズ	242
パンプキンスパイスのビターズ	243
コーヒーとカルダモンのビターズ	243
自宅風味抽出ジン	244
自家製トニックシロップ	245
こだわりのジントニック	247
自家製ジンジャーシロップ	249
ダーク・アンド・ストーミー	251
ペニシリン	253
パンダン風味のクリーム・オブ・ココナッツ	254
ピニャ・カヤーダ	255
グレープフルーツとアールグレイのテキーラ	256
グレープフルーツとアールグレイのマルガリータ	256
フェンネルのリキュール	259
ビッグ・イージー・ダズ・イット	261
ホットアップルシードル	263

低温調理は、宅飲みの（量ではなく、質の）レベルをステップアップしてくれるすばらしいツールです。その根本的な理由は、エチルアルコールの沸点が水よりもはるかに低いことにあります。そのため酒類を普通に加熱すると、水が沸騰し始める前にアルコール分がほとんど蒸発してしまうのです。これではお話になりません。しかし砂糖を素早く溶かし風味を抽出するためには、加熱が有効なのが問題です。例えば自分でリキュールを作る場合、一般的には常温で行う必要があるため、1か月もかかってしまうことがあります。低温調理は密封状態で行われますから、貴重なアルコールを飛ばしてしまうリスクなしに、すばやく風味が抽出できます。

　大規模な研究の結果、私は低温調理でさまざまな風味抽出液を作り出しました（アルコールを含んでいるものも、そうでないものもあります）。ワンランク上のシロップ、リキュール、そしてビターズは、品ぞろえの豊富なバーに勝るとも劣らないコレクションです（自分でダーク・アンド・ストーミーを作るのにも役立ちます）。これらの風味抽出液のベースとなるアルコールを選ぶ際には、シンプルに徹してください。低価格帯のブランドは、えぐ味を感じることがあるのでおすすめしません。中程度のものがよいでしょう。ウォッカなら、私は20〜30ドル以上のボトルは選びません。バーボン、スコッチ、ライウィスキーなどのブラウンリカーでも、ルールは同じです。大びんに入ったノーブランド品はおすすめしませんが、バーボンならケンタッキーの乙女たちによって蒸留された100年ものである必要もありません。テキーラについては、ボトルに「made with agave」ではなく「made from 100 percent blue agave」と表示されていることを重視して選んでください。前者はグレインアルコールに風味付けしたものが多いので、私は避けています。

　この本の風味抽出アルコールはすべて60℃で作られています。私はこの温度が最適だと思うからです。低い温度でじっくりと（風味がだいなしになったり抽出され過ぎたりせず）、しかしスピーディーに（ほとんどの場合1時間しかかかりませんが、これは風味の抽出としては驚きの速さです！）抽出が行われる上に、この温度と時間をかけることによって液体が十分に殺菌されるという利点もあります。これは例えば柑橘類の果汁など、生の食材の風味を抽出する際には特に有効です。

　風味の抽出は75℃以下であれば、ガラスびんやメイソンジャーでもガラスにひびの入るリスクはなく、安全に行えます。つまり、作る際にも保存する際にも、同じ見た目にも美しい容器が使えるのです。ただ、フリーザーバッグよりもガラス容器の熱伝導率が低いことを考慮して、調理時間を30分増やすようにしてください。しかしもっと高い温度、例えば85℃でシロップを作る際には、耐熱処理をしていないガラスは割れてしまうかもしれません。このため、シロップに風味を抽出するにはフリーザーバッグを使うことをお勧めします。中身は後でお好きなボトルに移し替えればよいのですから。

この章には、上記のような風味抽出アルコールをビルディングブロックとして利用した、すばらしい低温調理カクテルのコレクションも収録されています。バーテンダーに難癖をつけられる前に、はっきり言っておきましょう。これらは古典的なカクテルを私なりにアレンジしたものであって、忠実に再現しようとして作りそこなったわけではないのです。なにがなんでもサゼラック、という飲んべえは、私のビッグ・イージー・ダズ・イット（261ページ）を気に入ってくれるでしょう。これは低温調理したフェンネルのリキュール（259ページ）とピンクペッパーとハイビスカスのビターズ（242ページ）を効かせたライウィスキーベースのカクテルです。またパンプキンスパイスのファンなら、パンプキンスパイスのビターズ（243ページ）を振りかけたダーク・アンド・ストーミー（281ページ）を楽しんでもらえるでしょう。また、レシピでは1杯のカクテルを完璧に作る方法を説明しているからといって、一人飲みをおすすめしているわけではありません。ほとんどすべてのレシピは分量を倍にしても、標準サイズのカクテルシェイカーで作れるはずです。それ以上の分量が必要なら、プロのバーテンダーのように何回かに分けて作ってください。ただし例外としてピニャ・カヤーダ（255ページ）は、倍量ではシェイカーに収まらないでしょう。大量に作りたいときには、ミキサーを使う手順に従ってください。

　さあ、おしゃべりはこのくらいにして、さっそく作り始めましょう。

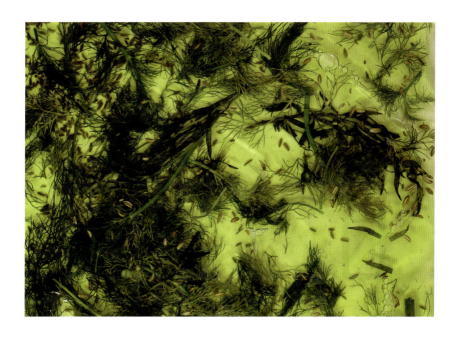

ピンクペッパーと
ハイビスカスのビターズ
PINK PEPPERCORN AND HIBISCUS BITTERS

このバラ色の、コショウの風味が抽出されたビターズは、クラシックなカクテルでペイショーズ・ビターズの代わりにしたり（261ページのビッグ・イージー・ダズ・イットのように）、いつものレモネードをほんのりピンク色に染めるために使ったりしてみてください。

でき上がり分量：カップ½
低温調理の時間：1時間（2時間まで）
実際の調理時間：10分、プラス30分のさます時間

[材料]
- ハイビスカスのドライフラワーまたはハイビスカスのハーブティー（Red Zingerなど、ティーバッグ約4袋分）…カップ¼*
- レモンの皮…½個分、苦味のある白いわたの部分を含めてピーラーで細長くそぎ取る
- オレンジの皮…½個分、苦味のある白いわたの部分を含めてピーラーで細長くそぎ取る
- ピンクペッパー…大さじ1
- サフランのめしべ…ひとつまみ（オプション）
- 砂糖…大さじ1
- ウォッカ…カップ½

*訳注：カップはアメリカサイズ。正確な分量は24ページを参照（以下、同）。

[手順]
① 低温調理の水槽を60℃（140°F）に予熱する。
② すべての材料を1クォート［1リットル］サイズのフリーザーバッグに入れ、水圧法またはテーブルエッジ法（18ページ参照）で空気を追い出しながらジッパーを閉じる。液体の量が多いレシピには、テーブルエッジ法がおすすめ。
③ 水温が目標に達したら袋を水槽に沈め、1時間調理する。
④ 袋を水槽から取り出し、調理台の上に置く。30分ほどかけて、常温にさます。
⑤ 目の細かいざるで液体を濾し、スパイスを除いて小さなボトルかジャーに入れる（ドロッパー付きのビターズボトルが最適、オンラインショップで購入できる）。しっかりとふたをして直射日光を避ければ、常温で6か月まで保存できる。

ビターズについて一言

ビターズはバーの必需品であり、古典的なカクテルの多くに使われています。実際、オールド・ファッションド（ウィスキーと砂糖とビターズで作る）というカクテルがその名前で呼ばれているのは、蒸留酒に砂糖とビターズを加えるのがカクテルの本来の姿だったためであり、ほかのカクテルはすべてこの原型から派生したものなのです。このような見方をすれば、自家製ビターズの人気の高まりは創作カクテル革命の当然の結果とも言えるでしょう。さらに、低温調理では正確な温度コントロールにより通常の常温での抽出と比べてはるかに短い時間で間違いなくすばらしい結果が得られます。つまり、あなた自身のビターズやカクテルが、これまでにないほど簡単に作れるようになったのです。以下のレシピは私のお気に入りの一部を抜き出したものですが、ぜひあなたもこれを踏み台として無限のバリエーションを探求してください。自分だけのオーダーメイドの飲み物を作り出すことを楽しみましょう。苦味はグラスの中だけで十分です。

パンプキンスパイスのビターズ
PUMPKIN SPICE BITTERS

この秋を感じさせるビターズは、クラシックなカクテルでアンゴスチュラ・ビターズの代わりにしたり（251ページのダーク・アンド・ストーミーのように）、焼き菓子の風味付けに使ったり（219ページのパースニップケーキのように）してみてください。チリは気まぐれで加えたものですが、風味と色の面ですばらしい働きをしていると思います。

でき上がり分量：カップ1/2
低温調理の時間：1時間（2時間まで）
実際の調理時間：10分、プラス30分のさます時間

[材料]
- ショウガ…3インチ[7.5cm]のもの1かけ、薄切りにする
- シナモンスティック…2本
- ワヒーヨまたはアンチョチリ…1本、へたと種を取り1/2インチ[1.3cm]幅の細切りにする
- オールスパイス（ホール）…小さじ1（約20個）
- クローブ（ホール）…小さじ1/2（約12個）
- ナツメグ（ホール）…1個、重い包丁の腹か鍋の底でつぶす
- バニラ豆…1/2さや、縦に切り開いて種をかき出す（オプション）
- ハチミツ…大さじ1
- バーボンなどのウィスキー…カップ1/2

[手順]
① 低温調理の水槽を60℃（140°F）に予熱する。
② すべての材料を1クォート[1リットル]サイズのフリーザーバッグに入れ、水圧法またはテーブルエッジ法（18ページ参照）で空気を追い出しながらジッパーを閉じる。液体の量が多いレシピには、テーブルエッジ法がおすすめ。
③ 水温が目標に達したら袋を水槽に沈め、1時間調理する。
④ 袋を水槽から取り出し、調理台の上に置く。30分ほどかけて、常温にさます。
⑤ 目の細かいざるで液体を濾し、スパイスを除いて小さなボトルかジャーに入れる（ドロッパー付きのビターズボトルが最適、オンラインで購入できる）。しっかりとふたをして直射日光を避ければ、常温で6か月まで保存できる。

コーヒーとカルダモンのビターズ
COFFEE–CARDAMOM BITTERS

これまで紹介した2つのレシピと同じように、このビターズもさまざまなカクテルに使えます。またこれは私のアポガート（233ページ）に苦味と甘味、そしてスパイシーな奥行きを付け加えてくれる秘密の材料でもあります。どんな苦味も平気という人は、イタリアのアマーロのように、ストレートで食後酒として飲んでみてください。

でき上がり分量：カップ1/2
低温調理の時間：1時間（2時間まで）
実際の調理時間：10分、プラス30分のさます時間

[材料]
- コーヒー豆（ホール）…カップ1/4（深煎りにするほど、苦いビターズができる）
- 粒黒コショウ…小さじ1
- グリーンカルダモン（ホール）…6個、軽くひびを入れる
- ダークラム…カップ1/2
- ダークブラウンシュガー…大さじ2

[手順]
① 低温調理の水槽を60℃（140°F）に予熱する。
② すべての材料を1クォート[1リットル]サイズのフリーザーバッグに入れ、水圧法またはテーブルエッジ法（18ページ参照）で空気を追い出しながらジッパーを閉じる。液体の量が多いレシピには、テーブルエッジ法がおすすめ。
③ 水温が目標に達したら袋を水槽に沈め、1時間調理する。
④ 袋を水槽から取り出し、調理台の上に置く。30分ほどかけて、常温にさます。
⑤ 目の細かいざるで液体を濾し、スパイスを除いて小さなボトルかジャーに入れる（ドロッパー付きのビターズボトルが最適、オンラインで購入できる）。しっかりとふたをして直射日光を避ければ、常温で6か月まで保存できる。

自宅風味抽出ジン
HOME-INFUSED GIN

ウォッカに風味を抽出してジンのような味にすることは、低温調理をバーテンダーとしてのツールキットに取り込む、ちょっとひねったやり方です。厳密に言えば、本物のジンを作るには蒸留する前にアロマ成分を加えるので、これはジンではありません。とはいえ風味はジンとほとんど同じですし、アロマ成分が特にすっきりとクリアに感じられます。さらに、スパイスやハーブのブレンド（オールスパイスやベイリーフやシナモンなど）をカスタマイズすれば、あなた個人の好みを反映したオリジナルのジンも作れるのです。以下のレシピは、ジンによく使われる植物性材料を示したものとしてとらえてください。ジュニパーは、ジン特有の風味のもとなので、これだけは省略できません。

でき上がり分量：約1クォート［1リットル］ | **低温調理の時間**：1時間（2時間まで）
実際の調理時間：10分、プラス少なくとも30分の冷やす時間

[材料]
- ウォッカ…カップ4
- ジュニパーベリー…カップ¼（1オンス［30g］）
- コリアンダーシード…大さじ1
- 白または黒の粒コショウ…小さじ1（黒コショウだとジンの色が少し濃くなる）
- ショウガ…1インチ［2.5cm］のもの1かけ、薄切りにする（約大さじ1）
- レモングラスの茎…1本、外側の葉と先端部を除き、包丁の背でたたいて2インチ［5cm］長さに刻む
- グリーンカルダモン（ホール）…5個、軽くひびを入れる
- タイム…2枚
- レモンの皮…1個分、苦味のある白いわたの部分がなるべく入らないように、ピーラーで細長くそぎ取る

[手順]
① 低温調理の水槽を60℃（140°F）に予熱する。
② すべての材料を1ガロン［4リットル］サイズのフリーザーバッグに入れ、水圧法またはテーブルエッジ法（18ページ参照）で空気を追い出しながらジッパーを閉じる。液体の量が比較的多いレシピには、テーブルエッジ法がおすすめ。
③ 水温が目標温度に達したら袋を水槽に沈め、1時間調理する。
④ 袋を水槽から取り出して氷水（20ページ参照）で30分、フリーザーで1時間、または冷蔵庫で2時間冷やす。
⑤ 目の細かいざるで液体を濾し、スパイスを除いてボトルかメイソンジャーに入れる。あらゆる風味抽出蒸留酒と同様、このジンも常温で長期間保存できる。しかし、おいしいジントニックを即座に作れるようにしておきたければ、ジンを冷蔵庫かフリーザーに常備しておくのがいいだろう。

自家製トニックシロップ

HOMEMADE TONIC SYRUP

　自分でトニックシロップを作るなんてとても無理と思えるかもしれませんが、あなたの人生で最高のジントニックを味わうために努力を惜しまないなら、この自家製バージョンが市販品（カナダドライやシュウェップスを考えてみてください）よりも圧倒的に便利です。このレシピの最難関はキナノキの樹皮の入手ですが、これがなければトニックにはなりません。簡単に手に入る食材ではないことは確かですが、専門店で見つけるか、オンラインショップに発注してみてください（283ページの「入手先」を参照してください）。

でき上がり分量：カップ1½　｜　真空調理の時間：1時間（2時間まで）
実際の調理時間：10分、プラス少なくとも30分の冷やす時間

[材料]
- 砂糖…カップ2
- 水…カップ2
- キナノキの樹皮…カップ½（2オンス[60g]）
- グレープフルーツの皮…½個分、苦味のある白いわたの部分を含めてピーラーで細長くそぎ取る
- 乾燥ラベンダー…大さじ1（オプション）
- クエン酸粉末…小さじ1、またはレモンの搾り汁…カップ¼

[手順]
① 低温調理の水槽を60℃（140°F）に予熱する。
② すべての材料を1ガロン[4リットル]サイズのフリーザーバッグに入れ、水圧法またはテーブルエッジ法（18ページ参照）で空気を追い出しながらジッパーを閉じる。液体の量が比較的多いレシピには、テーブルエッジ法がおすすめ。
③ 水温が目標温度に達したら袋を水槽に沈め、1時間調理する。
④ 袋を水槽から取り出して氷水（20ページ参照）で30分、フリーザーで1時間、または冷蔵庫で2時間冷やす。
⑤ 目の細かいざるで液体を濾し、スパイスを除いてボトルかメイソンジャーに入れる。このシロップは冷蔵庫で2週間まで、冷凍すれば2か月まで保存できる。

カクテルと風味抽出液 | COCKTAILS AND INFUSIONS

こだわりのジントニック

TYPE A G&T

低温調理で自家製のジンやトニックを作るというアイディアは、マンハッタンのミシュラン掲載レストラン、ビトニー（Betony）のカクテルの達人エイモン・ロッキーに教わったものです。このバージョンでは自宅風味抽出ジンとゼロから作るトニックシロップを使うため、このドリンクをあらゆる角度から詳細に管理できます。自分でトニックを作りたくはないという人は、シロップとソーダの代わりに市販のトニックウォーターを6オンス［180㎖］使っても結構です。氷を加えたときにカクテルが薄まってしまわないように、すべての材料は冷蔵庫でキンキンに冷やしておくことを忘れないでください。

でき上がり分量：カクテル1人分

[材料]
- 自宅風味抽出ジン（244ページ）…2オンス［60㎖］
- 自家製トニックシロップ（245ページ）…1オンス［30㎖］
- ソーダ水…5オンス［150㎖］
- くし形に切ったライム…1個
- タイバジルの葉…1枚（飾り用、オプション）
- ジュニパーベリー…3〜4個（飾り用、オプション）

[手順]
① コリンズグラスにアイスキューブを満たし、ジンとトニックシロップを注ぎ入れる。ソーダ水を加え、バースプーンかストローでひと混ぜして材料をなじませる。くし形に切ったライムをドリンクの上で絞ってから、グラスの中に落とす。（普通のやり方ではライムをグラスのふちに乗せておき、飲む人に自分で絞ってもらうが、このほうが飲む人に面倒が掛からない。）タイバジルとジュニパーベリー（使う場合）を飾る。

自家製ジンジャーシロップ

HOMEMADE GINGER SYRUP

ジンジャーシロップはバーテンダーの標準装備となっていますが、このレシピでは刺激的なスパイシーさと強烈なショウガの風味を最高の状態で楽しむことができます。低温調理によってシロップは蒸発することなく風味が抽出されるので、液体と砂糖の比率（むらのないシロップを作るには大事なことです）が保たれ、アロマ成分が空気中に失われずに力強い風味が得られます。私のようなショウガ好きなら、ハチミツや普通のシロップの代わりにどこにでもこのシロップを使ってみたくなるはずです。

でき上がり分量：カップ1½　｜　**低温調理の時間**：30分（1時間まで）
実際の調理時間：5分、プラス少なくとも10分の冷やす時間

［材料］

- ショウガ
…4オンス［120g］（3インチ［7.5cm］のもの約4かけ）、⅛インチ［3mm］厚さにスライスする（約カップ1）
- 粗糖（中白糖やきび砂糖など）
…カップ1、またはグラニュー糖とライトブラウンシュガーをふんわり詰めて各カップ½
- 水…カップ1

［手順］

① 低温調理の水槽を85℃（185°F）に予熱する。

② すべての材料を1ガロン［4リットル］サイズのフリーザーバッグに入れ、水圧法またはテーブルエッジ法（18ページ参照）で空気を追い出しながらジッパーを閉じる。液体の量が比較的多いレシピには、テーブルエッジ法がおすすめ。

③ 水温が目標温度に達したら袋を水槽に沈め、30分調理する。

④ 袋を水槽から取り出して氷水（20ページ参照）で10分、フリーザーで30分、または冷蔵庫で1時間冷やす。

⑤ 液体とショウガをミキサーに注ぎ入れ、なめらかなピュレ状になるまでミキサーを動かす。目の細かいざるで液体を濾し、ざるの上のショウガをスプーンの背かレードルで押してなるべく多くの液体を絞り出し、ボトルかメイソンジャーに入れる。このシロップは冷蔵庫で2週間まで、冷凍すれば2か月まで保存できる。

250　カクテルと風味抽出液 | COCKTAILS AND INFUSIONS

ダーク・アンド・ストーミー

DARK AND STORMY

　このレシピには、糖蜜の味わいのするダークラムが必要です。このクラシックなカクテルにはGoslingのBlack Sealが伝統的なチョイスで、Myersのダークラムも使えますが、私の好みはCruzan Black Strapです。通常のジンジャービアの代わりに自家製のジンジャーシロップとソーダ水を使うことによって新鮮なショウガの風味と発泡感が楽しめますし、仕上げのパンプキンスパイスのビターズは奥行きのあるスパイシーな風味と彩りを添えてくれます。

でき上がり分量：カクテル1人分

[材料]
- ダークラム…2オンス[60㎖]
- 自家製ジンジャーシロップ（249ページ）…1オンス[30㎖]
- ライムの搾り汁…¾オンス[20㎖]
- ソーダ水…2オンス[60㎖]
- パンプキンスパイスのビターズ（243ページ）…2ダッシュ（約小さじ½、オプション）
- ミント…1枝（飾り用、オプション）

[手順]
① ラム、ジンジャーシロップ、ライム汁をカクテルシェイカーに合わせ、氷を満たしてふたをし、冷たくなるまでシェイクする（激しくシェイクして10秒ほど）。ストレーナーを通して氷を満たしたコリンズグラスに注ぎ、ソーダ水、ビターズ（使う場合）の順に加える。ミントの枝（使う場合）を手のひらに乗せてたたき、アロマを立ててから、葉が外に出るように茎をドリンクに差し込む。

252　カクテルと風味抽出液 | COCKTAILS AND INFUSIONS

ペニシリン

PENICILLIN

ペニシリンは比較的最近になって考案されたカクテルで、ニューヨーク市のカクテルバー Milk & Honey のサム・ロスによって作りだされたものですが、それ以来世界各地のバーに広まって、今ではモダン・クラシックの代表格とみなされています。スモーキーでスパイシーで新鮮という、このカクテルの驚くべき風味を一度でも味わえば、それも当然のことだと納得してもらえるでしょう。またこのカクテルは、ジンジャーシロップをホイップする完璧な口実としても使えます。このレシピでは2種類のスコッチを使っていますが、それは私の優柔不断のためではありません。製法上の違いは別にして、機能的な差違は主として味にあります。ブレンドスコッチの最も顕著な特徴はスムーズさであり、アイラスコッチはスモーキーです。このドリンクではこれら2つを組み合わせることにより、両方の長所を活かしているのです。

でき上がり分量: カクテル1人分

[材料]
- ブレンドスコッチウィスキー
 …2オンス［60㎖］
- 自家製ジンジャーシロップ
 （249ページ）…¾オンス［20㎖］
- レモンの搾り汁
 …¾オンス［20㎖］
- アイラスコッチウィスキー
 …½オンス［15㎖］
- ショウガの砂糖漬け…2枚、カクテルピンに刺す（オプション）

[手順]
① ブレンドスコッチウィスキー、ジンジャーシロップ、レモン汁をカクテルシェイカーに合わせ、氷を満たしてふたをし、冷たくなるまでシェイクする（激しくシェイクして10秒ほど）。ストレーナーを通して氷を満たしたオールドファッションドグラスに注ぎ入れ、その上にアイラスコッチを静かに注ぎ、ショウガの砂糖漬け（使う場合）をふちに乗せて、あなたのわずらいを癒してほしい。きっとすぐ、いい気分になってくるはずだ。

パンダン風味のクリーム・オブ・ココナッツ

PANDAN-INFUSED CREAM OF COCONUT

本題に入る前に、ココナッツに関する用語を整理しておきましょう。クリーム・オブ・ココナッツは基本的にはココナッツ風味のシロップですので、ココナッツクリームやココナッツウォーターとは混同しないようにしてください。あなたがこれまでに飲んだピニャ・コラーダは、おそらくココ・ロペスを使って作られたものでしょう。これはプエルトリコのオリジナルのピニャ・コラーダにベースとして使われているクリーム・オブ・ココナッツです。無糖ココナッツミルクを使ってクリーム・オブ・ココナッツを最初から作ると、最高にフレッシュな風味が得られ、砂糖の分量をコントロールできるという利点以外にも、パンダンという熱帯植物の風味をつけるチャンスが生まれます。魅力的な甘い（ジャスミンやバスマティライスのような）香りのため、パンダンは東南アジア料理でスイーツの風味付けに広く使われています。その一例がカヤ（マレーシアやインドネシアでポピュラーなココナッツのジャム）で、このレシピはそこからインスピレーションを得ました。

でき上がり分量：カップ 1½ | **低温調理の時間**：30 分（1 時間まで）
実際の調理時間：5 分、プラス少なくとも 10 分の冷やす時間

[材料]

- パンダンの葉
  …10 枚、2 インチ [5cm] 長さに切り分ける（約 2 オンス [60g]、ふんわり詰めてカップ 1）
- 缶入りのココナッツミルク
  …カップ 1½、缶を開ける前によく振ってから計量する
  （1 缶に水を加えてカップ 1½ にする）
- 砂糖…カップ ½
- ハチミツ…カップ ¼
- パンダンエキス
  …2 滴（オプション）

[手順]

① 低温調理の水槽を 85°C（185°F）に予熱する。

② すべての材料を 1 ガロン [4 リットル] サイズのフリーザーバッグに入れ、水圧法またはテーブルエッジ法（18 ページ参照）で空気を追い出しながらジッパーを閉じる。液体の量が比較的多いレシピには、テーブルエッジ法がおすすめ。

③ 水温が目標温度に達したら袋を水槽に沈め、30 分調理する。

④ 袋を水槽から取り出して氷水（20 ページ参照）で 10 分、フリーザーで 30 分、または冷蔵庫で 1 時間冷やす。目の細かいざるで液体を濾し、パンダンの葉を除いてボトルかメイソンジャーに入れる。このクリーム・オブ・ココナッツは冷蔵庫で 1 週間まで、冷凍すれば 1 か月まで保存できる。

[プロから一言]

パンダンエキスとパンダンの葉は、東南アジア食材店で普通に手に入ります（パンダンの葉は冷凍して売られているのが普通ですが、それでまったく問題ありません）。両方ともオンラインショップで購入できます（283 ページの「入手先」を参照してください）。

ピニャ・カヤーダ
PIÑA KAYADA

　ピニャ・コラーダがお好きでも、雨に濡れるのは嫌いなら、この大人気のカクテルをまとめて作ってしまいましょう（ビーチは必要ありません）。私はこの80年代のヒット作に新たな命を吹き込むために、21世紀的なパンダン風味のクリーム・オブ・ココナッツを使いました。またライムの搾り汁を加えることにより、よりバランスの取れたドリンクに仕上がっています。これはミキサーを使って大量に作ることもできますが、カッコの中に書いた1人分の分量をシェイカーで作ることもできます。サルサのミュージックを流しながら、ビートに合わせてミキサーを動かして（あるいはシェイカーを振って）ください。

でき上がり分量：カクテル4〜6人分

[材料]
- パイナップルのジュース、ネクター、またはピュレ…カップ2（4オンス［120ml］）、自家製（下記「プロから一言」参照）または市販のもの
- パンダン風味のクリーム・オブ・ココナッツ（254ページ参照）…カップ¾（1½オンス［45ml］）
- ホワイトラム…カップ¾（1½オンス［45ml］）
- ライムの搾り汁…カップ¼（½オンス［15ml］）
- クラッシュドアイス…約カップ3、ミキサーで作る場合
- パイナップルのチャンクと結んだパンダンの葉…カクテル1杯に1つずつ、カクテルピンに刺す

[手順]
① ピッチャー1杯分を作るには、パイナップルのチャンクとパンダンの葉を除いたすべての材料をミキサーに入れ、シャーベット状になるまで高速でミキサーを動かす。冷やしておいたグラスに注ぐ。
② 1人分のカクテルをシェイカーで作るには、すべての材料をカクテルシェイカーに合わせ、氷を満たし、冷たくなるまでシェイクする（激しくシェイクして10秒ほど）。ストレーナーを通して冷やしておいたグラス（または中身をくりぬいたパイナップル）に注ぎ、飾りを添える（使う場合）。南の島のそよ風を思い浮かべながら、味わってほしい。

[プロから一言]
　自分でパイナップルジュースを作るには、皮をむいて芯を抜いた状態の生のパイナップルを買ってきて（あるいは自分で皮をむき芯を抜いて）ミキサーでピュレ状にして、目の細かいざるで濾してください。

グレープフルーツと
アールグレイのテキーラ
GRAPEFRUIT AND EARL GREY TEQUILA

　柑橘類とテキーラの相性がぴったりなことは周知の事実ですが、特にグレープフルーツは本当にすばらしく、良質のテキーラの持つ植物のフローラルな風味を引き出してくれます。アールグレイに使われるベルガモットにもグレープフルーツと同じアロマ化合物が含まれていることを知って、これは面白いと思いました。その結果として生まれたこのアルコールは、基本的にはトリプル・セック（オレンジリキュール）とテキーラがすでに入った、ファンシーな（ただし、ずっとずっと優れた）マルガリータミックスです。私と同じようにスモーキーで土臭い風味が好きな人は、良質のメスカルを使ってください。

でき上がり分量：約1クォート［1リットル］
低温調理の時間：1時間（2時間まで）
実際の調理時間：10分、プラス少なくとも30分の冷やす時間

［材料］
- テキーラ・ブランコまたはメスカル
  …1クォート［1リットル］
- グレープフルーツの皮
  …1個分、苦味のある白いわたの部分がなるべく入らないように、ピーラーで細長くそぎ取る
- グレープフルーツの搾り汁…カップ¾（約グレープフルーツ大1個分）
- オレンジの皮
  …1個分、苦味のある白いわたの部分がなるべく入らないように、ピーラーで細長くそぎ取る
- オレンジの搾り汁…カップ¼（約オレンジ1個分）
- ライトアガベシロップ…カップ⅔、または砂糖…カップ1
- アールグレイの茶葉…大さじ1

［手順］
① 低温調理の水槽を60℃（140°F）に予熱する。
② すべての材料を1ガロン［4リットル］サイズのフリーザーバッグに入れ、水圧法またはテーブルエッジ法（18ページ参照）で空気を追い出しながらジッパーを閉じる。
③ 水温が目標温度に達したら袋を水槽に沈め、1時間調理する。
④ 袋を水槽から取り出して氷水（20ページ参照）で30分、フリーザーで1時間、または冷蔵庫で2時間冷やす。目の細かいざるで液体を濾し、グレープフルーツの皮と茶葉を除いてボトルかメイソンジャーに入れる。このリキュールは冷蔵庫で2週間まで、冷凍すれば無期限に保存できる。

グレープフルーツと
アールグレイのマルガリータ
GRAPEFRUIT AND EARL GREY MARGARITA

　すでに述べたように、甘味と風味を加えたテキーラの使い方は基本的に既製品のマルガリータミックスと同じです。ライムの搾り汁を少々加えるだけで、気分はお祭りです。この高貴なアールグレイとテキーラ（乱暴な飲み方をすることで有名）との組み合わせの意外なおいしさは、きっと鉄の女（別名マーガレット・サッチャー）の心さえ溶かしてくれると私は想像しています。そのため、私はこのドリンクをひそかに「乱暴なマーガレット」と呼んでいるのです。

でき上がり分量：カクテル1人分

［材料］
- コーシャソルト
  …グラスのふちにつけてスノースタイルにする（オプション）
- グレープフルーツとアールグレイのテキーラ
  …3オンス［90㎖］（前項）
- ライムの搾り汁…¾オンス［20㎖］
- グレープフルーツの皮
  …1切れ、ピーラーでそぎ取る

［手順］
① マティーニグラスかソーサー型のシャンパングラスを冷やしておく。グラスのふちに塩をつけるには、塩を小さな皿かボウルに広げておき、冷やしたグラスのふちを少量の水かライムジュースで濡らしてから、グラスをさかさまにして塩の入った皿に乗せる。
② テキーラとライムジュースをカクテルシェイカーに合わせて入れる。氷を満たし、冷たくなるまでシェイク（激しくシェイクして10秒ほど）してから、ストレーナーを通してふちに塩をつけたグラスに静かに注ぐ。グレープフルーツの皮を飾る。

フェンネルのリキュール

FENNEL LIQUEUR

これは自家製のアニゼット（このタイプのリキュールにはパスティス、ペルノー、ハーブセイント、サンブーカなどがあります）を作ろうとしたもので、すばらしくフレッシュで青くさいアニスの味がするため、好き嫌いがはっきり分かれることは確かです。たまたま私はこれが大好きなのですが、どちらにしてもこのレシピは、お好きなハーブを使ってハーブ風味のリキュールを作る際のひな型として役に立つはずです。レモンバームやバジルなど、どんなハーブも使えますが、ローズマリーやラベンダーなど風味の強い木質のハーブを使う際には、かなり量を減らす必要があることには注意してください（このレシピでは、ローズマリーなら2・3枝で十分です）。シード類はオプションですが、これらを加えると奥行きのある風味になります。

でき上がり分量：約1クォート［1リットル］　|　低温調理の時間：1時間（2時間まで）
実際の調理時間：10分、プラス少なくとも30分の冷やす時間

［材料］
- ウォッカ…カップ4
- フェンネルの葉（太い茎は除く、フェンネル約1株分）、フェンネルの花、タラゴンの葉、あるいはこれらの組み合わせ
  …ふんわり詰めてカップ1
- 砂糖…カップ1
- アニシード…小さじ2、またはフェンネルシード…大さじ1（オプション）

［手順］
① 低温調理の水槽を60℃（140°F）に予熱する。
② すべての材料を1ガロン［4リットル］サイズのフリーザーバッグに入れ、水圧法またはテーブルエッジ法（18ページ参照）で空気を追い出しながらジッパーを閉じる。液体の量が比較的多いレシピには、テーブルエッジ法がおすすめ。
③ 水温が目標温度に達したら袋を水槽に沈め、1時間調理する。
④ 袋を水槽から取り出して氷水（20ページ参照）で30分、フリーザーで1時間、または冷蔵庫で2時間冷やす。目の細かいざるで液体を濾し、ハーブとシードを除いてボトルかメイソンジャーに入れる。このリキュールは直射日光を避けて常温で2か月まで、冷凍すれば無期限に保存できる。

リキュールについての豆知識

この章のリキュールのレシピは私が低温調理でシロップや風味抽出アルコールを作るために使っている手法を組み合わせたもので、砂糖を溶かし、じっくりと風味を抽出するという一石二鳥の働きをしています。伝統的な手法では自家製リキュールを常温で抽出するのに数週間かかることが多く、特に新鮮なハーブやフルーツを使う場合には、かび臭くなったり酸っぱくなったりしてしまうこともありました。それに比べて低温調理では、クリーンで純粋な風味が抽出できるだけでなく、殺菌を行って腐敗も遅らせます。勝敗のゆくえは明らかです。

260　カクテルと風味抽出液 | COCKTAILS AND INFUSIONS

ビッグ・イージー・ダズ・イット

BIG EASY DOES IT

　サゼラックは現存する最古のカクテルのひとつであり、いわゆるカクテルのゴールデンエイジ（1860年から禁酒法時代まで）にニューオリンズで生まれた不朽の名作です。それ以来、ビッグ・イージー（ニューオリンズの別名）そのものの象徴となるほどの人気を博してきました。

　確かにこれは伝統的なサゼラックではありませんし、頭の固い愛好者は憤慨するかもしれませんが、あの名作カクテルを愛する人ならこの新参者も受け入れてくれるのではないでしょうか。ライウィスキー、コニャック、バーボンなど、どんなブラウンリカーを使ってもうまくできます。私のフェンネル風味のリキュールのレシピを使わない場合には、市販のアニゼットやアブサンで代用しても結構です。しかし甘味やアルコールの強さが違ってくるので、量を調整する必要があるかもしれません。同様に、自家製ビターズの代わりにはペイショーズ・ビターズが使えます。

でき上がり分量：カクテル1人分

[材料]
- ライウィスキー、コニャック、またはバーボン…2½オンス［70mℓ］
- フェンネルのリキュール（259ページ）…½オンス［15mℓ］
- ピンクペッパーとハイビスカスのビターズ（242ページ）…3ダッシュ（約小さじ¾）
- レモンの皮…1切れ、ピーラーでそぎ取る
- フェンネルの葉…1枚（オプション）

[手順]

① ライウィスキー、リキュール、ビターズをミキシンググラス（またはカクテルシェイカーの本体）に注ぎ入れる。グラスにアイスキューブを満たし、液体が非常に冷たくなりアイスキューブの角の部分が溶けるまで、30秒ほどバースプーンかストローでかき混ぜる。

② この液体を、ストレーナーを通して冷やしておいたオールドファッションドグラスに注ぐ。黄色い果皮の部分を下にして、レモンの皮をドリンクの数インチ上で絞ってエッセンシャルオイルを飛ばしてから、捨てる。（これは、皮の苦味ではなくアロマだけをサゼラックに移して仕上げる伝統的な手法だ。）

③ 好みに応じてフェンネルの葉を飾り、楽しい時間を過ごしてほしい。

カクテルと風味抽出液 | COCKTAILS AND INFUSIONS

ホットアップルシードル

MULLED APPLE CIDER

70℃はホットドリンクを楽しむにはよい温度ですが、アルコールの沸点よりも低いので、ホットワインやスパイス入りシードルなど、アルコール入りの冬のドリンクに風味付けして楽しむにはぴったりの温度です。（このレシピは、シードルを赤ワインで置き換えても同じように使えます。）このため、スパイスを（抽出し過ぎや苦味が出るのを防ぐため）濾して除いたシードルは、袋に戻して（あるいは密封できる耐熱メイソンジャーやボトルに移して）70℃の水槽で劣化することなくほぼ無限に保温でき、休日の集まりにも、1人で過ごす極寒の夜にもぴったりです。シードルに抽出するスパイスは、必ずホールタイプを使ってください。パウダーを使うと、不快なざらついた舌触りになってしまいます。

でき上がり分量：4人分　|　**低温調理の時間**：45分（1時間半まで）　|　**実際の調理時間**：5分

[材料]
- アップルシードルまたはアップルジュース…カップ4
- アップルブランデー（アップルジャックやカルヴァドスなど）…カップ½（オプション）
- ダークブラウンシュガー…大さじ2
- ナツメグ（ホール）…1個、重い包丁の腹か鍋の底でつぶす
- クローブ（ホール）…15個（約小さじ½）
- シナモンスティック（長さ3インチ[7.5cm]）…3本
- オレンジの皮…1個分、苦味のある白いわたの部分がなるべく入らないように、ピーラーで細長くそぎ取る
- スターアニス（八角）…2個

[手順]
① 低温調理の水槽を70℃（158°F）に予熱する。
② すべての材料を1ガロン[4リットル]サイズのフリーザーバッグに入れ、水圧法またはテーブルエッジ法（18ページ参照）で空気を追い出しながらジッパーを閉じる。液体の量が比較的多いレシピには、テーブルエッジ法がおすすめ。
③ 水温が目標温度に達したらシードルの入った袋を水槽に沈め、45分調理する。
④ 袋を水槽から取り出す。目の細かいざるでシードルを濾してスパイスを除き、耐熱ピッチャーか大型の液体用計量カップに入れる。
⑤ このホットシードルは、そのまま飲むこともできるし、アポガート（233ページ）のアイスクリームに掛けてもよい。また濾したシードルは冷まして同じ袋、またはしっかりふたのできるメイソンジャーに入れて冷蔵庫で2週間まで、冷凍すれば2か月まで保存できる。
⑥ 冷ましたシードルは、70℃（158°F）の水槽で20分再加熱すればよい。ブランデーを入れなかった場合には、コンロで加熱してもよい。しかしアルコールの入ったバージョンは、コンロでは加熱しないことをお勧めする。シードルが高温になってアルコールが飛んでしまい、本来の目的が失われてしまうからだ。

[プロから一言]
この本に掲載したすべての飲み物と同様に、このレシピは正式な製法ではなく手引きとしてとらえてください。ホットシードルにお好みのスパイスブレンドがあれば、ぜひそれを使ってください。

8

常備品、ソース、調味料

BASICS, SAUCES, AND CONDIMENTS

クイックピクルス	268
失敗知らずの自家製ヨーグルト	270
リスクなしのマヨネーズ	272
かんたんマリナラソース	273
ガーリックコンフィ	274
自家製ストック	277
かんたんハーブ入りクランベリーソース	279
七面鳥の詰め物もどき	281

私は手の込んだ食事を作るためにキッチンでせっせと働くのが好きですが、時には夕食を食卓に並べるだけで精いっぱいという日もあります。この本のレシピに示した「作り置きのヒント」はそんな時に役立つはずですが、日々の食事をもっとおいしくしてくれるような、ちょっとしたものを準備しておくのもいいものです。ですから私は、ソースや調味料などの常備品をいつでも冷蔵庫の中に入れておき、すぐに取り出してシンプルに調理したチキンに彩りを添えたり、ハンバーガーに塗ったりできるようにしています。この本のレシピの材料として、このような常備品を買ってきて使うのは何も恥ずかしいことではありません（レシピの中で自家製と市販品のオプションを示しているのはそのためです）が、キッチンで少しだけ時間が余ったら、自分で作ってみてはどうでしょうか？　ほかの多くの低温調理の料理と同様、思ったより簡単にできるのですから。

　以下のレシピは、蓄えの豊富な食品庫（ただし安全のため、冷蔵庫で保存するようにしてください！）に必須のアイテムと私がみなしているものであり、このレシピ集には何度も繰り返し出てくるものです。すばらしい食事を作り出してくれる、秘密のソースだと思ってください。

　これらを作るために低温調理が使われることを知って、驚く人もいるでしょう。スープストック、ピクルス、ソース、そしてヨーグルトでさえ、従来の手法よりも低温調理のほうが実は簡単にできますし、優れた仕上がりとなることが多いのです。マリナラソース（273ページ）やクランベリーソース（279ページ）を一度でも低温調理してみれば、もうソースをはね散らかしながらコンロの上で作ろうとは思わなくなるでしょう。

　低温調理の精密な温度のコントロールは、すばらしい味を作り出してくれるだけでなく、一部の食品の品質や安全性も高める働きもあるので、日持ちするように食材を作り置きしたい場合には本当にありがたいものです。例えば私バージョンのガーリックコンフィ（274ページ）はボツリヌス中毒のリスクを劇的に減らして保存期間を延ばしていますし、私のマヨネーズ（272ページ）は生卵の代わりに殺菌した卵を使っています。どちらも食中毒の心配なく食べられ、市販品のはるか上を行くおいしい調味料です。

　これらのレシピをあなたと分かち合い、また私が低温調理を活用している様子をあなたに見てもらうことが、あなたにも低温調理を存分に使いこなしてもらうことにつながれば幸いです。

クイックピクルス
QUICK PICKLES

野菜のピクルスづくりが好きな人なら、手早く簡単にできる私のテクニックを試してみたくなるでしょう。野菜をピクルス液とともに精密に加熱するのは、塩と砂糖を溶かすだけでなく、ピクルスの最終的な食感を完全にコントロールするためです。また、ジャーではなく袋を使うので、野菜を浸すのがずっと簡単ですし、液体の量も少なくて済みます。いいことばかりです！ メイソンジャーの中にきっちりと並んだピクルスを見るのがお好きなら、できあがってから移し替えてください。

このピクルスの風味は甘酸っぱくて塩辛く、ブレッド＆バターピクルスとコーシャディルピクルスの中間ぐらいの感じです。私はこのピクルスを、例えばパストラミ（173ページ）と一緒にサンドイッチにしたり、軽食としてつまんだりするのが好きですが、塩や砂糖やスパイスの量はお好みに合わせて調節してください。手順は同じです。

でき上がり分量：約1クォート［1リットル］　｜　低温調理の時間：5分（10分まで）
実際の調理時間：10分、プラス少なくとも30分のさます時間

[材料]
- リンゴ酢、米酢、または白ワインヴィネガー…カップ1*
- 砂糖…カップ¼
- コーシャソルト…小さじ4
- 黒または白（あるいはその組み合わせ）の粒コショウ…小さじ½
- コリアンダーシード…小さじ1
- ディル…3枝
- ニンニク…1かけ、軽くつぶす
- 赤唐辛子フレーク…ひとつまみ
- キュウリ…4本、厚さ¼インチ［6mm］の斜め薄切りにする（約カップ4）

[手順]
① 低温調理の水槽を80℃（176°F）に予熱する。
② 酢、砂糖、塩、粒コショウをボウルか大きな液体計量カップに合わせ、かき混ぜる。
③ コリアンダー、ディル、ニンニク、赤唐辛子フレーク、スライスしたキュウリを1ガロン［4リットル］サイズのフリーザーバッグに入れ、ピクルス液を注ぎ入れる。水圧法またはテーブルエッジ法（18ページ参照）で空気を追い出しながらジッパーを閉じる。液体の量が比較的多いレシピには、テーブルエッジ法がおすすめ。
④ 水温が目標温度に達したらキュウリの入った袋を水槽に沈め、5分調理する。
⑤ 袋を水槽から取り出し、少なくとも30分置いてさます。このピクルスは、さめたらすぐに食べられる。

[プロから一言]
このレシピはほかの種類の野菜のピクルスにも使えますが、もっと長い時間調理する必要があるかもしれません。ラディッシュやタマネギなど柔らかい野菜の場合には、調理時間は同じでいいでしょう。ビーツやニンジンなど、もっと固い野菜の場合には、少なくとも30分かかるはずです。いずれにせよ、野菜はピクルス液をしっかり吸収させるために厚さ¼インチ［6mm］以下の薄切りにすることを忘れないようにしてください。

[作り置きのヒント]
冷やしたピクルスは、袋のままたはメイソンジャーに移して、冷蔵庫で3週間まで保存できます。ジャーを使う場合には、野菜がピクルス液から出ないように注意してください。野菜を沈めるために、小さな重し（小皿など）を乗せる必要があるかもしれません。時間とともに、ピクルスは次第に酸っぱくなって行きます。

*訳注：カップはアメリカサイズ。正確な分量は24ページを参照（以下、同）。

失敗知らずの自家製ヨーグルト
FOOLPROOF HOMEMADE YOGURT

スーパーマーケットの乳製品の棚には何百種類ものヨーグルト製品が並んでいるかもしれませんが、自分でヨーグルトを作るのはとても簡単です。スターターとして乳酸菌の生きているヨーグルトが必要なので、ラベルをチェックして確かめてください。自分で作ったヨーグルトには必ず生きた乳酸菌が入っているので、少なくともカップ¼を取っておくようにすれば、それを使ってまたヨーグルトが作れます。たいていのヨーグルトのレシピでは、牛乳を火に掛けて殺菌するとともにタンパク質の構造を変化させ、スターターを加えたとき牛乳がうまく固まるようにしています。しかし火に掛ける場合、牛乳が焦げ付いたり膜ができたりしないよう、注意して鍋を見張っていることが必要です。低温調理では、そんな苦労なしに同じ結果が得られます。

ヨーグルトを低温調理する時間の長さは、好みの問題です。時間が長ければ長いほど、濃くて酸っぱいヨーグルトになります。ヨーグルトができるまでの時間は4時間が目安ですが（冷えると多少固まってきます）、もっと濃くて酸味の効いたヨーグルトを作るには、8時間まで水槽に入れておいてください。またこのレシピは、分量を半分や倍にしても時間の調整はいりません。新鮮なヨーグルトを順調に供給できるようになったら、使い道は無限です。184ページのニンジンサラダのドレッシングを作ったり、目の覚めるような朝食のパフェを作ったり、マンゴーラッシーに使ったりしてみてください。

でき上がり分量：約1クォート［1リットル］　｜　**低温調理の時間**：5〜10時間（味の好みに応じて）
実際の調理時間：5分、プラス3時間半のさます時間

[材料]
- 全乳…カップ4
- 脱脂粉乳…大さじ2（オプション）
- 生きた乳酸菌入りの全乳プレーンヨーグルト…カップ¼、市販品または前回作ったもの

[手順]
① 低温調理の水槽を85℃（185°F）に予熱する。
② 牛乳と脱脂粉乳（使う場合）を1ガロン［4リットル］サイズのフリーザーバッグに入れ、水圧法またはテーブルエッジ法（18ページ参照）で空気を追い出しながらジッパーを閉じる。液体の量が比較的多いレシピには、テーブルエッジ法がおすすめ。
③ 水温が目標温度に達したら、牛乳の入った袋を水槽に沈め（袋が水面から出ないようにすること）、1時間調理する。
④ 袋を水槽から取り出し、触れる程度の温かさになるまで30分ほど置いておく。（正確を期すなら温度計が110〜120°F［43〜49℃］を指すまで待てばよいが、触れる程度までさめていればよい。）牛乳をさましている間に、水槽の温度を46℃（114.8°F）に下げる。
⑤ 牛乳がさめたら、ヨーグルトを加え、よく混ぜて完全に溶かしてから、水圧法またはテーブルエッジ法で空気を追い出しながら再びジッパーを閉じる。（ヨーグルトを混ぜ合わせるには、泡立て器を使って袋の中で牛乳と混ぜてもよいし、袋に加えて再びジッパーを閉じてから中身をもんでヨーグルトが均一に散らばるようにしてもよい。）
⑥ 水温が新しい目標温度に達したら、袋を水槽に沈め、味の好みに応じて4時間から9時間かけて発酵させる。
⑦ 袋を水槽から取り出し、冷蔵庫に少なくとも3時間入れ、冷やしてから使う。お好みで、完成したヨーグルトをメイソンジャーか密閉容器に（濃さに応じて）注ぎ入れるかスプーンで移して保存する。

[作り置きのヒント]
ヨーグルトは冷蔵庫に入れて2週間まで保存できます。

リスクなしのマヨネーズ
RISK-FREE MAYONNAISE

　風味の点からいえば、自家製マヨネーズのほうが市販品よりもはるかに上です。それでも料理学校以外にマヨネーズを自分で作ろうとする人がほとんどいないのには、2つの大きな理由があります。生卵に関する食品安全上の懸念と、果てしない泡立ての恐怖です。幸い、低温調理ではこれらの障害を両方とも簡単に克服できます。このレシピでは、ミキサーと殺菌済みの卵を使うのが肝心なところです。低温調理でオランデーズソースを作ったときのように（34ページを参照してください）、全卵を使うことが解決策となります。卵を57℃で2時間かけて低温殺菌すれば、食べても安全で生卵と同じように使える卵が手に入ります。卵白によって液量と体積が増えるので、ミキサーを使ってマヨネーズを乳化させるのも簡単です。ミキサーがなければ、ボウルに入れて手作業で泡立てて作ることもできますが、とろみを付けるのが難しくなります。このマヨネーズはお好きなサンドイッチに塗ったり、ビール衣のフィッシュアンドチップス（67ページ）のタルタルソースを作るのに使ったりしてください。

でき上がり分量：約カップ 1½ ｜ **実際の調理時間**：5分

[材料]
- 低温殺菌「生」卵（22ページ）…1個
- ディジョンマスタード…小さじ2
- レモンの搾り汁またはリンゴ酢…大さじ1
- 塩…小さじ ½
- キャノーラ油などのマイルドな植物油…カップ 1½

[手順]
① 30ページの手順に従い、卵をミキサーまたはフードプロセッサーに割り入れ、マスタード、レモン汁、塩を加える。完全になめらかになるまで、低速でミキサーを動かす。モーターを動かしながら、少しずつ油を加える。最初は一度に数滴ずつ、液体にとろみがついてきたら細い筋になるようにしながら、油をすべて注ぎ入れる。これでマヨネーズは完成だ。密閉容器に移して冷蔵庫に入れる。

かんたんマリナラソース

QUICK-COOK MARINARA SAUCE

低温調理では手早く簡単に、おいしいピリ辛のマリナラソースが作れます。ここでは生のニンニクの角を取りながらアロマを引き出し、トマトを少しだけ加熱することによって新鮮な風味を保っています。もちろん、後で赤いソースの飛び散ったコンロ周りを掃除したり、汚れた鍋を洗ったりせず済むというメリットもあります。マリナラソースは、sugoと呼ばれる長時間煮込んだトマトソースとは違い、軽さが持ち味です。もっととろみをつけたければソースパンに移して中火に数分かけ、少し煮詰めてください。このソースは冷凍すれば長持ちするので、いつでも手元に用意してパスタや七面鳥のミートボール（117ページ）のおいしいソースとして使いましょう。

でき上がり分量：カップ4½ ｜ 低温調理の時間：30分（1時間半まで） ｜ 実際の調理時間：5分

[材料]
- サン・マルツァーノ種のホールトマト缶…1缶（28オンス[800g]）
- 赤唐辛子フレーク…小さじ1
- ニンニク…2かけ、みじん切りにする
- 生のタイムまたはオレガノの葉…小さじ1
- 塩と挽きたての黒コショウ

[手順]
① 低温調理の水槽を90℃（194°F）に予熱する。
② トマト、赤唐辛子フレーク、ニンニク、タイム、塩と黒コショウ適量を1ガロン[4リットル]サイズのフリーザーバッグに入れ、トマトを軽く押しつぶす。水圧法またはテーブルエッジ法（18ページ参照）で空気を追い出しながらジッパーを閉じる。液体の量が比較的多いレシピには、テーブルエッジ法がおすすめ。
③ 水温が目標温度に達したら、トマトの入った袋を水槽に沈め（袋が水面から出ないようにすること）、30分調理する。
④ 袋を水槽から取り出す。マリナラソースはこのまま使えるが、氷水（20ページ参照）で20分冷やしてから、冷蔵または冷凍してもよい。

[プロから一言]
真空調理の機材は冷凍した食品、特にスープストックやこのソースなど主に液体の食材の解凍にも便利です。安全に解凍するには、55℃（131°F）以上の水槽に入れてください（フリーザーバッグに入れて冷凍保存した場合）。

[作り置きのヒント]
調理して冷やしたソースは冷蔵庫で2週間まで、冷凍すれば2か月まで保存できます。冷蔵庫から出したソースはコンロに掛けて再加熱し、冷凍したソースは60℃（140°F）の水槽で45分再加熱してください。

ガーリックコンフィ
GARLIC CONFIT

私はガーリックコンフィを、ローストしたニンニクの洗練されたバージョンだと思っています。風味が繊細なのでどんな食材も引き立て、例えばロメスコソース（187ページ）の風味に深みを加えてくれますが、ニンニクらしさは失っていないので、スライスしたバゲットに丸ごと乗せて、そのおいしさを楽しむこともできます。

保存と食品安全に関する注意：このガーリックコンフィを数日間で食べきってしまうのでなければ、注意してほしいことがあります。土の中で育つため、ニンニクは（実際にはどんな野菜も）ボツリヌス菌という土壌に普通に存在するバクテリアのリスクがあります。嫌気性の条件で（例えば油に浸した状態で）長い間保存された場合、このバクテリアは毒素を作り出し、ボツリヌス症という病気を引き起こします。またこのバクテリアは煮沸にも耐えて生き延び、冷蔵庫の温度でも増殖するほどしぶといのです。しかし心配はいりません。このレシピでは、シンプルな対策をとることによってリスクを最小化しているからです。つまり、ニンニクを油から取り出してふき取ってから塩を振り、有害なボツリヌス菌の増殖を防いでいるのです。ですからこのレシピの分量を2倍や3倍にして作り置きしておけば、風味たっぷりの味の決め手を安全に確保できます。そうしておけば安心でしょう。もしかしたら息はニンニク臭くなるかもしれませんが。

でき上がり分量：約カップ⅓ ｜ **低温調理の時間：**1時間半（4時間まで）
実際の調理時間：5分、プラス10分の冷やす時間

[材料]
- ニンニク…1玉（約12かけ）、1かけごとに分けて皮をむき、根の部分と変色した部分を除く
- エクストラバージンオリーブオイル…カップ¼
- タイム…4枝
- コーシャソルト…小さじ1（保存用）

[手順]
① 低温調理の水槽を88℃（190.4°F）に予熱する。
② 袋が確実に沈むように、1～2ポンド［450～900g］の重りを1ガロン［4リットル］サイズのフリーザーバッグに入れておく。1かけごとに分けたニンニク、オリーブオイル、タイムを加え、水圧法またはテーブルエッジ法（18ページ参照）で空気を追い出しながらジッパーを閉じる。液体の量が比較的多いレシピには、テーブルエッジ法がおすすめ。
③ 水温が目標温度に達したら、ニンニクの入った袋を水槽に沈め、1時間半調理する。
④ 調理が終わったら、袋を氷水（20ページ参照）に移して10分冷やす。オリーブオイルを袋に残して、穴あきスプーンを使ってニンニクを皿に移し、タイムの枝は捨てる。ペーパータオルでニンニクを1かけずつふいて液体を完全にふき取り、新しいペーパータオルを敷いた密閉容器に移してから塩を振り、ニンニクをやさしく転がしてまんべんなくコーティングする。冷蔵庫に保存する。
⑤ ニンニクオイルは（袋のまま、または密閉容器に移して）フリーザーに入れ、2か月まで保存できる。常温ですぐに解凍できるので、ブルスケッタに塗ったり、パスタとあえたり、ヴィネグレットソースに加えたりするだけで、簡単にニンニクの風味がつけられる。ガーリックコンフィの、おいしいボーナス副産物！

[作り置きのヒント]
冷却と保存の指示に正確に従った場合、このコンフィは冷蔵庫で3週間まで保存できます。

自家製ストック

HOMEMADE STOCK

　ストックのようにシンプルなものを、なぜ低温調理で作る必要があるのかと疑問に思う人もいるかもしれません。その理由をシンプルに言えば、「自由」です。低温調理を利用して自家製ストックを作ると、鍋を注意して見張っている必要がなくなります。外出している間、あるいは一晩中でも、煮こぼれる心配なくストックを煮込み続けることができるのです。さらに、非常に精密に加熱されるので、煮込んでいる間にあくを取らなくても、澄んだすっきりとした味わいに仕上がります。言うまでもないことですが、このストックはどんな缶入りやパック詰めの市販品よりもはるかにおいしいのです。

　ストック作りは工夫のし甲斐のある仕事で、残った骨やくず肉などの有効活用にもぴったりです(ストックが作れる量がたまるまで、冷凍しておくのがよいでしょう)。仔牛、豚、鶏、牛の骨やそれらの混ざったものから作れますが、濃厚なストックを作るには多少の肉とたくさんの結合組織がついた骨を使うことをお勧めします。仔牛、牛、豚の首骨やあばら骨、鶏の首骨や背骨や手羽先からは最高の風味とコクが得られますが、それらが必要というわけではありません。

でき上がり分量：約カップ6　｜　低温調理の時間：6時間（24時間まで）　｜　実際の調理時間：20分

[材料]
- キャノーラ油などのマイルドな植物油…大さじ1（ブラウンストックを作る場合）
- さまざまな肉の骨やくず肉…2〜3ポンド［900g〜1.35kg］
- 黄タマネギ…1個、皮をむき縦半分に切る
- ニンジン…1本、皮をむいて縦半分に切り、横に3インチ［7.5cm］幅に切る
- セロリの茎…1本、3インチ［7.5cm］幅に切る
- ニンニク…3かけ、皮をむいてそのまま使う
- 水…カップ6
- イタリアンパセリの茎…3本
- タイム…3枝
- 黒または白（あるいはその組み合わせ）の粒コショウ…小さじ½
- ベイリーフ…1枚

[手順]
① 低温調理の水槽を85℃（185°F）に予熱する。
② ブラウンストックを作る場合（次ページの「プロから一言」を参照）、大きなスキレットかソテーパンに油を入れ、強火にかけて熱する。骨を加え、焼き色がつくまで各面につき3〜5分、少なくとも1回はひっくり返しながら焼き付ける。（骨やくず肉の大きさによっては、焼き色をつけるのに合計で10分程度かかるかもしれない。しかし、むらなく焼き色をつけようと気にしなくてもいい。ここでは風味を高めることが目的だからだ。）油を鍋に残して、骨やくず肉を皿かボウルに移す。

自家製ストック、続き

③鍋を強火にかけたまま、タマネギ、ニンジン、セロリを加え、必要に応じてひっくり返しながら、こんがりと焼き色がつくまで各面につき3分ほど焼き付ける。ニンニクを混ぜ入れてさらに1分焼き、火からおろす。

④鍋に脂が残っていれば注ぎだすかスプーンで取り除き（それほど多くはないだろう）、鍋をコンロに戻して強火にかける。水カップ1を加え、木のスプーンかへらで鍋底から茶色い焦げをこそげ取る。

⑤残りの水カップ5とパセリ、タイム、粒コショウを1ガロン[4リットル]サイズのフリーザーバッグに入れる。焼き色のついた骨と野菜、うま味を溶かし込んだ汁を加え、水圧法またはテーブルエッジ法（18ページ参照）で空気を追い出しながらジッパーを閉じる。液体の量が比較的多いレシピには、テーブルエッジ法がおすすめ。

⑥ホワイトストックを作る場合には、植物油を使わずに、すべての材料を焼き付けずにフリーザーバッグに入れ、水圧法またはテーブルエッジ法で空気を追い出しながらジッパーを閉じる。

⑦水温が目標温度に達したら、骨と野菜の入った袋を水槽に沈め（袋が水面から出ないようにすること）、6時間調理する。

⑧袋を水槽から取り出し、液体を目の細かいざる（またはチーズクロスを敷いた濾し器）で濾して固形物をすべて除き、大きなボウルに入れる。固形物は捨てる。お好みで、レードルか大きなスプーンを使って表面の脂を取り除く。この時点で、ストックは使える状態になっている。多少なりとも保存するつもりなら、次の手順に進んでほしい。

⑨液体をフリーザーバッグ（ストックを作るのに使った袋が再利用できるが、水ですすいでおくこと）に戻すか、それ以外の密閉容器に入れる。ストックを氷水（20ページ参照）で30分冷やしてから（ストックに脂が含まれていれば固化するので取り除く）、冷蔵庫またはフリーザーで保存する。

［プロから一言］

骨や野菜に焼き色をつけると、フランス料理で「ブラウンストック」と呼ばれるものができます。この手順はオプションで、風味と色彩に深みを加えるためのものですが、時にはより繊細な「ホワイトストック」の風味が望ましい場合もあります（例えば181ページの冬カボチャのスープ）。ここでは、両方について説明しました。また、どちらかの手順に従って野菜ストックを作るには、シンプルに骨を省略して野菜の分量を倍にし、調理時間を2時間だけにしてください。

———

［作り置きのヒント］

濾してさましたストックは、袋に入れたまま冷蔵庫で1週間まで、冷凍すれば2か月まで保存できます。冷凍したストックは55℃（131°F）以上の水槽で30分、あるいは液体の状態に戻るまで解凍してください。電子レンジやコンロでも解凍できます。

かんたんハーブ入りクランベリーソース
EASY HERBED CRANBERRY SAUCE

クランベリーソースは、七面鳥のディナーのロドニー・デンジャーフィールド*です。敬意を払われるということがありません。しかしこのレシピが示しているように、大した努力をしなくても、退屈な添え物だったものを注目に値する調味料に変貌させることは可能です。アニゼットや自家製のハーブ入りリキュールが入っているため禁酒中の親戚が顔を赤らめるかもしれませんが、リコリス的な風味が加わって面白いと私は思っています（特に、生のタラゴンと組み合わせた場合）。とはいえ、リキュールとタラゴンは省略してもっと普通のバージョンを作ることもでき、それもとてもおいしいものです。

このレシピは、あなたの感謝祭の食卓を飾ってくれる最も簡単なクランベリーソースではありません（それが欲しければ、シンプルに缶切りを使ってください）。しかしここで紹介する低温調理バージョンには、貴重なコンロの火口を占有せず、汚れた鍋を洗う手間がなくなるという大きなメリットがあります。また密封済みの容器に入っているので、作り置きする際の保存にも便利です。

*訳注：アメリカのコメディアン。自虐的なネタと「I don't get no respect!」（敬意のかけらもない！）というフレーズで人気を博した。

でき上がり分量：約カップ2 | **低温調理の時間**：1時間半（3時間まで）
実際の調理時間：5分、プラス15分のさます時間

[材料]
- 生または冷凍のクランベリー…8オンス[240g]（約カップ2）、冷凍の場合は解凍しておく
- 砂糖…カップ ¾
- ハチミツ…カップ ½
- ライムの搾り汁…1個分（約大さじ2）
- 皮をむいてすりおろすかみじん切りにしたショウガ…大さじ1（約1インチ[2.5cm]大のもの1かけ）
- フェンネルのリキュール（259ページ）またはアニゼット…大さじ1
- 挽きたての黒コショウ…小さじ ½
- コーシャソルト…ひとつまみ
- 刻んだ生のタラゴンまたはタイム、あるいはその組み合わせ…小さじ 1½（オプション）

[手順]
① 低温調理の水槽を85℃（185°F）に予熱する。
② 解凍したクランベリーを使う場合には、余分な水気を切っておく。クランベリー、砂糖、ハチミツ、ライムの搾り汁、ショウガ、リキュール、コショウ、塩を1ガロン[4リットル]サイズのフリーザーバッグに入れ、袋を振って中身をむらなく行き渡らせる。水圧法（18ページ参照）で空気を追い出しながらジッパーを閉じる。
③ 水温が目標温度に達したら、クランベリーの入った袋を水槽に沈め（袋が水面から出ないようにすること）、45分調理する。
④ 袋を水槽から取り出し、調理台の上に置く。ふきんを袋の上に乗せ、手を使って袋の中のクランベリーをつぶす。クランベリーの入った袋を水槽に戻し、さらに45分調理する。
⑤ 袋を水槽から取り出し、調理台の上に15分置いてさます。ソースを盛り鉢に移してタラゴン（使う場合）を混ぜ入れる。常温で、または冷やして食卓に出す。

[作り置きのヒント]
調理してさましたソースは冷蔵庫で2週間まで保存できます。

七面鳥の詰め物もどき

SAUSAGE UNSTUFFING

　低温調理を使えば、詰め物をあらかじめ作っておき、七面鳥と一緒に調理（または再加熱）するのも簡単です。さらに、七面鳥のむね肉と同じ温度で調理できるという利点もあります。詰め物を袋の中で調理することによって、すべての食材がしっとりと仕上がり、野菜が歯ごたえを失わないので、ジューシーなほぐしたソーセージ、パリッとした野菜、そして柔らかいパンのかけらが詰め物として感謝祭の食卓に並ぶことになります。そのうえ、この料理は信じられないほど許容範囲が広いのです。袋を水槽に入れたら、何時間放っておいても詰め物のおいしさは失われないので、その間に別の料理に取り掛かることができます。これは手の込んだお祝いの日のごちそうを作る際には本当にありがたいことです。この料理は七面鳥の中に詰めて調理するわけではないので、正確には詰め物ではなくドレッシングということになりますが、このできばえには誰も文句は言わないでしょう（それに、この料理はフリーザーバッグに「詰めて」作っているのです）。

でき上がり分量：付け合わせとして8〜10人分　|　**低温調理の時間**：2時間（6時間まで）　|　**実際の調理時間**：50分

[材料]
- パンのかけら…カップ10、1インチ[2.5cm]の角切りにするか粗くちぎる（大きなかたまり約1個分、次ページの「プロから一言」を参照）
- キャノーラ油などのマイルドな植物油…大さじ1
- マイルドな豚肉ソーセージ（ブレックファーストソーセージやスイートイタリアンなど）…1ポンド[450g]、ケーシングから出しておく
- 七面鳥のレバー…1個、刻む（オプション）
- 食塩不使用バター…カップ¾（6オンス[180g]）
- 黄タマネギ…大1個、½インチ[1.3cm]角に切る
- セロリの茎…4本、½インチ[1.3cm]角に切る
- ニンジン…1本、皮をむき½インチ[1.3cm]角に切る
- ニンニク…3かけ、みじん切りにする
- 辛口の白ワイン…カップ1
- ローストして皮をむいた栗（市販品でもよい）…カップ1、粗く刻む（オプション）
- 刻んだ生のイタリアンパセリ…カップ¼
- 刻んだ生のタラゴンまたはタイム、あるいはその組み合わせ…大さじ3
- 七面鳥のストック…約カップ6、自家製（277ページ）または市販品
- 塩と挽きたての黒コショウ
- Lサイズの卵…3個、軽く泡立てる

[手順]
① 詰め物を作る予定の2日前以降の任意の時点で（水槽を予熱している間でもよい）、パンをトーストする。オーブンを350°F[175°C]に予熱する。大きな天板2〜3枚の上にパンを重ならないように広げ、外側に軽い焼き色がついてカリッとするまで、15〜20分トーストする。常温に冷ましてから、密閉容器に移して必要になるまで取っておく。
② 低温調理の水槽を60°C（140°F）に予熱する。

七面鳥の詰め物もどき、続き

③ 大きなソテーパンに油を入れて強めの中火にかけ、油がゆらゆらとしてくるまで熱する。ほぐしたソーセージの中身を鍋に入れ、レバー（使う場合）を加えて、肉の下の面がこんがりと色づくまで3～5分、いじらずに焼き付ける。木のスプーンでソーセージを崩して（ソーセージがひと口大になるように）、ソーセージとレバーの全体に焼き色がつくまで、さらに2～3分かき混ぜながら焼き付ける。ソーセージとレバーを大きなボウルに移し、脂は鍋に残しておく。

④ 火を弱めて中火にし、バターを加え、溶けるまで1分ほどかき混ぜる。タマネギ、セロリ、ニンジン、ニンニクを加え、時々かき混ぜながら、野菜がしんなりとして焼き色がつき、それでも多少は歯ごたえが残る程度まで、5分ほどソテーする。ワインを注ぎ入れ、木のスプーンかへらで鍋底から茶色い焦げをこそげ取る。煮立たせて、2～3分かけて半分ほどになるまで煮詰め、火からおろす。

⑤ ソーセージの入ったボウルに野菜を移す。パン、栗（使う場合）、パセリ、セージを混ぜ入れる。ストックを一度にカップ1ずつ注ぎ入れ、そのたびに木のスプーンでやさしくかき混ぜて、パンが十分に湿っているがストックに浸ってはいない状態にする（余分なストックがボウルの底にたまっていてはいけない）。パンの種類にもよるが、ストックはカップ3～4程度しか必要ないかもしれない。塩コショウで味を調えてから、卵を混ぜ入れる。

⑥ この詰め物を1ガロン［4リットル］サイズのフリーザーバッグに入れ、水圧法（18ページ参照）で空気を追い出しながらジッパーを閉じる。この時点で、詰め物は冷蔵庫に入れて24時間まで保存できるし、すぐに調理してもよい。

⑦ 水温が目標温度に達したら、詰め物の入った袋を水槽に沈め（袋が水面から出ないようにすること）、2時間調理する。

⑧ 袋を水槽から取り出し、詰め物を皿に移し、すぐに食卓に出す。あるいは、詰め物をカリカリに仕上げたければ、バターを塗った耐熱容器に移して400°F［200℃］に予熱したオーブン（グリル）に入れ、表面がこんがりと色づくまで5～10分焼く。

［プロから一言］

シンプルな白い食パンから素朴な田舎風のパンまで、良質のパンならどんなものでもこの料理に使えます。私はブリオーシュとサワー種ライ麦パンをブレンドしたものが好きです。「詰め物用ミックス」と称する、ぞっとするような市販のクルトンは使わないでください。

───

［作り置きのヒント］

パンは詰め物を作る2日前にトーストして冷まし、密閉容器に入れて常温で保存しておけます。完成した詰め物そのものも、作り置きが可能です。調理した後、氷水（20ページ参照）で30分冷やしてから、冷蔵庫に入れて1週間まで保存できます。袋ごと60℃（140°F）の水槽で1時間再加熱してください。感謝祭の日のプランに応じて、この詰め物はその前日に作ることもできますし、むね肉と一緒に調理することもできます。便利なほうを選んでください。

入手先

この本で使われている材料の大部分は、あなたの近所のメキシコやアジアの食材店、インドのスパイスショップ、あるいは普通のスーパーマーケットでも取り扱いが増えている輸入食材のコーナーなどで手に入るはずです。しかし、いくら探しても見つからなかったとしても、あきらめないでください。ほとんどどんな特殊な食材でもオンラインショップで購入できますし、そのうえ自宅まで配送してくれるからです。以下は、珍しい食材や特別な食品を探すのに私がよく使っているオンラインショップのリストです。*

*編注：アメリカ国内の情報になります。

● 全般

Amazon | www.amazon.com

カリブのジャーク調味料、キナノキの樹皮、ココナッツ酢、パンダンの葉、既製品のモレソース、豆板醤、ゆずジュース、柚子胡椒など

Earthy Delights | www.earthy.com

ゆずジュース、柚子胡椒、高品質のしょうゆ、乾燥チリ（アンチョ、パシーヤ、ワヒーヨ）、フルール・ド・セル

● 日本

Asian Food Grocer | www.asianfoodgrocer.com

高品質のしょうゆ、七味唐辛子

● メキシコ

Alegro Foods | www.alegrofoods.com

乾燥チリ（アンチョ、パシーヤ、ワヒーヨ）、既製品のモレソース、メキシカン（セイロン）シナモン

● フィリピン

Phil-Am Food | www.philamfood.com

パンダンの葉、ココナッツ酢

● スペイン

Despaña Brand Foods | www.despanabrandfoods.com

生ハム、ピメント、マルコナアーモンド、ピキーリョ唐辛子

● 肉の専門店

D'Artagnan | www.dartagnan.com

モーラード種の鴨のレッグ、ペキン種とマスコビー種の鴨のむね肉、鴨の脂、キュアリングソルト、ウズラ

● スパイス

Kalustyan's | www.kalustyans.com

メキシカン（セイロン）シナモン、マドラスカレーパウダー、キナノキの樹皮、スマック、ザータル、さまざまなホールやパウダーのインドのスパイス

Penzey's Spices | www.penzeys.com

乾燥チリ（アンチョ、パシーヤ、ワヒーヨ）、ピメント、メキシカン（セイロン）シナモン、マドラスカレーパウダー、キナノキの樹皮、スマック、ザータル、さまざまなホールやパウダーのインドのスパイス

Walkerswood Caribbean Food | www.walkerswood.com

カリブのジャーク調味料

● タイ

ImportFood.com | www.importfood.com

Mae Ploy や Maesri のタイカレーペースト

謝辞

リサより：

　この料理本が世に出るのを大勢の人が手伝ってくれたことに感謝します。食べ物の広い世界の最高にすばらしい人々と知り合えて、私はものすごく幸運でした。ジュリア・チャイルドが言ったように、食べることが大好きな人は間違いなく最高によい人です。以下、順不同に私が特に感謝したい人を挙げて行きます。

　私の文芸エージェント、サリー・イーカスへ、私とNomikuが低温調理ムーブメントを主導して行くことを信じてくれたことに対して。

　ジム・イーバへ、まさに最初から私たちを励ましてくれたことに対して。

　私の父チャールズ・チューと母ティナ・ワン、そして義理の母デボラ・ロイドへ、私たちの息子ザカライアの育児を手伝ってくれ、私たちが困難な状況にあるときに援助してくれたことに対して。

　Ten Speed Pressチームへ、家庭での低温調理に巨大な可能性を見て取り、この本に対する私の構想を理解し、それが現実となることを助けてくれたことに対して。

　ドミニク・クレンへ、この本の素敵で思慮深い序文を書いてくれたことに対して。

　この本の私のプロデューサーであるレスリー・ジョナスへ、不屈のポジティブさと情熱に対して。一等賞です！

　すばらしい小道具スタイリストのエセル・ブレナンへ、写真撮影を大成功に導いてくれたことに対して。

　アンドリュー・シュロスへ、熱心にレシピをテストしてくれたことに対して。

　MMclayのメアリー・マー・キーナンへ、彼女の美しい陶器を写真で使うために貸してくれたことに対して。

　チューボ・ナイヴズへ、ゴージャスな日本の包丁をプレゼントしてくれたことに対して。

　Heritage Foods USAへ、びっくりするほどおいしい七面鳥と豚肩肉を提供してくれたことに対して。

　Chef's Pressのブルース・ヒルへ、（袋が沈まなかった時のために）美しいキッチンウェイトを作ってくれたことに対して。

　Lundy Wayエプロンのルナン・ティックゾンへ、私たちが水槽にかかりきりになっている間、格好よく（そしてこぎれいに）見えるようにしてくれたことに対して。

　これまでの、そして現在の、すばらしいNomikuチーム全員へ。

　私の夫であり共同創業者であるエイブ・フェッターマンへ、私の右腕となってくれていることに対して。

　最後に、私が望む限り最高の共同作業者のチームへ心からの感謝をささげます。共著者のミーシャ・ハルムには、私とともに低温調理の世界へ飛び込んでくれ、このプロジェクトを軌道に乗せてくれたことに対して。もうひとりの共著者でありこの本の専属シェフであるスコット・ピーボディには、この本のすべてのすばらしいレシピを開発し（そして調理し）、入念に仕上げてくれたことに対して。フォトグラファーでアートディレクターのモニカ・ローには、この本をこれほど美しいものにしてくれたことに対して。

ミーシャより：

　私の愛情深い夫ジョン・フォックスと私たちの子ども、オリーブとジュードへ、彼らの愛情とサポートに対して、そしてあらゆるレシピの失敗と深夜の（彼らの言葉を借りれば、「地獄のような」）執筆活動に耐えてこの低温調理の旅を（多少の疑いはあったにせよ）勇敢に乗り越えてくれたことに対して、尽きせぬ感謝をささげます。

スコットより：

　私の心からの感謝を、私にアドバイスを与えてくれ、この料理本を完成させるという仕事がまったく手に余る仕事のように思えてイライラしていた私に耐えてくれたすべての人（誰かは言わなくてもわかるでしょう）、そして特に私の素敵な写真撮影アシスタント、パーニルのアドバイザー、遊び仲間で悪友のホセ・ロドリゲスにささげます。

索引

アルファベット

Maker Faire 10
Nomiku 7, 11
Tender 18

あ行

アイスクリーム 221, 224, 225, 227, 228, 230, 233
　アイスクリームマシンなしで凍らせる方法 222
赤ワインソース 123
アスパラガス 187
アップルシードル 263
アップルブランデー 263
アドボ 139
アニゼット 259
アフォガード 233
アルコール 240
アルゴビ 203
アルファフォーレス 237
アルブミン 28
ヴィーガン 219
ウズラ 113
ウズラの卵 39
エビ 59, 63
オヒョウ 53
重さ 24
重り 17
オランデーズソース 35
オリーブ・ヴィネグレット 57
オレンジ 215
温泉卵 33
温度 24
温度標準 17

か行

カード 215
カツ 89
カップ 24
カボチャ 181, 195, 219
鴨のむね肉 105
鴨のレッグ 107, 111
カヤ 254
カリフラワー 203
柑橘類 215
　〜の切り方 52
感謝祭 119
キタアカリ 200, 201
キナノキ 245
キャロットケーキ 219
キュアリング 107
キュアリングソルト 19, 81
牛肉
　牛ハラミ 157, 159
　牛ひき肉 127
　牛ヒレ肉 163
　サーロインステーキ肉 165
　サガリ 159
　友三角 159, 165
　トライティップ 159, 165
　ブリスケット 173
魚介類 48
クスクスサラダ 113
グソー、ブルーノ 12
クランベリーソース 279
グリーン・エッグ・アンド・ハム 43
グリーンカレー 195
グレイビーソース 119
グレープフルーツ 215, 256
クレームブリュレ 211
クレン、ドミニク 7
ケラー、トーマス 73
甲殻類 73
コーシャソルト 21
コーヒー 243
氷水 20
コールスロー 151
ココアパウダー 224
ココナッツ 254
コンフィ 107, 275

さ行

ザータル 113
サーモン 65, 71
サーロインステーキ肉 165
再加熱 21
サガリ 159
サコタッシュ 147
サゼラック 261
サツマイモ 189, 219
サテ 129
サヤインゲン 193
サルサ・ベルデ 43
サンドイッチ 43, 133, 141
シイタケ 205
シーフード 48
塩 21
　キュアリングソルト 19, 81
　コーシャソルト 21
塩キャラメル 225
七面鳥 119, 281
七面鳥のもも肉 117
シナモン 230
シメジ 205
ジャークチキン 83
ジャガイモ 178, 199, 200, 201
　キタアカリ 200, 201
　ニシユタカ 199
獣肉 124
ジュニパーベリー 244
ショウガ 249
ショートリブ 171
食品安全 18
シラチャソース 87
白身魚 53, 67
真空パック 18
ジンジャーシロップ 249
ジントニック 247
ジン 244
水圧法 18

水槽 17
スープ 181
スカートステーキ 157, 159
スコッチウィスキー 253
ステーキ 153, 157, 159, 165
ストック 277
摂氏と華氏 15
セルロース 178

た行

ダークラム 251
タイカレー 195
タコ 57
タコス 53, 189
卵 28, 135, 208, 211
　ウズラの卵 39
　温泉卵 33
　卵黄 28, 37
　卵白 28
　割り方 31
タラ 67
タルタルソース 67
単位換算 24
男爵 200, 201
タンパク質 28
　アルブミン 28
チミチュリソース 157
チョコレート 213
チョコレートアイスクリーム 224
チリ 165
ツォ将軍 97
作り置き 21, 22
ティーエッグ 45
低温調理の歴史 12
テーブルエッジ法 18
テキーラ 256
デザート 208
照り焼きソース 171
テンダーロイン 163

トスターダ	53
トニックシロップ	245
友三角	159, 165
トライティップ	159, 165
鳥肉	78
鶏手羽	83
鶏ドラムスティック	101
鶏むね肉	89, 95, 97
鶏もも肉	91, 101
鶏レバー	81
トルティーヤ	53
トロワグロ、ピエール	12
トングとレードル	17

な行

ナーベル	173
ナシ	217
生キャラメル	225, 235
生春巻き	59
ニシユタカ	199
乳酸菌	271
ニンジン	185
ニンニク	275

は行

パースニップ	197, 219
パーニル	145
ハーブ	71, 259
ハイビスカス	242
バクテリア	18
パストラミ	173
ハチミツ	221
バッファローチキン	87
バニラ	221
パンダン	254
パンプキンスパイス	243
ピータン	9
ビーツ	183
ピーナッツバター	227
ヒカマ	63
ピクルス	269
ビターズ	242
ピニャコラーダ	254, 255
フィッシュアンドチップス	67
風味抽出液	240
フェンネル	259
ふた	14
豚肉	
豚肩肉	141, 145
豚ばら肉	133, 135, 139
豚ヒレ肉	151
豚ロース肉	129
フライドチキン	101
フライドフィッシュ	67
フライドポテト	67, 200
フライパン	17
プラリュ、ジョルジュ	12
フランク	159
ブリスケット	173
ブリヌイ	39
フルーツアイスクリーム	228
プルドポーク	141
ブロートーチ	17, 211
ペニシリン	253
ポークチョップ	147
ポーチドエッグ	33, 38
保存	21
帆立	51
ボツリヌス菌	19, 275
骨付きポークチョップ	147
骨付きラム肉	169
ポリ袋	17, 19

ま行

マーブルエッグ	45
マイタケ	205
マイヤーレモン	215
マギー、ハロルド	222
マス	71
マッシュポテト	201
マッシュルーム	205
マヨネーズ	272
マリナラソース	273
マルガリータ	256
ミートボール	117, 127
みそヴィネグレット	65
密封	18
ムース	81
蒸しパン	133
メイラード反応	14
モスタルダ	105
モレ	111

や行

ヤギ乳ゴーダチーズ	183
野菜	178
ヨーグルト	271

ら行

ラーメン	135
ライム	215
ラム肉	169
骨付きラム肉	169
ラムひき肉	127
卵黄	28, 37
卵白	28
リキュール	240, 259
リブロース芯ステーキ肉	153
リンゴ	230
アップルシードル	263
アップルブランデー	263
冷却	20
レモン	215
ロブション、ジョエル	12
ロブスター	73
ロメスコソース	187

わ行

ワイルドライス	151
ワッフル	101
マヤール、ルイ・カミーユ	15

訳者あとがき

最初にはっきりさせておきましょう。「真空調理」と「低温調理」は同じものです。英語では「sous vide」といいます（元はフランス語なので「スーヴィード」と読み、「真空」という意味です——辞書を引いてみてください）。

以前（といってもほんの数年前ですが）私が『Cooking for Geeks』（初版、2011年発行）を訳したときには、まだNomikuは設立されていませんでした。低温調理の器材も業務用の高額なものしか市販されていなかったので、アマチュアは自分で部品を寄せ集めて作るしかなかったのです。それが今では多くの会社から家庭用の器材が発売されており、普通の家電量販店やホームセンターでも購入できるようになってきました。まさに隔世の感があります。

それに伴って、かつてプロの間で「真空調理」と呼ばれていたこの調理法も、「低温調理」という呼び方のほうが主流となってきたようです（私としては、同じ読みでも漢字で「『定』温調理」と書くほうがふさわしいと思うのですが……）。そのため、この本では「sous vide」を「低温調理」と訳すことにしました。しかし最初に書いたように真空調理と低温調理は同じものですので、理論に関しては『Cooking for Geeks第2版』5章の真空調理に関する部分を読んでいただければ、さらに理解が深まるでしょう。

ここでこの場を借りて、これから低温調理を始めてみようと思っている人（この本を手に取っている、あなたのことです！）へのアドバイスをいくつか書いておこうと思います。

まず器材について。先ほども書いたように、低温調理用の器材は家電量販店やホームセンター、あるいはAmazonなどで購入できます。残念ながら、この本の著者の会社Nomikuの製品を日本国内で入手するのは難しいようですが（日本語の「飲み食い」から名前が付いているのに！）、さまざまな会社からいろいろな特徴のある製品が発売されていますから、気に入ったものを1〜2万円程度で買ってくることができます。

しかし、もう少し手軽に始められる方法もあります。それは（すでにご存知かもしれませんが）ヨーグルトメーカーを使う方法です。いくつかの会社から、1℃単位で温度が設定可能なヨーグルトメーカーが数千円程度で発売されています。もちろん、専用の器材のように大量の食材を精密に調理することはできませんが、温泉卵数個や鳥のささ身程度なら十分にうまくできます。ただし、サーキュレーター機能がないので水温にむらが生じること（私の経験では、設定よりも数度高い温度で調理されてしまうことが多いようです）、ヒーターの電力が小さいので水温を上げるのに時間がかかること（あらかじめ水とお湯を混ぜて目標温度に近づけておくといいでしょう）には注意してください。すでにそのようなヨーグルトメーカーをお持ちの方、あるいは少ない初期投資で低温調理を試してみたい方には、手始めとしてこの方法がお勧めです。

それから食材を密封するポリ袋についてですが、本文中にもあるように、高価な真空パックシーラーの必要はありません（もちろん、すでに持っている方はぜひ活用してください）。フリーザーバッグで十分ですが、購入する際には袋の底にマチがないものを選んだほうがいいでしょう。マチがあったほうが置いたとき安定するのでよさそうに思えるかもしれませんが、構造が複雑で折り返しや接合部分が多く存在するせいか、使っているうちに水が漏れてくることが多いようです。空気抜きの弁がついているものも避けましょう。シンプルが一番です。また、袋の口はスライド式のファスナーではなく、しっかりと密封できるダブルジッパーのものを選んでください。

次はレシピについて。この本が卵のレシピから始まっていることからもわかるように、やはり最初に試すレシピとしては卵料理がお勧めです。スーパーで簡単に温泉卵が手に入る日本の人にとっては、トロトロのポーチドエッグは感激するほどのものではないかもしれませんが、それでも自由自在にゆで加減が調節できるのは楽しいものです。お菓子作りが好きな方にとっては、カスタードが上手に作れるのもうれしいところでしょう（6章「デザート」を参照してください）。

あとは肉ですが、低温調理というと完璧なミディアムレアに調理されたステーキを思い浮かべる方は多いと思います。確かにそれもおいしいのですが、私の一押しは鶏むね肉です。本文中に書いてあることの繰り返しになりますが、パサつきがちな鶏むね肉も低温調理ならしっとりとジューシーに仕上がります。また脂肪分が少なくヘルシーで値段も手ごろですから、週末にまとめ買いした鶏むね肉でツォ将軍のチキン（97ページ）やチキンティッカマサラ（95ページ）を作り置きして冷蔵庫に入れておけば、忙しい平日の夜の頼もしい味方になってくれることでしょう。

この本の著者はアメリカに住んでいるので、計量の単位が日本と違います。可能な限りメートル法に換算したものを角カッコ［］の中に示しましたが、カップ1の容量が違うことには特に注意してください。日本ではカップ1＝200㎖ですが、アメリカではカップ1＝240㎖なのです。大さじ・小さじの容量は変わりません。また塩については「コーシャソルト」というものを使うことになっていますが、これはヨウ素が添加されていない塩を使うという意味です（アメリカの食卓塩にはヨウ素が添加されているため）。日本では普通の塩を使って問題ありません。「はじめに」には塩の種類によって同じ体積でも重さが違うので注意するように書いてありますが、岩塩など特に粒の大きな塩を使わない限り、あまり気にしなくても大丈夫でしょう。

最後になりましたが、くれぐれも食品安全には気を付けてください。詳しくは「はじめに」に書いてありますが、基本的に55℃以下の調理では食材は殺菌されないので、調理時間を1時間以内とし、すぐに食べるのが無難です。低温調理は、食材をさまざまな温度や時間で調理する実験には最適のツールですが、そのような実験をする場合は常に食中毒のリスクを意識するようにしてください。

この本に載っているレシピには珍しいものもありますが、日本や中国、東南アジアの料理など、比較的なじみ深いものも多いでしょう。しかし見慣れた料理であっても、この本で使われている低温調理などのテクニックには目新しいものがあると思います。そんな日々の食事をおいしくするためのコツを、この本の中から見つけていただければ幸いです。

2018年9月
水原 文

［著者紹介］

Lisa Q. Fetterman（リサ・Q・フェッターマン）

最初の家庭用投げ込み式サーキュレーターのメーカーであるNomikuの創業者兼CEO。食品界における先駆的な業績につき、彼女はWhite House Maker Faireで表彰され、ForbesとZagat Survey両方の「30歳以下の30人」に選ばれている。リサはニューヨーク大学でジャーナリズムの学士号を取得し、ニューヨークのバッボやジャン＝ジョルジュ・ヴォンゲリスティン、サンフランシスコのセゾンなど、アメリカのトップクラスのレストランで働いて料理の腕を磨いた。

Meesha Halm（ミーシャ・ハルム）

『The Balsamic Vinegar Cookbook』や『Savoring the Wine Country』、そして20冊以上のレストランガイドの著者。彼女はZagat Surveyのローカルエディターを16年間務めており、また彼女の記事や食品に関するビデオはThe Food Network、Bravo、Tastemadeなどに掲載されている。ライターになる前、彼女はCollins Publishingで料理本の編集者をしていた。

Scott Peabody（スコット・ピーボディ）

10年以上の経験を持つプロのシェフ。彼はハイドパークにあるCulinary Institute of Americaで学んだ後、ニューヨーク市で働き始め、ジャン＝ジョルジュ・ヴォンゲリスティンやトーマス・ケラーといった著名なシェフのキッチンでの修業時代に真空調理の神秘に触れた。スコットは、この本のレシピと調理手順を担当している。

［訳者紹介］

水原 文（みずはら ぶん）

技術者として情報通信機器メーカーや通信キャリアなどに勤務した後、フリーの翻訳者となる。訳書に『発酵の技法』『Cooking for Geeks 第2版』『Raspberry Piクックブック 第2版』『Raspberry Piをはじめよう 第3版』（いずれもオライリー・ジャパン）、『国家興亡の方程式 歴史に対する数学的アプローチ』（ディスカヴァー・トゥエンティワン）、『おいしい数学』『ビジュアル数学全史 人類誕生前から多次元宇宙まで』（岩波書店）、『スタジオ・オラファー・エリアソン キッチン』（美術出版社）など。趣味は浅く広く、フランス車（シトロエン）、カードゲーム（コントラクトブリッジ）、自転車など。日夜ツイッター（@bmizuhara）に没頭している。

家庭の低温調理
完璧な食事のためのモダンなテクニックと
肉、魚、野菜、デザートのレシピ99

2018年11月27日　初版第1刷発行
2020年　7月　9日　初版第2刷発行

著者　　Lisa Q. Fetterman（リサ・Q・フェッターマン）、
　　　　Meesha Halm（ミーシャ・ハルム）、
　　　　Scott Peabody（スコット・ピーボディ）
訳者　　水原 文（みずはら ぶん）
発行人　ティム・オライリー
デザイン　STUDIO PT.（中西要介）、寺脇裕子
印刷・製本　日経印刷株式会社

発行所　株式会社オライリー・ジャパン
　　　　〒160-0002 東京都新宿区四谷坂町12番22号
　　　　Tel (03)3356-5227　Fax (03)3356-5263
　　　　電子メール japan@oreilly.co.jp

発売元　株式会社オーム社
　　　　〒101-8460 東京都千代田区神田錦町3-1
　　　　Tel (03)3233-0641（代表）　Fax (03)3233-3440

Printed in Japan (978-4-87311-062-0)

乱丁、落丁の際はお取り替えいたします。
本書は著作権上の保護を受けています。本書の一部あるいは全部について、
株式会社オライリー・ジャパンから文書による許諾を得ずに、
いかなる方法においても無断で複写、複製することは禁じられています。